U0644606

上海市哲学社会科学学术话语体系建设办公室
上海市哲学社会科学规划办公室
————
资助出版

上海市纪念改革开放40年
研究丛书

"一国两制"的
理论与实践研究

林冈 周文星 等著

九 州 出 版 社 | 全国百佳图书出版单位
JIUZHOUPRESS

总　序

2018 年，是我国改革开放 40 周年。40 年改革开放历程波澜壮阔，中国人民用双手书写了一部国家和民族发展的壮丽史诗，中华民族沿着改革开放的康庄大道，续写从站起来、富起来到强起来的历史新篇章。

回首 40 年光辉历程，我们对中国特色社会主义道路坚定不移，充满自信。我国从农村联产承包到城市经济体制改革，从深圳特区创建到中国加入世界贸易组织，从浦东开发开放到自由贸易试验区建设，从实行社会主义市场经济到全面推进依法治国，从沿海沿边开放到"一带一路"建设，改革开放一次次突破禁区，冲破禁锢，打破常规，革故鼎新。无数雄辩的事实和辉煌的发展成就充分证明，改革开放是党在新的历史条件下领导人民进行的新的伟大革命，是决定当代中国命运的关键一招，也是决定实现"两个一百年"奋斗目标、实现中华民族伟大复兴中国梦的关键一招。改革开放道路是完全正确的，完全符合中国的国情。改革开放 40 年伟大实践昭示世人，中国之所以能够快速发展，最根本的一条是坚持改革开放。

"改革开放是我们党的历史上一次伟大觉醒，正是这个伟大觉醒孕育了新时期从理论到实践的伟大创造"。党的十八大以来，以习近平同志为核心的党中央继续高举改革开放伟大旗帜，以更大的政治勇气和政治智慧推进改革，用全局观念和系统思维谋划改革，以自我革命的精神重启全面深化改革的进程，推动形成新一轮改革大潮，改革全面发力、多点突破、纵深推进，系统性、整体性、协同性不断增强，重要领域和关键环节改革取得突破性进展，主要领域改革主体框架基本确立。

回首40年光辉历程，我们获得弥足珍贵的经验和启示。一个国家要发展、一个民族要振兴，就必须在历史前进的逻辑中前进、在时代发展的潮流中发展。中国的改革开放之所以能够成功、必然成功，根本的一条是顺应了中国人民要发展、要创新、要美好生活的历史要求，契合了世界各国人民要发展、要合作、要和平生活的时代潮流。纵观当今世界，变革创新是大势所趋、人心所向，是推动人类社会向前发展的根本动力。世界各国都在加快推进改革创新，新一轮科技革命和产业革命正在孕育兴起，谁更有智慧、更有勇气，敢于变革、敢于创新，谁就会抢占发展先机，谁就会居于主导地位。可以说，改革是对执政党生命力的考验，是国家发展能力和竞争力的根本保证。能否改革、能否持续改革，是对当今世界各国执政党政治潜力和执政能力的最大考验。什么样的执政党具有锐意改革的哲学、文化支撑，就具有延绵不绝的竞争力和生命力，就能在未来的世界发展格局中立于不败之地。

回首40年光辉历程，我们对于改革开放自身规律的认识更加深刻。中国共产党领导下的改革开放之所以能够成功，重要的一条是把改革提升到哲学的高度、方法论的层面，用辩证思维把准改革脉搏，妥善处理各方关系，在整体谋划、系统思考中把准改革开放脉搏，在统筹兼顾、综合平衡中把改革开放全面引向深入，这是中国共产党积累的一条基本的改革经验、执政经验。

一是妥善处理顶层设计与基层积累的关系。党的十八大以来，我们更加注重对一些必须取得突破，但一时还不那么有把握的改革，开展一系列先行先试的试点探索，投石问路，然后再把基层积累的可复制、可推广的成功经验，提升到国家顶层设计的层面。当然，决定在哪些领域改革、试点哪些举措、在哪些区域试点，这要从加强改革顶层设计和总体规划的角度去选择。党的十八大以来的发展历程一再明示，基层积累要在顶层设计的前提下进行，顶层设计也要在基层积累的基础上来谋划。

二是妥善处理系统推进和重点突破的关系。随着改革的全面深化，必须强调系统性、完整性、协调性，不可能再像改革初期在某个领域某个方面的单项改革那样，单兵突进，而是要把改革从以经济为主，延伸到经济社会、文化民生等各个领域。同时，改革又不能平均用力、齐头并进，搞一刀切、齐步走，而是要确立关键环节、重点领域，寻找到把改革推向纵深的着力点。整体推进和重点突破，这两者必须相辅相成，不可偏废。

三是妥善处理解放思想与实事求是，胆子要大与步子要稳的关系。搞改革肯定要打破现有的工作格局和体制机制，必然会有风险，不会四平八稳。触动利益的改革，不可能都是敲锣打鼓、欢欢喜喜、轻而易举。各级干部都要有胆量和魄力，必须解放思想，拿出勇气，认准的事就要甩开膀子大胆地干。还要坚持稳中求进工作总基调，推出改革的具体举措一定要充分研究、反复论证、科学评估，做到稳妥审慎，稳扎稳打，蹄疾步稳。

坚持和推进全面改革开放，最重要和最根本的一条，是坚持党的领导不动摇，落实人民中心思想不松劲。我们要始终坚持在中国共产党的领导下，尊重人民群众的主体地位，把改革开放伟大事业深深植根于人民群众之中，紧紧依靠人民的力量推动改革。我们要紧紧围绕人民所思所想所盼，深入开展社会化宣传教育活动，为改革开放事业凝聚力量人心，营造有利氛围。尤其要增强党员干部对改革开放事业的认同感和使命感，引导广大干部群众真心诚意接受改革、拥护改革，引领社会成员自觉地把个体的命运与改革开放事业的兴衰成败相联结，牢固树立以人民群众幸福感获得感和满意度，作为衡量改革发展成败的标尺的执政理念。

"一个时代有一个时代的问题，一代人有一代人的使命"。中国特色社会主义进入了新时代，改革开放又到了一个新的历史关头。我们已经处于"两个一百年"奋斗目标的交汇期，处于迈入实现第一个百年目标、向第二个百年目标进军的关键期，美好的目标就在眼前，更大风险和考验也摆在面前。潮平两岸阔，风正一帆悬。改革开放40年伟大历程告诉我们，始终高举改革开放的旗帜，坚定不移，坚韧不拔，不断把改革开放向全面、系统、纵深推进，是中国特色社会主义伟大事业从胜利走向新的胜利的唯一选择。我们要按照党的十九大和十九届一中、二中、三中全会的战略安排和部署，贯彻新发展理念，深化供给侧结构性改革，加快完善社会主义市场经济体制，推动形成全面开放新格局，深化机构和行政体制改革，改革生态环境监管体制，继续深化国防和军队改革，健全党和国家监督体系。

当好"改革开放排头兵、创新发展先行者"，是习近平总书记对上海一以贯之的要求。党的十八大以来，上海承担了一系列全面深化改革的先行先试任务。上海自贸试验区改革，是通过负面清单的方式解决政府管得太多、太全的问题，探索形成以简政放权、转变职能为核心，以创新方式、提高效能为重点，符合现代治理体系要求、对标国际高标准贸易规则的政府服务管理新模式；上海建设科创中心，是要让我国在从要素驱动、投资驱动发展为主，向以创新驱动发展为主的发展模式切换中，能够走到世界前列；上海为创新社会治理、加强基层建设推出"1 + 6"文件，是要走出一条符合超大城市特点和规律的社会治理新路子；上海率先出台国资国企改革"20条"，是要实现从"管企业"向"管资本"的转变；上海积极探索司法体制改革，是要率先建立符合司法规律和职业特点的人员分类管理制度。此外，上海还承担了"营改增"税制改革、群团改革、高考综合改革和教育综合改革；等等。这一系列改革使得我们的各项制度、政策更加符合经济社会发展需要，这种勇于改革、善于改革的精神，也成为上海和国家保持发展活力、前进动力的重要支撑和思想驱动。在庆祝改革开放 40 年之际，总结上海经验，为深化我国改革开放事业源源不断提供上海的新思考和新方案，是我们责无旁贷的时代重托与使命担当。

广大社科理论工作者要以庆祝改革开放 40 年为契机，继承和发扬改革开放精神，把我国改革开放基本进程、主要成就、基本经验和内在规律系统总结好、深入挖掘好、广泛传播好，切实转化为学习思考能力、理论创新能力和学术原创能力，使之成为构建中国特色哲学社会科学的出发点和着力点。我们要更好地结合当代中国实际，立足各自学科领域，坚持问题导向、需求导向和价值导向，以中国理论解读中国实践，以中国实践丰富中国理论，在守正出新、博采众长中推进理论和学术创新，久久为功，善作善成，着力推进改革开放史和相关理论研究，为形成布局合理的学科体系、植根中国的学术体系、融通中外的话语体系，加快构建中国特色哲学社会科学做出贡献。

2017年，在中共上海市委宣传部指导下，上海市哲学社会科学学术话语体系建设办公室、上海市哲学社会科学规划办公室启动实施了上海市"改革开放40周年"系列研究。复旦大学、华东师范大学、上海社会科学院等上海多所高校和社科研究机构的专家学者，历时一年辛勤工作，爬罗剔抉，刮垢磨光，探赜索隐，钩深致远，按照"论从史出""史论结合"的研究路径，在回顾中国和上海40年改革开放伟大实践的基础上，尊重学术规律，凝练理论思考，打造标识概念，构建话语体系，取得了"纪念改革开放40年"系列研究成果。现在选取其中的一部分，汇编成这套"上海市纪念改革开放40年研究丛书"。本丛书囊括经济、政治、社会、文化、哲学、法律、科技、教育、国际关系等多个学科领域，对中国改革开放40年的发展历程，进行全方位阐释和理论解读，对当下我国发展面临的众多问题，进行深入剖析，展开学理论证，谋划应对举策，为我国改革开放再出发提供学术性探索和学者版建议。本丛书能够代表上海学术界对于改革开放40周年的思考水准，呈现了上海社科理论界应当具有的历史责任，反映了社科理论界对我国改革开放未来发展和综合国力继续提高，最终实现中华民族伟大复兴中国梦的美好愿景。是为序，以纪念改革开放40年！

燕　爽

中共上海市委宣传部副部长、上海市社联党组书记

目　录

图表目录

第一章 导 论

第一节 问题缘起

自从中华人民共和国政府提出"和平统一、一国两制"的战略方针以来，可以看到"一国两制"在从理想变为现实的过程中，在理论和实践层面都取得了长足的进步，包括港澳地区特别行政区制度的先后实施和对"一国两制"台湾模式的持续探索。早在20世纪50年代，毛泽东和周恩来就设想以和平方式解决台湾问题，1963年周恩来将党的对台政策归纳为"一纲四目"。1978年党的十一届三中全会以"台湾回到祖国怀抱，实现统一大业"取代了"解放台湾"的提法。次年元旦全国人大常委会发表《告台湾同胞书》，首次提出和平统一祖国的方针，叶剑英委员长继于1981年提出国共两党平等谈判，实行统一的九条方针（即"叶九条"）。邓小平基于毛泽东、周恩来的"一纲四目"思路，提出"一国两制"的科学构想，在十一届三中全会前夕谈到了"一国两制"的初步构想，即"在解决台湾问题时，我们会尊重台湾的现实。比如，台湾的某些制度可以不动，那边的生活方式可以不动，但是要统一"。1982 年邓小平提出以"一国两制"解决香港问题后，继于次年表示统一后台湾特别行政区可以有自己的独立性，实行与大陆不同的制度，自己管理党军政等系统；但在国际上代表中国的只能是中华人民共和国。其后，江泽民在 1995 年提出了发展两岸关系、推进祖国和平统一进程的八项主张，胡锦涛在 2008 年发表了推动两岸关系和平发展的六点意见。

以习近平为核心的党中央进一步丰富了国家统一理论。党的十八大报告提出："和平统一最符合包括台湾同胞在内的中华民族的根本利益。实现和平统一首先要确保两岸关系和平发展。必须坚持'和平统一、一国两制'方针，坚持发展两岸关系、推进祖国和平统一进程的八项主张，全面贯彻两岸关系和平发展重要思想，巩固和深化两岸关系和平发展的政治、经济、文化、社会基础，为和平统一创造更充分的条件"，最终在"同心实现中华民族伟大复兴进程中完成祖国统一大业"。[①] 在"一国两制"的战略框架下，维持港澳地区对祖国大陆的向心力，统一台湾，是中国梦的重要组成部分，事关中华民族的伟大复兴。习近平在 2013 年 4 月会见台湾两岸共同市场基金会荣誉董事长萧万长一行时，进一步强调两岸同胞要共同为实现中华民族伟大复兴的中国梦而努力奋斗。在 2014 年 2 月会见国民党荣誉主席连战时，习近平特别提到台湾

① 胡锦涛：《坚定不移沿着中国特色社会主义道路前进 为全面建成小康社会而奋斗——在中国共产党第十八次全国代表大会上的报告（2012 年 11 月 8 日）》，《人民日报重要言论汇编》，北京：人民出版社，2012 年，第 93—96 页。

同胞有着强烈的当家做主"出头天"的意识,他们"珍视台湾现行的社会制度和生活方式,希望过上安宁幸福的生活。将心比心,推己及人,我们完全理解台湾同胞的心情"。"我们尊重台湾同胞自己选择的社会制度和生活方式,也愿意首先同台湾同胞分享大陆发展的机遇"。[①] 在庆祝香港回归祖国20周年大会时习近平强调,"一国两制"为国际社会解决类似问题提供的一个新思路新方案,是中华民族为世界和平与发展作出的新贡献,凝结了海纳百川、有容乃大的中国智慧。中央贯彻"一国两制"方针坚持两点,一是坚定不移,不会变、不动摇;二是全面准确,确保"一国两制"在香港的实践不走样、不变形,始终沿着正确方向前进。习近平的上述论述要求我们深入研究"一国两制"的理论内涵,进一步把握"一国两制"构想与单一制或联邦制国家结构的关系,妥善处理同一国家内部不同制度所必然要产生的冲突碰撞、互相磨合、平等相处和长期共存的问题。

对港澳地区"一国两制"实践状况的研究表明,在国家统一之后,"两制"如何并存发展,既保持差异又在一定程度上互相融合,仍是理论界所面临的新问题,特别是在香港政制全面改革后,上述问题将更为突出。对这些问题处理的好坏程度,不但事关港澳地区的长治久安,也将影响到台湾社会对"一国两制"的观感,因此这方面的研究急需加强。对和平解决台湾问题来说,"一国"是首先要处理的问题,如何解决统一后"两制"的差序并存则是潜在的问题,但其也会影响到台湾社

---

① 习近平:《共圆中华民族伟大复兴的中国梦》(2014年2月18日),载中共中央台湾工作办公室、国务院台湾事务办公室:《中国台湾问题》(修订版)(配套资料),北京:九州出版社,2014年,第139页。

会对和平统一的态度。目前大陆学术界从国家结构角度，对"一国两制"台湾模式进行理论创新的研究成果较多（包括对如何准确界定"一国"内涵的理论探讨），但从制度建设和制度创新角度，探索"两制"并存的合理性及其磨合机制的研究成果却相形见绌。同时，对于台湾方面为什么反对"一国两制"的研究明显不足，更没有从民意调查的角度，去深度挖掘台湾民众对"一国两制"、和平统一等议题的真实态度及其影响因素。此外，2008 年以来大陆学术界偏重研究两岸关系的和平发展，但对两岸关系内外环境和结构发生变化后，如何调整、发展、创新"一国两制"的台湾模式，缺乏应有的关照。本书旨在深度挖掘"一国两制"的基本精神，针对港澳地区"一国两制"的实践经验和两岸关系和平发展现状，加强对"一国两制"基本理论以及台湾模式的深入研究，增强"一国两制"的理论包容度和现实可行性。

本书的现实意义在于从前瞻性的制度建设视角，为国家统一和中华民族的伟大复兴提供智力支持，通过考察特别行政区制度在港澳地区的实践，提出政策性建议，维护港澳地区的经济繁荣、政治稳定和对祖国大陆的向心力，并以此为基础，构建"一国两制"的台湾模式，推动祖国的和平统一，实现中华民族伟大复兴的百年梦。本书结合理论推演与经验研究，证明"一国两制"不但是实现祖国和平统一的现实途径，也是符合中国国情的国家发展方略。"一国两制"的理论和实践是中国特色社会主义理论体系的重要组成部分，是中国特色的国家统一和发展模式对人类文明的伟大贡献。它丰富了当今世界上的国家统一理论和制度发展理论（单向发展论和趋同论），体现了中国人民的理论自信、道路自信、制度自信和文化自信。本书的立意是总结港澳地区"一国两制"

的经验，提出改进之道，促进特区政治稳定、民主建设和经济繁荣，进而弘扬"一国两制"港澳模式对台湾的示范效应，构建"一国两制"台湾模式，推动祖国的和平统一大业，为"单一国家内如何实现局部差异化治理"的全球性问题，提供中国方案。

第二节 文献综述

自从"一国两制"战略构想提出以来，国内外学者对"一国两制"的构想进行了广泛研究，产生了大量的学术专著、论文和研究报告，其类别包括档案文献、中文专著、期刊论文、学位论文和英文论著，其内容涵盖"一国两制"的基本理论、港澳地区践行"一国两制"特别行政区制度的实践情况以及对"一国两制"台湾模式的探索。这些研究成果有助于增进人们对"一国两制"理论和港澳特别行政区制度实践的深入思考，并为本书的研究提供必要的文献基础。

一、"一国两制"的基础理论研究

"一国两制"是一个新的战略构想和理论。关于"一国两制"的基础理论研究始于20世纪80年代中英谈判之后。例如，陈荷夫在1985年撰文指出，"一国两制"以马克思主义国家学说和法学理论为依据，反映了国家在"例外的、特殊的时期"在阶级斗争中起着"调停人"和

"缓和冲突"的作用。① 王邦佐、王沪宁则从主权理论和国家结构理论的角度说明"一国两制"的含义，阐述"一国两制"是主权和治权的高度有机结合，"一国"指的是单一制的国家，意味着国家主权的不可分割性和中华民族的统一性；"两制"强调的是高度自治权。② 此后，林尚立、陈道华、周志怀和王英津在港澳地区回归后的相关研究中发展了上述研究成果。③ 杨允中从家国情怀和政治制度创新视角论述了对"一国两制"进行科学定位的必要性。④ 由李义虎团队编著的《"一国两制"台湾模式》从统合论的角度，采取国际比较的方法，系统探讨了"一国两制"的台湾模式。⑤

不过，受制于港澳台问题的特殊性，当前中国学术界对"一国两制"的研究多数聚焦于事实与政策层面，学理性的研究有待推进。从研究视角看，从国际关系视角切入的研究并未超越主流观点，未能从国际规范角度对"一国两制"这一重大理论创新做出深入的解读。李志永、袁正清认为，"一国两制"是具有规范创新的中国智慧产物，其成

---

① 陈荷夫：《"一国两制"理论是对马克思主义国家学说的重大发展》，《马克思主义研究》，1985 年第 3 期，第 38—44 页。

② 王邦佐、王沪宁：《从"一国两制"看主权与治权的关系》，《政治学研究》，1985 年第 2 期，第 12—15 页。

③ 林尚立：《一个国家，两种制度》，上海：上海人民出版社，1998 年；陈道华，《"一国两制"与国家理论》，北京：中共中央党校出版社，2002 年；周志怀：《关于"一国两制"理论形成的几个问题》，《台湾研究》，2002 年第 4 期，第 11—18 页；王英津：《国家统一模式研究》，北京：九州出版社，2008 年。

④ 杨允中：《论"一国两制"理论科学定位的必要性、迫切性》，《"一国两制"研究》，2013 年第 1 期，第 1—11 页；杨允中：《"一国两制"思维与家国情怀的培育》，《"一国两制"研究》，2015 年第 10 期，第 12—17 页；杨允中：《"一国两制"与政治制度创新》，《"一国两制"研究》，2016 年第 4 期，第 1—11 页。

⑤ 李义虎：《"一国两制"台湾模式》，北京：人民出版社，2015 年。

功的根源在于中国对国家自主统一目标的持续追求。① 吴陈舒认为,为丰富"一国两制"理论路径,需要从两岸利益、民族大义以及"一国两制"自身优越性等三个维度展开统战工作,以解决台湾同胞在制度层面对"为什么要统一"所产生的困扰。②

有人认为"一国两制"是一种低度统一的国家制度架构,它既非单一制,又非联邦制,而是一种不对称、不稳定的双轨制。这种制度架构是以国家统一在一定程度上的削弱为代价的,这是由"一国两制"特有的内在矛盾性决定的。根据这种说法,"一国两制"超越了现代国家的同质性原则。一个国家要成为一个统一的主权国家,必须建立在最起码的同质性基础之上。最重要的有两个方面,一个是人口的民族同类性,另一个是政治原则的同类性。③ 也有学者认为,就一个国家的正常发展状态而言,"一国一制"才是合理的,而"一国两制"则是一种非正常的现象,它反映了这个国家社会发展过程中其内在矛盾造成的僵持局面。"一国两制"作为一种和平统一的构想,只有在大陆方面具备以非和平手段实现统一的把握时才是可行的,作为一种社会制度架构,只有在其成为旨在走向制度统一的过渡时才是真正有意义的。"一国两制"不是也不可能是一种静态的固定不变的政治制度格局,而注定是(也只能是)国家统一过程中一种过渡性的政治安排,因为两种制度间的力量对比不可能是固定不变的,其必定随着两种制度间力量对比的变化向其

---

① 李志永、袁正清:《"一国两制"规范创新的中国智慧》,《太平洋学报》,2018 年第 1 期,第 64—74 页。

② 吴陈舒:《"一国两制"的价值路径探讨》,《湖北省社会主义学院学报》,2016 年第 5 期,第 76—79 页。

③ 陈端洪:《理解香港政治》,《中外法学》,2016 年第 5 期,第 1125—1148 页。

中一种制度演化融合。从另一个角度来看，制度统一从来就是国家统一的重要组成部分，一个国家内长期并存两种不同的社会制度，这本身就意味着一种分裂状态。① 这一说法跟大陆学术界的主流意见显然有明显距离。

法学界对"一国两制"在制度建构和法理上进行了大量研究。肖贵清、王然认为，特别行政区制度是"一国两制"构想的实现形式和制度保障，是一项具有鲜明中国特色的制度建构。这一制度由宪法直接授权设立，由基本法律规范，并由法律规定运行机制，具备充分的法理依据。② 还有学者从中央对地方授权的视角进行了研究。张定淮、底高扬认为，从现实语境来看，中央对香港的授权是在我国复杂单一制国家结构形式下的特殊安排，是国家统一主权框架下对纵向权力平衡秩序的特殊价值追求，其内涵包括：其一，内地与香港的关系是主权统一于中央的特殊的"央地"关系；其二，基本法不是香港的"小宪法"；其三，不存在"剩余权力"的问题；其四，在对香港的授权实践问题上，中央享有监督权。③

总体来看，大陆学术界已经对"一国两制"形成一种共识："一国两制"指的是在统一的中华人民共和国内，以大陆的社会主义制度为主体，保持台湾、香港、澳门地区现行的资本主义社会、经济制度和生活方式不变，并且在一个相当长的时期内保持这两种不对等社会制度同时

---

① 赵大兴：《不和谐的共存——对"一国两制"历史与实践的探析》，《长春市委党校学报》，2016年第6期，第26—30页。

② 肖贵清、王然：《特别行政区制度：一项有鲜明中国特色的制度建构》，《科学社会主义》，2017年第1期，第81—86页。

③ 张定淮、底高扬：《论"一国两制"下中央对香港特别行政区授权的性质》，《政治与法律》，2017年第5期，第2—12页。

并存，共同进行和平建设。实施"一国两制"后，中国仍然是一个单一制国家，中央政府对特区政府的授权，反映的是单一制国家内部的权力关系，不同于联邦制下不同层次的权力主体基于分权原则独立行使权力，在发生权力争议时由独立的第三方来协调解决的制度安排。①

不过，也有学者认为，在港澳模式中，"一国"固然指的是中华人民共和国，但在运用到台湾地区时，"一国"所涵盖的范围更加宽泛，指的是统一后的新中国。② 还有学者认为，"一国两制"并不完全排斥联邦制，单一制国家吸收联邦制国家的某些特征，有利于实现国家的统一和主权的完整。③ 对于统一台湾，大陆方面应该进一步解放思想。④ 亦有学者从后现代主义的观点出发，认为传统民族结构理论对"一国两制"可行性的阐释所强调的是海峡两岸暨香港、澳门在历史文化和血缘方面的同一性，但一些"台独""港独"分子却可利用大陆和港澳台地区在政治文化和制度上的差异来质疑"一国两制"的合法性，因此必须借助哈贝马斯（Jürgen Habermas）的"后民族结构"的理论，说明在存在政治文化、意识形态和社会制度差异的前提下，"一国两制"的合法性来源。⑤ 李义虎则从"一国两制"的本质出发，论述了其内涵的

① 王叔文：《香港特别行政区基本法导论》，北京：中共中央党校出版社，1990年。
② 王英津：《20年来的"一国两制"研究：回顾与展望》，《山东大学学报（哲学社会科学版）》，2004年第3期，第153—159页。
③ 王丽萍：《联邦制与世界秩序》，北京：北京大学出版社，2000年。
④ 强世功：《大国崛起与文明复兴——"文明持久战"下的台湾问题》，《开放时代》，2005年第5期，第95—108页。
⑤ 杨晗旭、徐海波、田启波：《"一国两制"的"后民族结构"合法性溯源——基于政治哲学的考察与辨析》，《福建师范大学学报（哲学社会科学版）》，2017年第4期，第12—18、170页。

动态性和开放性，进一步扩充"一国两制"的具体内涵。① 因此，尽管"一国两制"在一段时间内，已经形成了某种共识定义，但是从学理上而言，"一国两制"又极具活力，是一个可以根据实际情况变动予以进一步阐发的理论。

"一国两制"原本是为解决台湾问题而生，本质上是一种统一模式安排。台湾学者对两岸的统一模式安排也有诸多不同思考。早在20世纪90年代初，在台湾行政主管部门的主导下，台湾出版了一份兼具官方和学术背景的研究报告，从"国际人格"的角度，综合"邦联"和"联邦"的不同面向，来论证一种可行的中国统一模式。该研究报告认为：大陆所推崇的"一国两制"更接近于"联邦制"，台湾所坚持的"一国两府"和"一国两区"则更接近"邦联制"。在现阶段，台湾并不会接受"一国两制"的形式，因为"一国两制"是以大陆为主导的统一模式，这会丧失"中华民国"的"国际人格"。"邦联"松散的形式，则可以作为实现统一的初步方案，尽管采用"邦联"仍然存在着诸多问题，但其灵活的方式，可以为台湾争取最有利的形势。② 这份研究报告反映出当年台湾方面在统一模式上的思考和对"一国两制"模式的排斥以及面对统一过程时对失去平等性和自主性的担忧。无独有偶的是，同样在90年代初，一位大陆学者在专门讨论"一国两制"概念的文章中，将"一国两制"界定为中共法统下的地方自治模式。③ 不少台

---

① 李义虎等：《"一国两制"台湾模式》，北京：人民出版社，2015年。
② 郑端耀主持：《联邦国及邦联国成员建立国际人格之研究》，台北："行政院研究发展考核委员会"，1993年。
③ 丁伟：《"一国两制"的理论探讨》，《中国行政评论》，1992年第4期，第19—32页。

湾学者不接受"一国两制"模式的可行性,作为反论,提出了"一国一制"(即"三民主义统一中国")多体制国家、联邦制、邦联制、国联、两德、朝韩模式或欧盟模式统一中国等多种主张。[①] 还有一些学者凸显和放大了"一国两制"中的矛盾性、压倒性和过渡性;担心"两制"并存难免矛盾冲突,认为社会主义制度对资本主义制度的压倒性决定了"两制""不可能长期并存",终将归于"一制"。[②] 这种说法符合台湾当局从"矛盾性""过渡性""压制性"的角度来看待两岸关系的政治立场。[③]

绕过大陆论述,另辟蹊径,已经成为台湾统一理论的主流路径,这样的思考固然有自身利益的考虑,但也忽视了大陆在"一国两制"论述中的灵活性和操作性。现在看来,这样的分析路径和思考方式,在短期之内并不会得到翻转性的改变。例如,黄光国认为,目前海峡两岸分别各有一部《中华人民共和国宪法》及"中华民国宪法",且都建立在一个中国原则之上,唯有承认"一中两宪"的现实,海峡两岸才能以"对等政治实体"的地位,展开平等协商;并借助欧盟经验,构建两岸间稳定的和平关系架构。如果采用"一国两制"模式,双方一开始谈判,台湾便已经被"香港化"或"澳门化","没有平等可言"。[④] 还有学者从国际格局的角度探讨"一国两制"的可行性。他们认为,在国际力量对

① 陆铿编:《中国统一问题论战》,香港:百姓文化事业有限公司,1988 年;张亚中:《两岸统合论》,台北:生智文化事业有限公司,2001 年;黄光国:《一中两宪:两岸和平的起点》,台北:生智出版社,2005 年。

② 翁松燃:《"一国两制"刍论——概念、性质、内容、困难和前景》,见于林衡哲:《台湾问题讨论集》,台北:台湾前卫出版社,1988 年,第 87—121 页。

③ 《我们对"一国两制"之看法》,台湾陆委会网站,1998 年 7 月 23 日,(访问日期:2018 年 2 月 28 日)。

④ 黄光国:《一中两宪:两岸和平的起点》,台北:生智出版社,2005 年。

两岸关系的干预，由弱转强，由暗到明，由被动转主动的背景下，大陆试图以"民族主义"建构其对美国的"反霸权主义"，及希望台湾接受"一国两制"的主张。以"民族主义"来达成这两个目标，将面临全球化带来的三个挑战：第一，共产主义和民族主义的辩证关系；第二，全球化对主权国家的冲击；第三，国际机制反映的全球治理愿景。因为这三个挑战，以民族主义为号召让台湾接受"一国两制"，存在着一些限制。全球化模糊了国际与国内的界限，主权体系受到冲击，传统国家观念是领域式的，但全球化下的国家观念，却源自"交易成本""代理人"等契约观念。中共欲以"民族主义"来追求两岸之间"一国两制"，不但有其先天结构的矛盾性，亦有其后天在技术上如何克服"市场性"与"契约性"的困难。①

不过，除了对"一国两制"的怀疑态度，也有部分台湾学者较为中性地去分析"一国两制"。杨开煌认为，"一国两制"指的是原本敌对的"两制"在一个单一制国家结构内部合法共存、互补互利、长期存在、两制融合；"一国两制"的构想就是中国"统一后到融合前"的安排与设计。②还有学者尝试将"台湾主体性"和"一国两制"做出理论上的融合与对接。比如，世新大学教授王晓波就认为，"中华民国"在台湾的"客观存在"，说明"中共政权在法理上的不完全继承"，但是这和"一国两制"的内涵并不冲突。在他看来，综合过往领导人的论述，"一国两制"其实隐含了"认可""中华民国"残存的事实。"不完全继承理

---

① 宋学文、黎宝文：《全球化与中共的民族主义——"一国两制"的机会与限制》，《中国大陆研究》，2001年第7期，第1—28页。

② 杨开煌：《困局——论陆台香濠》，台北：海峡学术出版社，2000年。

论"的功能并不是某些大陆学者所批评的"表面统一，实质分裂"，而是海内外知识分子追求统一的理论基础，也是"和平统一，一国两制"的理论基础。①

上述研究表明，大陆和港澳台学者对于"一国两制"的可行性与理想性存在不同的认知。如何准确界定"一国"的内涵？如何把握"一国两制"构想与单一制或联邦制国家结构的关系？"两制"是否可以平等相处，长期共存？这些问题涉及在"一国两制"的大框架下，特别行政区制度与大陆的主体制度之间的兼容性和融合性的理论问题，也涉及未来将特别行政区制度应用到中国台湾地区的可行性问题，尚需进一步研究。

二、港澳地区"一国两制"实践状况研究

香港和澳门经过西方殖民者的长期统治，从《中英联合声明》的发表到香港回归，历经 13 年，澳门的回归也经历了类似的过渡期。围绕过渡期的香港是否可以推行政制改革问题，中英两国在协商香港问题之初便存在持续的角力。早在中英谈判香港前途问题时，邓小平就明确表示"主权治权不可分"，在起草《中华人民共和国香港特别行政区基本法》（以下简称《基本法》）的过程中，邓小平又提出"高度自治不是'完全自治'"和"'港人治港'不是中央不管"的两条原则。② 钱其琛

---

① 王晓波：《为"和平统一、一国两制"建立理论基础》，《海峡评论》，2016 年 3 月号。

② 《学者共探十九大与"一国两制"新发展》，http://hk.crntt.com/doc/1049/2/7/1/104927181.html?coluid=93&kindid=17114&docid=104927181&mdate=1230154030（访问日期：2018 年 6 月 21 日）。

认为邓小平在思考按"一国两制"构想解决香港问题时十分重视过渡期的稳定，港英当局在过渡期单方面所推行的政制改革，是不利于香港政权的平稳交接的。[1] 有学者指出，彭定康当局对民主化改革的操弄，是与邓小平"按照实际、循序渐进"的指导原则相违背的。也有学者注意到英国殖民统治对香港的"本土意识"与归属认同的影响，导致香港人在过渡期对大陆的"一国两制"和香港的未来前途存在不安定感，香港在回归后面临秩序和身份的重构问题。[2] 一些港台学者认为，香港九七回归的前景，使其民主化过程"面临困境"。[3] 一些西方学者认为：中国领导人对香港在回归后持续成功发展的条件缺乏充分的认识，虽然他们在短期内将致力维护香港在世界经济体系的地位。[4] 对香港政权平稳转型和经济持续繁荣的悲观研判，也反映在其他一些学者的著作中。[5]

香港、澳门相继回归后，由于内地经济的迅速发展和中央政府对香港、澳门的政策支持，港澳地区历经亚洲金融风暴、SARS、美国金融海啸的剧烈冲击，仍继续保持繁荣稳定，提高了学界对特别行政区制

---

[1] 钱其琛：《外交十记》，北京：世界知识出版社，2003 年，第 340 页。

[2] 刘青峰、关小春编：《转化中的香港：身份与秩序的再寻求》，香港：香港中文大学出版社，1998 年。

[3] 廖光生：《香港民主化的困境——回归与民主化之争》，台北：允晨文化实业股份有限公司，1996 年。

[4] Warren Cohen and Li Zhao, *Hong Kong under Chiense Rule: The Economic and Political Implications of Reversion,* Cambridge: Cambridge University Press, 1997.

[5] See Joseph Cheng and Sonny Lo, *From Colony to SAR: Hong Kong's Challenges Ahead,* Hong Kong: The Chinese University Press, 1995; Bruce Bueno de Mesquita, David Newman and Alvin Rabushka, *Red Flag over Hong Kong,* Chatham, New Jersey: Chatham House Publishers, INC., 1996; 郑宇硕、雷竞璇：《香港政治与选举》，香港：牛津大学出版社，1995 年；郑宇硕、卢兆兴：《九七过渡：香港的挑战》，香港：香港中文大学出版社，1997 年。

度的信度与效度的整体评价。① 一些内地学者开始正面研究香港的政制发展问题。② 也有学者从经济一体化角度探讨了回归后澳门的经济发展前景。③ 同时也有不少港台学者对香港的民主和法治发展现状持批评态度；④ 强调三次释法风波（即"港人在大陆所生子女之香港留居权""普选""补选特区首长任期"）对香港社会产生一些负面影响；⑤ 另有部分香港学者对"一国两制"在当地实施成效的评价较为持平，认为其在实践中挑战与机遇并存，仍具有发展前景。⑥ 也有学者注意到特区政府对部分港人国家观念薄弱和政治诉求超载缺乏足够的意识。例如，阎小骏在《香港治与乱》一书中，对香港地区近二十年的政经变迁进行了阐述，所讨论的问题为"一国两制"在香港的实践过程中所遇到的瓶颈提供了宏观的思考背景。⑦

---

① 吴亦新：《"一国两制"与香港的繁荣稳定》，广州：广东经济出版社，1997 年；许世铨：《"一国两制"在香港的实践及对两岸关系的启示》，《台湾研究》，1998 年第 4 期；李家泉：《中共三代领导人对统一中国的战略思考》，《中共党史论坛》，2000 年第 2 期，第 15—19 页；周八骏：《香港跨入新世纪的脚步——"一国两制"的最初实践》，香港：香港世纪出版公司，2000 年；傅金珍：《论"一国两制"构想在港、澳的成功实践》，《福建论坛（经济社会版）》，2001 年第 8 期，第 74—76 页；杨允中：《论正确实践"一国两制"》，澳门：澳门大学澳门研究中心，2005 年。

② 李昌道：《香港政治体制研究》，上海：上海人民出版社，1999 年；田恒国：《论"一国两制"条件下中央与特别行政区政治体制的关系》，北京：中共中央党校，2002 年；周平，《香港政治发展 (1980—2004)》，北京：中国社会科学出版社，2006 年。

③ 殷存毅、施养正：《空间扩展与结构完善：澳门发展的前景探讨》，《澳门理工学报（人文社会科学版）》，2015 年第 2 期，第 25—36、203 页。

④ 黎文燕、陆恭蕙：《原地踏步：探讨香港回归后的政制发展（1997—2007）》，香港：思汇政策研究所，2007 年。

⑤ 陈智菡：《"一国两制"与基本法在香港的实践与挑战——三次人大释法案例研究》，台北：台湾政治大学，2007 年；张五岳、林海：《香港主权移交十周年分析》，《展望与探索》，2007 年第 7 期，第 12—17 页。

⑥ 王家英：《香港"一国两制"实践：发展与挑战》，香港：香港中文大学亚太研究所，2000 年。

⑦ 阎小骏：《香港治与乱：2047 的政治想象》，北京：人民出版社，2016 年。

　　1990 年由全国人民代表大会通过的《中华人民共和国香港特别行政区基本法》(以下简称《基本法》)赋予了香港特区政府高度的自治权,同时中央政府也保留了若干重要的权力,以确保国家主权得以体现和在必要时得以行使。在香港特别行政区的政改或民主化过程中,中央政府和特区的行政和立法机构都有其各自的角色,体现出"一国"和"两制"、国家主权原则和香港特别行政区民主自治原则的某种平衡。有学者提到,根据我国宪法和港澳基本法的规范及其实施过程中形成的宪制惯例,中央对香港和澳门特别行政区具有直接行使的权力,这主要包括中央对香港和澳门特别行政区法定的特区设置权和实行制度的决定权、基本法的制定修改和解释权、对特区高度自治的授予权和监督权、对港澳地区的具主权性的地域管辖和居民管理权、与港澳地区有关的防务和外交权、重要人事任免权、特区与国内其他地区关系的协调权和特区进入紧急状态的处置权等十个方面的内容。① 由于"一国两制"中"两制"的差异和潜在的矛盾,关于《基本法》的争议也很激烈,"反对派"的立场与中央和"建制派"的立场迥异。有学者认为,"一国两制"1997 年后在香港的实践,到目前为止大致上是成功的。在未来,"一国两制"的路如何顺利和成功地走下去,主要决定于"两制"的两种不同政治体制和政治文化能否在"一国"的框架内维持比较和谐的关系,而非互相对立和对抗。"一国两制"的事业的成功和"可持续发展",有赖于在"一国"和"两制"之间走出一条兼顾及平衡国家主权原则和特别行政区高度自治原则的中庸之道或中道,以达至香港和祖国

---

① 许昌:《中央对特别行政区直接行使的权力的分类研究》,《港澳研究》,2016 年第 3 期,第 32—41、94 页。

的双赢的局面。[①] 田飞龙则从人大释法的事件展开，讨论"一国两制"与香港新法治的形成。他认为，"一国两制"的成败，取决于香港治理的具体成效。人大释法是一个重要的法治事件，是人大释法权与香港司法权的良性互动。香港法治是中国整体法治的一部分，"一国两制"的典范意义正从经济层面向治理层面转型，香港作为"政治特区"或"治理特区"的宪制意义正在凸显。[②]

近年香港地区出现非法"占中"事件、旺角暴乱事件、两位议员宣誓言职时的"港独"言论以及所谓"香港认同"的上升，主要缘于国际因素的介入和"港独"势力的操纵，但也反映出特别行政区制度在实践过程中所面临的两制能否兼容以及未来如何融合发展的理论性问题。内地游客、人员大量赴港和资金、企业纷纷入港，既给香港经济不断地注入生机，但也因两地社会发展水平和行为规范的差异而产生了一些隔阂和摩擦。围绕香港特首和立法会选举方式的政治歧见，进一步折射出特别行政区制度未来应该如何完善发展的重大理论问题。

香港问题的本质即是认同问题。郭小说、徐海波认为，由于历史和现实种种因素的共同影响和作用，一些港人对地理的、文化的、民族和历史的中国认同问题不大，却对中国共产党执政的作为政治实体的"中国"充满了质疑和排斥，"一国两制"在政治国家认同上遭遇到了瓶颈。深入分析和诊断"一国两制"下政治国家认同的病因和机理，并对症下药探讨与建构适合"一国两制"的政治国家认同的实现机制是解决问题

---

① 陈弘毅：《〈基本法〉与"一国两制"实施的回顾与反思》，《深圳大学学报（人文社会科学版）》，2017 年第 1 期，第 31—36 页。

② 田飞龙：《"一国两制"、人大释法与香港新法治的生成》，《政治与法律》，2017 年第 5 期，第 23—36 页。

的根本和关键。[①]

　　针对"港独"势力和所谓香港"本土意识觉醒"问题,学界做了大量研究。有学者认为,"港独"问题已经在香港愈演愈烈,应当正视"港独"的现实和潜在危害,警惕和防范"法理港独"的鼓吹者曲解民族自决权理论,为其分裂行为提供法理依据。反击"法理港独"需要遵循法治的方式,特区政府必须充分认识到"港独"的现实危害,判定"港独"不属于《基本法》和国际条约所保障的言论自由的范畴。中央政府也可以通过落实宪法在特别行政区的适用、总结解释《基本法》的原则和技术、实现中央权力在特区的常态运用目标,树立香港居民的国家认同、落实中央对于特区的管治权。[②]黄月细、蔡国谦认为,香港言论自由程度高,"公民记者"和社群媒体活跃。一些自诩为"公民记者"的"港独"中坚分子,利用社群媒体发布"香港前途自决"等破坏香港繁荣稳定的言论,对频繁使用社交媒体的青年一代施加负面影响。为此,中央和特区政府需要建立非官方建制社群媒体、加强"一国两制"正面宣传,确立香港媒体责任意识和个人意识,拓宽特区政府与香港青年沟通交流渠道等方式,有效消除香港青年对"一国两制"的误解,引导香港青年形成正确的政治取向。[③]江雪松认为,香港回归将近二十年,今天的香港青年理应是"回归一代",是"一国两制"的受益者,也是未来香港的中坚力量。但"占中"之后,反应最为激烈、最具

---

　　① 郭小说、徐海波:《香港政治国家认同分析与实现机制研究》,《岭南学刊》,2017年第3期,第13—19页。

　　② 王理万:《"港独"思潮的演化趋势与法理应对》,《港澳研究》,2017年第1期,第13—25、93—94页。

　　③ 黄月细、蔡国谦:《"公民记者"及社群媒体对香港青年政治倾向的影响与对策》,《广东青年职业学院学报》,2018年第1期,第45—50页。

"抗争"意识的正是香港青年群体，这表现出香港社会所存在的分离主义、暴力主义倾向，不容忽视。"抗争"港青的法治认同误区在于缺乏对市场"自发型法治"与政府"促进型法治"的区分，难以凝聚法治共识。①

与此类似，有学者对澳门地区的"本土意识"进行了分析。陈志峰、江华认为，与香港的本土意识相比，澳门的"本土意识"具有其独特性，包括在处理"本土意识"与国家意识的关系上，并不主张"本土意识"与国家意识的二元对立；在表现形式上，并不表现为政治层面的"分离意识"；在处理对外关系上，具有封闭性与开放性、排外性与包容性并存的特点。②

中央政府在对待"港独"问题上，表现出一以贯之的坚定态度。中央政府驻港联络办主任张晓明表示，对于"港独"的正确的态度，只能是"零容忍"，而绝不能容许"港独"蔓延成势，养痈遗患。香港有一小部分人总是曲解"一国两制"的含义，把"两制"与"一国"相分割，把香港特区的高度自治权与中央的管治权相对立，不遵守《基本法》和中央政府的权力，夸大两地民众交往中的矛盾，制造香港同胞与内地人民之间的对立关系，甚至公然宣扬"港独"。这些问题关系到"一国两制"实践的大方向，关系到建设一个什么样的香港特别行政区的大目标，是我们必须正视、纠正和遏制的。③张德江在纪念《中

---

① 江雪松：《"抗争"港青法治认同误区及宪制求解——"旺角暴乱"引发的思考》，《中国青年研究》，2016年第10期，第52—57、9页。

② 陈志峰、江华：《"一国两制"视角下的澳门本土意识探析》，《广东行政学院学报》，2018年第2期，第1—6页。

③ 连锦添：《"一国两制"：成功的政治实践和管治模式》，《人民日报》，2017年6月20日，第9版。

华人民共和国香港特别行政区基本法》实施 20 周年座谈会上指出，在"一国两制"下，中央与香港特别行政区的权力关系是授权与被授权的关系，而不是分权关系，在任何情况下都不允许以"高度自治"为名对抗中央的权力。正确理解和把握这一点，是维护中央与香港特别行政区良好关系的关键。近年来，香港社会有些人鼓吹香港有所谓"固有权力""自主权力"，甚至宣扬什么"本土自决""香港独立"，其要害是不承认国家对香港恢复行使主权这一事实，否认中央对香港的管治权，其实质是企图把香港变成一个"独立、半独立"的政治实体，把香港从国家中分裂出去。①

在后政改时期，港澳特别行政区将何去何从，也是学界关注的焦点问题。有学者表示，有效改进香港管治需要正确认识《基本法》的国家建构功能。中央政府必须全面准确地把握香港的行政主导权，特区政府则需要从理论和实践上高度重视、优化中央的适度管治责任与特首责任，建立相关的协同理论与制度机制。②国务院参事室特约研究员曹二宝认为，中共十九大的一个历史性贡献就是将"对港全面管治权"的说法写进了党的指导思想，报告强调要把维护中央全面管治权和保障特别行政区高度自治权有机结合起来，是确保"一国两制"实践不变形、不走样的初心所在。③还有香港学者认为，在 2047 年以后，虽然"一国

---

① 张德江：《坚定"一国两制"伟大事业信心 继续推进基本法全面贯彻落实》，《人民日报》，2017 年 5 月 28 日，第 3 版。

② 田飞龙：《后政改时期香港特别行政区治理的思路与对策》，《党政研究》，2016 年第 2 期，第 105—113 页。

③ 《学者共探十九大与"一国两制"新发展》，http://hk.crntt.com/doc/1049/2/7/1/104927181.html?coluid=93&kindid=17114&docid=104927181&mdate=1230154030（访问日期：2018 年 6 月 21 日）。

一制"在技术和制度层面是可操作的，但是具体的实行困难会非常大。考虑到香港特殊的历史发展，更理性的选择应该是在香港继续实行"一国两制"，这也可能更适合香港的制度。①

对港澳地区特别行政区制度的理论与实践的研究表明，在确立"一国"（即中华人民共和国）之后，"两制"如何并存仍是值得关注和思考的现实问题。由于大陆与港澳地区分属不同的法律体系和政治体系，彼此在观念上难免存在一定的落差，成为各方的争论焦点，也引起了台湾政界、学界的极大关注。台湾学者在看待港澳地区的"一国两制"时，往往将其与台湾的情形相对照。由于主流台湾学者对"一国两制"的态度，是持一种保守谨慎的心理，所以在看待"一国两制"在港澳地区，特别是在香港的实践，也会戴着有色眼镜。有学者就认为，"一国两制"的内容无法满足香港民主的需要，"一国"和"两制"在香港的张力，警示台湾不能因为"文攻武吓"，而屈服于压力，不能放弃"中华民国"的"主权"诉求及"国防"力量。② 上述问题对如何丰富"一国两制"在港澳地区的实践，发挥其对台湾地区的示范效应，提出了新的理论命题。

三、对"一国两制"台湾模式的研究

"一国两制"的构想最初是为解决台湾问题而提出来的，原本并不

---

① 林峰：《2047 年后的香港："一国两制"还是"一国一制"》，《深圳大学学报（人文社会科学版）》，2017 年第 1 期，第 37—43 页。

② 徐正戎、张国讃：《两岸主权概念理论与务实之探讨》，《东亚研究季刊》，2012 年，总第 476 期，第 15—30 页。

存在"一国两制"的台湾模式问题，但因为港澳早于台湾回归，出现了香港模式和澳门模式，才有"'一国两制'三模式"之说。① 美国学者谢淑丽（Susan Shirk）在 1999 年提出以"一国三制"解决中国的和平统一问题，其立意也在于强调台湾模式与港澳模式的不同。大陆学者普遍认为，"一国两制"的台湾模式，是"一国两制"方针在台湾问题上的具体运用。余克礼认为一个中国原则是"一国两制"台湾模式的核心；两制长期共存、高度自治是"一国两制"台湾模式的基本内容；政治谈判是实现"和平统一、一国两制"的必由途径。② 李家泉对"一国两制"的台湾模式，做了开创性的全面的研究。他认为"一国两制"的台湾模式有"原则""和平""民主""平等"四个条件，即要遵循一个中国原则，外国不介入，美国不军售，台湾不"独立"；两岸充分发扬民主，广泛征求意见，尤其是要将台湾民众一切合理可行的要求和意见都纳入《台湾基本法》，两岸代表进行平等协商和谈判。③ 孙代尧认为"一国两制"的台湾模式是一种理论建构型模式，包括静态模式和动态架构。动态的"台湾模式"按其内在逻辑可分为"统一模式"和"实践模式"，前者是两岸走向统一过程的方式、步骤及组织形式，可具体分为和平发展阶段、政治谈判阶段、统一前的过渡阶段；后者是统一后

---

① 王鹤亭：《"一国两制"台湾模式研究的回顾与展望》，《重庆社会主义学院学报》，2011 年第 2 期，第 52—55 页；《学者共探十九大与"一国两制"新发展》，http://hk.crntt.com/doc/1049/2/7/1/104927181.html?coluid=93&kindid=17114&docid=104927181&mdate=1230154030（访问日期：2018 年 6 月 21 日）。

② 余克礼：《"一国两制"是实现祖国完全统一的最佳模式》，《台湾研究》，1998 年第 3 期，第 21—25 页。

③ 李家泉：《两岸共创"一国两制"的台湾模式》，《重庆社会主义学院学报》，2001 年第 2 期，第 21—23 页。

"一国两制"在台湾的实施方式、状态和经验归纳。[①]台湾学者江炳伦对自治、联邦和"一国两制"三种统一方式进行了比较分析。他认为如果两岸举行政治谈判，首先必须对谈判的性质获得一个妥协性的界定，亦即找出一个折中方案，将来最有希望达成的协议也必须在"一国两制"与"一国两体"的中间地带寻找答案。除了赋予台湾比香港所享有的更大的自治权外，还应对台湾提供近似联邦性质的法律保障，甚至包含"协和式民主"的一些特征，如中央政府的大联盟和地方政府享有否决权等。至于此新制度的名称和其他相关细节，有待未来谈判代表凭借民族感情和政治智慧予以自由发挥，合理解决。[②]

在"一国两制"台湾模式与港澳模式的比较研究以及台湾模式的特殊性方面，学术界的代表性研究成果集中在以下几点。就国家结构而言，黄嘉树认为"一国两制"台湾模式与港澳模式的区别在于，台湾客观上存在着一个以"国家"形态运作的权力系统，目前仍拒绝承认中华人民共和国政府与全中国的同一性。[③]与王丽萍的研究相呼应，[④]王英津认为在"一个中国"的前提框架下，可以借鉴联邦制的某些做法，给予台湾方面一定程度的对等地位。根据王叔文对分权和授权这两个概念的辨析，王英津认为在"一国两制"下，台湾所享有的是分权性自治权，而非授权性自治权。台湾地区政府无须年底向中央政府述职，"台

---

① 孙代尧：《构建"一国两制"的"台湾模式"》，《国际政治研究》，2012 年第 6 期，第 8 页。

② 江炳伦：《自治·联邦·"一国两制"——论解决族群与"国家"之间冲突及分裂国家问题的方案》，《华冈社科学报》，2000 年第 6 期，第 1—5 页。

③ 黄嘉树：《求同存异、与时俱进——从解决"两府争端"的角度看"一国两制"的发展》，《台湾研究》，2002 年第 2 期，第 35—48、54 页。

④ 王丽萍：《联邦制与世界秩序》，北京：北京大学出版社，2000 年。

湾基本法"由台湾人民自己制定，其自治权是基于联邦制下本源性的分权概念（即区域性政府先于全国性政府的产生），这跟严格的单一制国家结构所奉行的派生性分权概念是不同的。两岸统一后，台湾交回体现国家统一的部分"主权"行使权，包括"外交"和"国防"，而保留了剩余的"主权"行使权，与中央形成准联邦关系。[①] 杨春方认为，台湾模式应比港澳更宽松，在与中央的关系上，台湾享有更高的自主性，有权处理涉外事务和防务。[②] 王振民提出，台湾模式应该最大限度地扩充"一国"的概念，最为宽松地解释统一的含义，形成更具有弹性的统一观。[③] 就国家内部不同制度的关系而言，王英津认为"一国两制"的台湾模式的具体规划要富有弹性，统一后要最大限度地维持台湾的政治现状，保证台湾民众的基本权益和生活方式不变，真正当家做主，自主选择社会制度和生活方式。[④] 杨春方比较了台湾模式与港澳模式的区别，指出台湾实行的是三权分立的政治体制，港澳实行的则是行政主导型的政治体制。[⑤] 就实现"一国两制"台湾模式的路径而言，刘红和章念驰认为，共议统一、共缔"一中"，是两岸统一模式的必然途径和方式，统一的具体方案需要海峡双方充分协商。王英津提出应批判地借鉴港澳模式中的适用部分，即统一前安排一个平稳过渡期，通过两岸的良性互

---

① 王英津：《关于"一国两制"台湾模式的新构想》，《台湾研究集刊》，2009 年第 6 期，第 1—7 页。

② 杨春方：《港澳与台湾"一国两制"模式比较研究》，《学术论坛》，2003 年第 4 期，第 26—29 页。

③ 王振民：《"一国两制"下国家统一观念的新变化》，《环球法律评论》，2007 年第 5 期，第 38—48 页。

④ 王英津：《国家统一模式研究》，北京：九州出版社，2008 年。

⑤ 杨春方：《港澳与台湾"一国两制"模式比较研究》，《学术论坛》，2003 年第 4 期，第 26—29 页。

动，求同存异，找到双方的交集点，提出具有可操作性的解决分歧的方案，为两岸最终统一奠定基础。① 王鹤亭强调"一国两制"具有高度的包容性和开放性，与台湾模式是共性和个性的辩证统一关系，应该避免以"模式"定义"一国两制"，也要避免以一种"模式"（港澳）来规范另一种"模式"（台湾），而应立足于实践但又超越实践去理解"一国两制"构想的科学精神。他建议大陆方面应加强与台湾学者的交流与对话，共同探索台湾模式的具体设计。②

由于台湾当局长期的敌对性宣传，"一国两制"在台湾社会存在着被"污名化"的情况，有学者认为，这反映了台湾的"拒统"心理，"污名化"对他们而言是一种"合理化"的选择。③ 在另一篇文章中，邵宗海认为，官方文书和代表性讲话并不代表"一国两制"在台湾不被认可。至于反对的民意，也只是民调上的有意为之，台湾方面的调查存在相当大的误导性、引诱性。台湾人民关心自身生活不被冲击，考虑到"两制"的内涵，其实涵盖了台湾人民心中最大公约数"维持现状"的描述。如果放宽某些调查尺度，台湾还是有一定比例的民众支持"一国两制"。④

有趣的是，随着台湾经济的疲弱和政治上层出不穷的乱斗，一些学者转而认真思考"一国两制"的必要性。台湾世新大学教授王晓波便

---

① 刘红：《"和平统一"、"一国两制"是祖国统一的最佳模式》，《台湾研究》，1998年第4期，第3—6页；章念驰：《台湾问题与中国崛起——上海东亚研究所成立十周年学术讨论会论文集》，上海：上海东亚研究所，2005年。

② 王鹤亭：《"一国两制"台湾模式研究的回顾与展望》，《重庆社会主义学院学报》，2011年第2期，第52—55页。

③ 庄吟茜：《"一国两制"在台湾的污名化：剖析与澄清》，《台湾研究》，2016年第1期，第31—38页。

④ 邵宗海：《"一国两制"在台湾发展空间的探讨》，《台湾研究集刊》，2014年第4期，第18—24页。

呼吁，台湾应该正视"一国两制"已经是维持现状的一种体现，"一国两区"也可以实行"一国两制"。若错失"和平统一、一国两制"的机会，被"台独"带入"武统"境地，就极有可能成为"一国一制"。^①台湾大学名誉教授张麟徵，干脆指明随着两岸力量对比的失衡，台湾已经错失了"一国两制"的机会。^② 目前这种声音，还很难扭转"一国两制""污名化"的主流舆论氛围。

在新时代，坚持"和平统一、一国两制"方针也需要新的理解和认识。海峡两岸关系协会副会长孙亚夫提到，最终如何以"一国两制"方式实现和平统一，说到底，要建立在发展的基础上。这是一种战略思维。对台工作推动两岸关系所取得的历史性巨大成就，从根本上说，都奠基于大陆发展进步。大陆的发展引起整个台海形势发生的最大的历史性变化就是其实力已具有对台湾绝对的、完全的压倒性优势，也大大拉近了与美国的力量对比。这些都说明在发展的基础上解决台湾问题的战略思想是正确的、可行的。^③

虽然过去 40 年中学术界对"一国两制"的理论研究有了很大的进步，但在学术性、前瞻性、应用性和创新性四方面仍存在着严重的不足。2008 年以来国内学术界研究两岸关系和平发展的较多，研究"一国两制"统一模式的较少；就对"一国两制"的研究而言，对"一国"

---

① 王晓波：《"和平统一、一国两制"和两岸关系"就地合法化"》，《海峡评论》，2015年 8 月号；王晓波：《两岸和平统一的真相与假象》《海峡评论》，2015 年 11 月号。

② 张麟徵：《台湾已无缘"一国两制"》，（台湾）《中国时报》电子版，2017 年 8 月 12日，https://www.chinatimes.com/cn/newspapers/20170812000527-260102?chdtv（访问日期：2018 年 2 月 28 日）。

③ 孙亚夫：《对新时代坚持"和平统一、一国两制"方针的新理解》，《人民日报》（海外版），2018 年 1 月 23 日，第 4 版。

内的权力分配及其法源依据研究得较多，对"两制"如何并存研究的较少。同时，对香港地区实践"一国两制"过程中出现的新问题，尚未从制度建设的角度进行深入研究。这包括如何把握"一国两制"构想与单一制或联邦制国家结构的关系以及如何处理同一国家内部不同制度所必然要产生的冲突碰撞、互相磨合、平等相处和长期共存的问题。本书力求理论联系实际，兼顾学术性和应用性。基于海峡两岸及香港、澳门社会经济融合发展的新形势，加强港澳特别行政区与内地的经济社会制度磨合，完善民主与法治建设，并基于港澳地区在"一国两制"方面的丰富实践，前瞻性地探讨"一国两制"的台湾模式。以对该模式的前瞻性设计，规范国家尚未统一特殊情况下两岸政治关系；以两岸经济社会融合发展的经验总结，丰富台湾模式的理论内涵，从而推进祖国的和平统一，保障两岸关系和平发展与和平统一的平稳过渡和无缝接轨。为此，必须广泛涉猎海内外的现有研究文献，比较人类历史上不同的国家统一模式和制度发展模式，论证"一国两制"模式对中华民族伟大复兴的重要意义。

第三节　理论框架和研究方法

本书的总体思路是站在国家统一和民族复兴的内在逻辑的高度，以"和平统一、一国两制"的战略方针和中国特色社会主义理论为指导，根据党的十八大、十九大提出的针对港澳台地区的政策方略，通过考察"一国两制"和特别行政区制度在港澳地区的理论实践，提出前瞻性的政策性建议，并基于港澳地区的实践经验、台湾的社情民意与两岸关系的政治现实，在理论上建构和充实"一国两制"的台湾模式，揭示"一国两制"模式的理想性和可行性，维护港澳地区的经济繁荣和政治稳定，实现国家完全统一和中华民族伟大复兴的百年梦。研究视角是运用政治学、公共管理学、法学、社会学、经济学、历史学、统一战线学等学科知识，对特别行政区制度在港澳地区的具体实践和未来发展的重大理论和实践问题进行跨学科的实证研究，建构"一国两制"台湾模式的理论框架，探讨实现祖国完全统一的战略途径。本书所采取的研究路径包括国家认同理论、经济整合理论、政治分权理论和历史制度主义理论。

在具体的研究思路方面，本书将运用区域经济整合理论和国家认同理论，分析内地和港澳地区经济一体化进程及其对制度层面的效应；比较港澳地区文化与内地文化的异同，研究国家认同与港澳地方认同的主从关系，并借鉴国家主权理论和政治分权理论的研究路径，分析特别行政区制度下中央和地方的权力关系，比较港澳地区和台湾地区实行"一国两制"的不同路径。

与港澳地区通过中英谈判、中葡谈判解决回归问题在先，继而解决"两制"磨合、清除殖民统治的影响所不同的是，台湾回归祖国、摆脱日本殖民统治和影响的问题，早在1945年后就已经解决。只是由于随后的国共内战，才形成了目前这种既不完全统一也不完全分裂的特殊政治现状。两岸都宣称对"整个中国"拥有"合法代表性"。两岸复归统一后，台湾方面可依其现行体系，行使高度的自治权，同时由中央政府行使对外主权。放弃"中华民国"称号后的台湾地区政权，拥有行政权之外的立法权、司法权和司法终审权，行使自治权的幅度和法律来源，高于港澳特别行政区政府。"一国两制"台湾模式系以双方的现行有关规定为依托，两岸各自行使自治权，同时共享国家的对外"主权"。这一制度安排符合两岸关系的现实状况，有助于实现从和平发展到和平统一的平稳过渡。

本书还借鉴历史制度主义的研究路径，分析"一国两制"中所存在的制度张力。根据这一理论途径，海峡两岸暨香港、澳门的制度差异源于西方国家对港澳地区的长期殖民统治和台湾社会的独特历史。港澳地区先后遭受英国和葡萄牙的殖民统治，实行资本主义制度。台湾地区先是遭受日本的殖民统治，后因国民党政权退踞台湾，以三民主义为名，实行了长达38年的戒严统治，而后才开始采纳竞争性的政党政治。中国共产党在大陆建立起社会主义制度后，经过40年的改革开放，在社会主义市场经济的基础上，不断完善民主和法治。两岸通过不同形式的选举，产生政治领导人，制定各自的经济、文化、教育、科技、卫生、财政、税收、社会福利、防务、涉外和出入境管理等政策。随着大陆市场体系的逐渐完善，两岸在经济制度上的差异可望缩小，政治制度上的一定差异则可能长期存在。就后者而言，两岸在涉及政治权力来源的制度设计问题上差异较大，在公共事务的治理模式、公共政策的具体实施以及政府绩效评估体系的设定方面，则存在许多制度融合的空间。由于两岸的幅员、人口差异悬殊，台湾对统一后"两制"并存、互不干扰难免存在疑虑。其实，世界上一国内部两制并存并不乏先例，如中国历史上就曾对边疆地区实行"因其教不易其俗，齐其民不易其政"的政策。从路径依赖的视角观察，不同制度的产生、存续和变迁，均有其内在的历史逻辑。不同制度不管是和平共存、互相欣赏，还是互相学习和融合，都是人类文明的不同形式。根据哈贝马斯的后民族结构理论，大陆/内地和台港澳地区在意识形态和社会制度上存在差异分歧是正常现象。"一国两制"的魅力就在于"和而不同"，"同"不是目的，"和"才是目的。海峡两岸暨香港、澳门在文化上虽然同根同源，但国家统一的目标并非追求在文化、意识形态、社会制度上的绝对"无差别"，差别可以为社会不断进步提供营养。① 以此看来，两岸在统一前的过渡期，在制度建设方面既可"和而不同"，又可互相吸纳，共同推动中华民族的伟大复兴，体现了"一国两制"台湾模式的理论包容度和实践可行性。如果说，这里的"一国"概念，已经突破了单一制国家的严格定义的话，那么，这里的"两制"概念，也并不是要刻意维系两个截然不同的制度；而是将"两制"视为有同有异、对立统一的矛盾共同体。没有制度上的差异，固然就没有"两制"并存的问题；而没有制度上的共同面作为连接不同制度的桥梁，"两制"也是难以并存的。

本书的研究方法是综合性研究，运用上述理论，进行经验研究，同时采取比较研究方法，既从横向上比较"一国两制"港澳模式和台湾模式的异同，也从和平发展时期两岸平等交往和"两制"并存、互相学习的经验，纵向推导"一国两制"的台湾模式。本书以港澳地区"一国两制"模式的丰富实践、台湾民意的变化趋势和两岸关系和平发展的实际状况为观察视角。"一国两制"港澳模式的成功运作，有助于增强台湾

---

① 杨晗旭、徐海波、田启波：《"一国两制"的"后民族结构"合法性溯源——基于政治哲学的考察与辨析》，《福建师范大学学报（哲学社会科学版）》，2017年第4期，第12—18、17页。

民众对该统一模式的信心。虽然在这种情况下，台湾一些人士仍会以台湾跟港澳的情况不同为由而不屑一顾，但如果港澳模式的成功实践符合民众的期望值，台湾方面就难以拒绝。与港澳地区的特别行政区制度相比较，不管是"一国"的宽容度，还是"两制"的包容度，台湾模式都提供了比港澳模式更为有利的制度条件，便于两岸从和平发展到和平统一的顺利接轨。

　　本书拟解决的关键性问题是基于港澳地区"一国两制"的实践经验，探讨特别行政区制度未来发展及其与社会主义主体制度的磨合共处问题，丰富"一国两制"的理论内涵，进而构建"一国两制"的台湾模式，把握两岸关系和平发展的实践和台湾社会的民情变化，完善"一国两制"台湾模式的理论设计。论证两岸复归统一，不同于港澳模式下由中央政府从殖民者手中收回主权、授权港人、澳人自治的路径，而是在尊重现实的基础上，让台湾依其现行法律体系，行使高度自治权，同时由统一后的中国政府行使对外主权，维护两岸人民的共同利益。

　　本书的难点之一是准确把握港澳特别行政区制度下"一国"与"两制"的边界，妥善处理一国内部不同社会制度的和谐并存与融合发展的问题。"一国两制"作为一种制度安排，涉及解决一个国家内区别于主体的特殊区域政治制度设计问题。人们较容易理解联邦制国家内的多元制度和区域自治，但在单一制国家局部地区实行有别于主体的差异制度，则是一个具有新意的学理议题。本书的立意是："一国两制"中"一国"这一概念已经突破了经典的单一制国家的严格定义，"两制"也不是要刻意维系两个截然不同的制度。可以将"两制"视为有同有异、对立统一的矛盾共同体。没有制度上的差异，固然就没有"两制并存"

的问题；而没有制度上的共同面作为连接不同制度的桥梁，"两制"也是难以并存的。在港澳地区和内地经济社会朝向一体化发展的时代趋势下，尤其需要解决不同社会制度如何融合发展的问题。本书的难点之二是构建适合于台湾地区的"一国两制"模式。台湾的独特性是存在一个运作完整的公权力体系。这个体系通过意识形态塑造，在客观上将自身打造成在地化的"政治认同"载体，产生拒统效应。"一国两制"是一种中央与地方之间的制度安排，如何在和平统一的过程中逐渐消解台湾这一"类国家"的结构，落实"一国"的制度框架，是需要破解的难题。此外，台湾存在一个西方意义式的民主体系。经过多年发展，民主价值理念已经成为台湾社会价值体系的重要组成部分，台湾当局就以所谓的"价值高地"与大陆的制度自信相抗衡。虽然近年来因台湾党派内耗，社会对政党政治的表现失望，但大多数民众仍对延续既有的民主制度存在共识，不认同大陆所倡导的"一国两制"模式，唯恐其社会制度和生活方式在统一的过程中遭到侵蚀和改变。要破解这一难题，必须坚定"一国两制"的底线思维和制度自信，以"两制"的高度包容性，化解台湾社会所存在的分离主义意识，维护一个中国的框架。

第四节　主要内容、篇章结构和创新亮点

本书的总体问题是"一国两制"中的"一国"（国家统一）和"两制"（制度差异）的对立统一关系及其所衍生的理论命题。研究对象是中国港澳地区实践特别行政区制度的经验和台湾地区实行"一国两

制"前景。从宏观的视角来看,"一国两制"的理论和实践涉及中华民族伟大复兴过程中的立国与立制两大主轴。其中"一国"属于立国(nation-building)的范畴,即如何基于港澳地区"一国两制"的丰富实践,实现海峡两岸的最终完全统一;"两制"属于制度建设(institution-building)的范畴,涉及两岸制度差异所诱发的两制能否并存、如何并存的现实问题,也隐含一个国家内部的不同制度互相学习、互相融合的历史必然性。

　　本书的主要内容分以下四章展开。第二章分析"一国两制"在港澳地区的实践经验,重点探讨中国内地与港澳地区的社会融合与制度磨合问题。以港澳地区实行特别行政区制度的初始环境、在实践过程中各方的利益博弈以及所诱发的制度变迁需求为观察视角。所要回答的理论问题是:港澳地区所实行"一国两制",在经历了20年左右的自我发展与区域互动过程后,究竟产生了哪些变化?需要进行何种程度的调适?本章运用最具相似性的比较研究方法,比较港澳特别行政区相似的自治方式、政治制度、法律制度和选举制度,在与内地发生迅速的经济社会融合发展的情况下,所面临的不同程度的社会不适和制度磨合,进而展望港澳地区"一国两制"实践的未来发展方向。

　　第三章分析台湾社会对"一国两制"和特别行政区制度的基本态度、变化趋势及其影响因素。由于台湾官方和主要政党对"一国两制"统一模式的抵制和"污名化",民间和学界多将"一国两制"视为大陆的对台"统战"手段。不过,学界除了延续台湾方面的论述外,也有人将"一国两制"纳入统合学的范畴进行考量,或主张接受"一国两制"的安排,实现国家统一,甚至还有人认为两岸早已经是"一国两制"。

本章的研究旨趣是通过民调，从理性认知和感性认同两个层面，分析台湾地区民众的国家认同在文化属性和政治属性方面的异同和内在关联，讨论测量国家认同的不同指标在研究方法上的优点和弱点，希望有助于深化大陆学界对台湾认同政治的研究，切实把握台湾民众对祖国统一和"一国两制"台湾模式的真实态度。

第四章探讨美国对"一国两制"的认知现状。为了呈现美国政府与社会对于"一国两制"的整体认知，本章考察了美国政界、学术界以及媒体界等三大行为体对"一国两制"方针政策的评论与解读。美国官方对"一国两制"政策的评论并未形成一个统一的对外口径与政策立场。美国学术界一般不看好"一国两制"在香港的实践，也不看好中国大陆运用该统一方案解决台湾问题的前景。主流媒体对香港地区实行"一国两制"的评述更为负面，尤以《纽约时报》最为激烈。本章探讨了美国不同行为体对"一国两制"实践消极评估的主要原因，包括各行为体对"一国两制"方案的错误认知、意识形态窠臼以及个人的利益考量。本章借助作者之一在美国哈佛大学进修访学的机会，结合文献分析与学术访谈，得出上述研究结论。

第五章从经验层面探讨"一国两制"台湾模式的现实可行性。首先从理论上探讨"一国两制"台湾模式的意涵，然后从制度设计层面上探讨特别行政区制度的可推延性问题，对"一国两制"台湾模式的分权类型和制度差异进行理论探讨。鉴于台湾问题和港澳问题的不同，台湾模式在理论和实践层面的空间，理应比港澳模式更为宽松。台湾在统一后的政治定位，与港澳特别行政区政府的法律定位有所不同，统一后两岸在经济、社会和政治制度上的差异将大于港澳地区。本章提出以"一国两制"的台湾模式界定两岸在统一前后的政治关系，并分析了国家统一进程中的干扰因素和推动因素，进而对两岸和平统一的前景做出了审慎乐观的评估。

第六章为结论。基于港澳地区"一国两制"的具体实践，研究特别行政区制度未来发展的重大理论问题，从"一国"内部中央和地区层次的权力分配视角，探讨特别行政区制度的分权类型与法理依据，归纳台湾民众对"一国两制"的不同态度及其变化趋势，并从海峡两岸现存的制度差异，结合路径依赖和制度变迁理论，建构和充实"一国两制"台湾模式的理论框架，增强其现实可行性，论证两岸和平统一后差异与融合并存的制度建设方向。全书紧扣基于前瞻性的制度建设视角，丰富港澳地区特别行政区制度的实践，推进祖国和平统一这一总论题，以国家统一和制度建设为两大理论坐标，以港澳地区特别行政区制度的实践与发展、岛内民情变化的视角、国际因素对中国和平统一进程的干扰和影响、两岸经济社会融合发展为研究对象，从研究港澳地区的"一国两制"实践入手，从经济社会和政治法律面向，分析港澳地区的"一国两制"实践所面临的新问题和制度建设方向，准确把握"一国"和"两制"的对立统一关系，厘清制度差异和制度融合的辩证关系，观察台湾社会对"一国两制"的态度及其影响因素，梳理两岸关系和平发展与和平统一的内在逻辑，进而从国家建设和制度建设两个视角，构建和充实"一国两制"的台湾模式。

本书的创新亮点有以下三点。其一是提炼"一国两制"在港澳地区实践经验的理论内涵，发挥"一国两制"港澳模式对台湾社会的积极示范效应，增强台湾方面对"一国两制"的政治认同。利用作者之一在美国哈佛大学访学一年的有利条件，深入了解美国政府、学界和媒体对"一国两制"态度上的异同，提出相应的对策，排除国际因素的干扰，促进祖国的统一大业。

其二是参照"一国一制""两国一制""两国两制"的概念分类，将"一国两制"的理论和实践纳入国家统一和国家发展的宏观历史视野，从国家分合与制度异同的逻辑框架，说明"一国两制"的科学构想，有利于实现国家统一和国家发展的双重目标，丰富中国特色的社会主义理论，对当今世界上流行的国家统一理论（不是单一制就是联邦制）和制度发展理论（不同制度非优即劣的单向发展模式）提供新的理论选项，进而把握"一国"和"两制"的对立统一关系，着重厘清制度差异和制度融合的辩证关系，从路径依赖和制度变迁的视角，回答在哪些领域将延续"两制"并存、哪些领域将朝制度融合的方向发展的理论问题。

其三是规范研究与经验研究相结合，文献研究与调查研究相结合，定性研究与定量研究相结合。以对国内外学术界有关"一国两制"研究文献的全面梳理，作为本书研究的出发点。同时采取"最具相似性"（同中求异）的比较研究方法，根据港澳地区先实现国家统一、再处理去殖民化和寻求"两制"磨合的经验，探讨两岸从对制度差异的包容入手，强化国家认同，进而推动和平统一的独特路径。

第二章 "一国两制"在港澳地区的实践经验

本章所探讨的问题主要有以下两点。其一是中国内地与港澳地区的经济社会融合发展所衍生的制度磨合问题，包括粤港澳区域经济社会的融合发展和特别行政区制度在发展过程中的调适问题。其二是香港地区如何完善民主与法治建设问题。重点研究完善香港地区民主与法治的前提条件，并对香港政制改革进行必要的顶层设计。

在 1997 年和 1999 年先后恢复对香港、澳门行使主权后，中央政府与特别行政区政府在 2003 年签署了关于建立更紧密经贸关系的安排（CEPA）协议。其后，港澳地区与内地的经济和社会联系日益密切，内地市场与港澳市场加速整合。内地经济迅速发展，资本流入加大，政治影响增强，对港澳地区的经济结构和社会分配结构带来一定的冲击。澳门主要依靠博彩业和旅游业作为经济支柱，影响不大。香港的经济支柱产业在 1997 年前已由制造产业转为金融业与服务业。1997 年后生产性服务业继因制造业的外移受到较大影响。内地前往港澳地区的临时访客和常客日益增多，衍生出因为历史发展和制度差异而导致的行为隔阂。部分港人因为经济利益受损而对内地产生不满和抵触情绪，削弱了对

"一国两制"的认同度。以非法"占中"为标志的事件，在香港内部激发出一股"港独"的思潮。个别议员宣誓时发生的辱国事件以及扰乱社会治安的非法集会，是对"港人治港"精神的违背和香港稳定繁荣局面的破坏。"一国"和"两制"的边界随之成为公共话题。与此相反，澳门回归后原有的经济发展模式得到更大的挥洒空间，对"一国两制"的支持度明显高于香港。

第一节　初始环境、利益博弈与制度调适

本章以港澳地区"一国两制"的实践情况作为案例，研究"一国"和"两制"的对立统一关系，包括实行特别行政区制度的初始环境，在实践过程中各方的利益博弈以及所诱发的制度调适需求。

初始环境指制度设计者在设计制度之初所面对的经济状况和英港与澳葡时代所留下的制度影响。首先，虽然中央政府基于初始环境（从中英、中葡谈判至两地回归）进行制度设计，保证回归后的港澳地区在生产秩序和生活方式方面不发生重大变化，维护不同群体的利益结构以及相关权力关系（如政商关系等），但港澳地区经济的飞速增长带来了社会结构的急剧变迁和不同社会群体的利益冲突，随着内地与港澳地区经济社会融合的加速，特区内部社会群体之间的互动受到内地的影响日益增大（如新内地移民群体对原有社会结构的冲击和特区内部不同阶层之间贫富差距的拉大等），不断地展开新一轮的利益博弈，涉及经济利益分配、政治局面稳定、经济资源分配和生活方式改变等问题。目前比较

突出的首先是港澳地区内部的贫富差距与阶层分化问题。其次，回归以来特区内部经济与政治议题的联结强化，香港地区部分政治利益团体操弄"民粹主义"，挑战中央政府和特区政府的制度权威。再次，随着内地的高速发展，港澳地区的经济发展前景与资源供给越来越离不开内地，内地崛起与港澳之间的经济位阶变动使港澳（尤其是香港）地区的部分民众产生心理落差与不适。最后，大多数港澳地区民众回归后日常生活在较大程度上受到内地的影响，影响了原有的生活方式与习惯，包括内地游客"超载"对一般民众生活的负面冲击。港澳地区自实践"一国两制"以来，与内地的互动关系日益紧密，逐渐形成一系列区域合作模式，构成香港、澳门社会各界、特区政府与广东省政府、特区与中央政府之间发展共融的主轴线。港澳地区与内地的社会、经济互动关系大致包括几个面向：（1）中央与特区政府的互动。中央政府在治理实践和组织协调中扮演核心角色；（2）粤港、粤澳政府间的互动。由于地理临近，内地与港澳之间的融合互动主要发生于广东与香港、澳门之间，广东省具体落实中央政策的执行问题；（3）特区政府与市场互动。作为实行资本主义市场经济制度的港澳地区，特区政府与市场之间围绕公共政策的互动直接影响区域内的经济发展与政治稳定；（4）特区政府与当地社会间的互动，由于港澳地区社会发育程度较高，社会治理制度与内地不同，特区政府与社会各阶层和不同势力的互动，尤其是具体决策过程，具有独特的运作逻辑。

　　制度调适缘于制度设计者为完成战略任务，根据政治形势变化而确定的具体活动计划或组织形式以及希望通过这一制度安排来达到的政治目的，诸如追求国家和平统一、实现"两制"和平共存、保持政治稳定以及推动国家现代化发展等。对于回归后的港澳地区"一国两制"实践，在经历了 20 年左右的自我发展与区域互动过程后，究竟产生了哪些变化？在制度设计之初，"一国"的内涵主要指涉主权和领土完整，包括中央政府对外的唯一代表性，回归以后不应该限于这一层意涵，其内容应该有所扩展，以适应内地和港澳地区因经济社会融合发展而提出的新的制度需求。回归前我方考虑港澳与内地的关系时，强调"井水不犯河水"，回归后出现的社会问题说明了"两制"在一定范围内进行磨合、融合的现实必要性。回顾设立特别行政区制度的初始环境，有助于理解当年所采取的政治策略和所面临的政经形势的内在关联性，从港澳回归祖国后利益格局的变化和政治博弈的展开，与时俱进地探讨制度变迁的可能性。换言之，从制度变迁的视角观察，目前是否已经到了摆脱路径依赖、进行制度创新的"关键节点"(critical juncture)？若如此，则调整的可能方向又该指向何处？如何处理"一国"与"两制"的边界问题？特别行政区政府在维持高度自治的同时，如何配合珠三角地区的产业结构和发展模式，制定与之相匹配的产业政策和金融政策？中央政府如何协调特别行政区政府，妥善处理内地大量资本和人员进入港澳地区所衍生的问题，以维持港澳地区的经济繁荣、社会安定和政治稳定？这些都是在内地与港澳地区经济社会融合发展的时代背景下，特别行政区制度在具体实践中所要全盘检视的问题。

　　本章的研究方法是运用最具相似性的比较研究方法，比较港澳特别行政区相似的自治方式、政治制度、法律制度和选举制度，在与内地发生迅速的经济社会融合发展的情况下，所面临的不同程度的经济冲击与社会不适以及由此衍生的制度磨合和制度创新的需求，观察其在国家认同和外国势力介入方面的差异，分析其政党政治的不同特点。

第二节　港澳地区经济、政治环境与利益博弈

一、经济发展的初始环境与后续路径

　　香港、澳门先后回归祖国已经 20 年左右。回归以来，港澳地区总体上在政治、经济、文化等各方面都朝着有序的方向发展。2003 年，内地与港澳特区政府分别签署了《内地与香港关于建立更紧密经贸关系的安排》《内地与澳门关于建立更紧密经贸关系的安排》（以下简称"CEPA"），2004 年、2005 年、2006 年又分别签署了《补充协议》《补充协议二》和《补充协议三》。商务部台港澳司指出，CEPA 是"一国两制"模式的成功实践，是内地与港澳地区制度性合作的新路径，是内地与港澳经贸交流与合作的重要里程碑，是我国家主体与香港、澳门单独关税区之间签署的自由贸易协议，也是内地第一个全面实施的自由贸易协议。[①] CEPA 是内地与港澳实行的较为成熟的经济合作制度。值得一提的是，这是同一主权下的多个 WTO 成员之间的准区域经济一体化协议，不同于一般的国际机制。在 WTO 的框架下，它是一个独立关税区与一个主权国家之间的经济合作制度；在一个中国的框架下，它又是为

---

　　① 廖晓淇：《内地与香港、澳门〈更紧密经贸关系安排〉重述文本》，北京：中国商务出版社，2006 年。

实现国家内部市场一体化而采取的措施。对香港和澳门来说，回归前内地与港澳之间就存在技术变迁和经济上的相互依赖。在港澳回归之后，经贸领域中旧的贸易规则就显得不合时宜。CEPA 作为解决这一问题的制度应运而生。有学者认为，CEPA 一经产生立即实现了部分短期的潜在利润，而长期利润也初现端倪。在短期内，这种利润主要源于贸易创造、投资促进和服务业的发展及增加要素流动性等方面。[①] 通过检索国务院公报可以发现，自 2005 年以来，国务院在旅游业发展、水运发展、海洋经济发展、服务业发展、广东自由贸易试验区、泛珠三角区域合作等方面，为内地与港澳地区的全方位经济合作发展规划颇深。CEPA 在整合珠三角或泛珠三角的区域经济、强化香港的窗口作用、促进香港的科技进步、产业结构升级和制造业的发展等方面的功能，已经初步显现出来。从另一个角度来说，CEPA 除了在经济领域发挥作用之外，还在政治层面上提供了制度建设和政治稳定的间接效应。有学者表示，"一国两制"虽然从政治层面上解决了香港的定位，但是却没有从制度上涉及香港的经济定位问题，CEPA 正好填补空白，明确了香港的经济定位，同时解决了香港未来发展腹地问题，避免香港出现边缘化危机的可能。[②]

在内地市场、技术和资金的拉动下，回归以来，香港的国际地位与经济实力一直比较稳定，总体仍然繁荣富裕，这从许多指标可反映出来：1997 年至 2017 年，香港本地生产总值年均实质增长 3.465%，人

---

① 周靖、米运生：《CEPA 的制度效应分析》，《湘潭大学学报（哲学社会科学版）》，2006 年第 1 期，第 134—136 页。
② 李媛媛、冯邦彦：《CEPA：实施效应、存在问题及发展趋势》，《暨南学报（哲学社会科学版）》，2007 年第 6 期，第 57—63、77、152 页。

均本地生产总值累计增长 55.9%；^① 根据国际货币基金组织 2013 的数据，按购买力平价 (PPP) 计算，香港本地生产总值位居全球第 35 位，人均本地生产总值位居全球第 7 位；而根据世界银行 2016 年的数据，按 PPP 计算，香港本地生产总值位居全球第 43 位，人均本地生产总值总值位居全球第 11 位。在瑞士洛桑国际管理发展学院《世界竞争力年报》排名中，香港多年来都被评为全球最具竞争力经济体之一，2015 年更被评为全球第二，仅次于美国；2016、2017 年更是连续两年被评为全球第一。^② 同时，香港还拥有庞大储备，独立货币地位稳固，财政收支每年均出现大量盈余，失业率维持在 3% 至 4% 的极低水平；交通网络完善，教育体系优良；寿命预期值和日本、新加坡并列世界前三名；等等。另一方面，社会贫富差距的增加，中下层发展滞后也是不容回避的事实。基尼系数一直在上升，2011 年达到 0.54，2016 年达到 0.539，^③ 超过不少欧美和亚洲国家；居住环境比较恶劣，人均居住面积为 15 平方米，仅为西欧国家 1/5；房价持续高昂，成为许多香港市民尤其是年轻人迫切关注的首要问题；幸福指数在全球 145 个国家及地区中，香港仅排在第 120 位。

香港总体繁荣富裕与中下层发展滞后两者之间矛盾，扩大了贫富差距和阶层分化，恶化了民生环境，构成了当前许多问题的缘由。加上其

---

① 根据香港特别行政区政府统计处发布的《2017 年本地生产总值》报告计算得出，单位为百万港元，https://www.statistics.gov.hk/pub/B10300022017AN17C0100.pdf。

② An Inside Look at the 2017 World Competitiveness Rankings，https://www.imd.org/news/updates/an-inside-look-at-the-2017-world-competitiveness-rankings/（访问日期：2018 年 4 月 20 日）。

③ 《香港去年基尼系数升至 0.539　收入差距有所扩大》，观察者网，2017 年 6 月 10 日，http://www.guancha.cn/economy/2017_06_10_412677.shtml（访问日期：2018 年 4 月 20 日）。

他各种错综复杂的因素，特区内部利益格局发生变化，衍生出行动者之间的新的互动行为和利益博弈。当前香港的社会分歧正面临着进一步激化的可能，社会矛盾给香港社会的和谐发展和"一国两制"的顺利实施带来了新问题和新挑战。香港需要解决五大问题，包括如何发挥已有的优势，继续保持和发展香港的金融中心、航运中心和贸易中心的地位；如何结合香港的特点发展优势产业，特别是服务业；如何利用香港毗邻内地的优势，进一步加强香港与珠三角的联系；如何包容共济、凝聚共识、团结一致，保持香港的繁荣稳定；如何注重改善民生，发展教育，按照基本法的规定循序渐进地发展民主政治。[①] 我们可以发现，温家宝提出的这五大问题涵盖了香港的经济发展、社会民生以及民主进程。此后，在2014年发生的所谓"驱蝗运动""占中运动"等一系列香港街头运动，也多多少少受到这些问题的影响。这些问题的出现绝非偶然，而是在社会的多个方面存在分歧，从而引发的社会矛盾所带来的必然结果。同时，随着区域内其他城市的竞争，香港的经济发展面临严峻挑战。政改未能成功落实，也牵制着此矛盾的缓和。经济和民生问题与普通群众息息相关，若能凝聚各界共识，大力发展经济民生，在房屋、安老、扶贫、青年发展等民众关注的议题上取得切实成果，则能打牢基础，为香港未来定纷止争、厚积薄发营造绝好契机；倘若不能有效处理，甚至出现政策失误，则容易加深矛盾，积重难返。

谈到香港面临的发展和治理问题，经济因素是不可回避的话题。与此相反，澳门地区则不存在上述这样尖锐的矛盾。在对比港澳地区回

---

① 《温家宝指出香港经济面临深层次矛盾》，《文汇报》，2010年3月14日，http://news.wenweipo.com/2010/03/14/IN1003140035.htm（访问日期：2018年1月28日）。

归后的经济发展时，首先必须注意的是两地体量的差异。香港与澳门两个地方的经济环境差异巨大。截至 2017 年年底，香港的总人口约7409800 人，是澳门（约 648500 人）的 11 倍；香港的本地生产总值约为澳门的 4.39 倍——香港共计 2662637 百万港元，澳门共计 622803 百万澳门元（1 港元约合 1.0258 澳门元）。[①] 澳门在回归后博彩业迅速发展，带动了旅馆业、餐饮业和百货业的迅速发展。虽然香港的生产总值明显高于澳门，但因为人口相差的比例更高，澳门的人均生产总值是香港的 2.5 倍多。

从经济角度立论，摆脱香港地区发展瓶颈的唯一出路是加强粤港澳地区的经济合作。为此，内地商务部分别与香港、澳门特区政府在 2017年和 2018 年签署了《CEPA 经济技术合作协议》，该协议在 CEPA 的基础上更加全面地提升双方经济技术交流与合作的水平，以互利共赢为原则，进一步便利及促进内地与港澳之间的贸易投资，提升内地与港澳经贸合作水平，按照各自法律法规、政策目标和资源分配，加强经济技术合作。该协议还鼓励香港、澳门参与"一带一路"建设，支持内地与港澳加强次区域经贸合作，进一步深化内地与港澳在重点领域的合作，推动贸易投资便利化，促进内地与港澳共同发展。[②] 随着 CEPA 的完善和进一步实施，它的制度效应更加突出。国务院还在 2017 年度的政府工作报告中指出，要"推动内地与港澳深化合作，研究制定粤港澳大湾区

---

① 转引自中华人民共和国香港特别行政区政府统计处，http://www.censtatd.gov.hk（访问日期：2018 年 1 月 15 日）；中华人民共和国澳门特别行政区统计暨普查局，http://www.dsec.gov.mo（访问日期：2018 年 1 月 15 日）。

② 国务院公报 2017 年第 26 号《〈内地与香港关于建立更紧密经贸关系的安排〉经济技术合作协议》；国务院公报 2018 年第 6 号《〈内地与澳门关于建立更紧密经贸关系的安排〉经济技术合作协议》。

城市群发展规划，发挥港澳独特优势，提升在国家经济发展和对外开放中的地位与功能"。[①] 粤港澳大湾区是指由广州、深圳、佛山、东莞、惠州、珠海、中山、江门、肇庆（市区）9 市和香港、澳门两个特别行政区形成的城市群，是国家建设世界级城市群和参与全球竞争的重要空间载体。其中香港、广州被全球最为权威世界城市研究机构 GaWC 评为世界一线城市，深圳被评为世界二线城市。[②] 2018 年 3 月 5 日，在第十三届全国人民代表大会第一次会议上，李克强总理在宣读 2018 年政府工作报告时指出，要"出台实施粤港澳大湾区发展规划，全面推进内地同香港、澳门互利合作"。[③] 这意味着粤港澳大湾区发展已列入国家经济发展战略层面，充分凸显了港澳在国家发展战略中的重要地位。香港、澳门需要保持稳定的发展趋势，而港澳与珠三角城市群融合发展才能更好地保持稳定的产业结构和产业分工，才能更好地保证经济发展。可以预见的是，在国务院出台关于粤港澳大湾区建设的规划方案后，香港、澳门将会更紧密地融入国家发展的重要战略中。新的经济合作制度在提高粤港澳大湾区的经济竞争能力和公共服务水平的同时，也可以更好地维持港澳地区的社会稳定和繁荣发展。

---

① 李克强：《2017 政府工作报告》，中国政府网，2017 年 3 月 5 日，http://www.gov.cn/zhuanti/2017lhzfgzbg/（访问日期：2019 年 6 月 24 日）。

② GaWC 将世界城市分为四个大的等级：Alpha（一线城市）、Beta（二线城市）、Gamma（三线城市）、Sufficiency（自给自足城市，也可理解为四线城市），在每个大的等级中以 ++/+/ 无 /-/-- 为后缀由高至低进行排列。香港属于 Alpha+ 档城市，广州为 Alpha- 档城市，深圳则为 Beta 档城市。

③ 《2018 年政府工作报告（文字实录）》，中国政府网，2018 年 3 月 5 日，http://www.gov.cn/premier/2018-03/05/content_5271083.htm（访问日期：2018 年 3 月 6 日）。

二、政治变迁的初始环境和利益博弈

毋庸置疑的是，港澳地区与内地同根同种。港澳两地被正式纳入中国版图的时间可以追溯到公元前 200 多年，在秦始皇嬴政统一六国后，派大将屠睢攻打岭南，随后秦朝设"桂林、象、南海"3 个郡，香港、澳门均交由番禺县管辖，属南海郡地。在近代鸦片战争后，港澳地区才先后沦入西方殖民者的手中。

香港和澳门地区政治变迁的初始条件不同，影响了其后的政治博弈状况和相应的制度变迁需求。尽管香港远离英国本土，但英国在香港的投入及热情远高于葡萄牙人在澳门的表现。和澳门不同的是，香港最初是英国通过战争手段从另一个国家掠夺而来，因而没有澳门那样"华夷分治"的历史惯性。且当时的香港只是广东边陲一块贫瘠的岛屿，并没有得到清廷的重视，统治基础十分薄弱。在当时的中国地图上要么被略去，要么无法辨认。[1] 这给英国人在当地的政治渗透和制度建立留下了空间。事实上，英国人对香港的经营在第一鸦片战争进行时就已经开始。出于战争的需要，英国人在岛上修建军营、医院、仓库和其他一些保障性基础设施，还在尊重当地风俗的表象下，按照自由主义精神颁布法典。[2] 随着战事的扩大，英国在广州的商业利益受到威胁，香港成为资本货物转移的一个理想之地。到了 1842 年，香港岛上已经建成了一

---

[1] ［英］弗兰克·韦尔什:《香港史》，王皖强、黄亚红译，北京:中央编译出版社，2007 年，第 19 页。
[2] ［英］弗兰克·韦尔什:《香港史》，王皖强、黄亚红译，北京:中央编译出版社，2007 年，第 162—165 页。

座功能齐全的小镇（维多利亚城），不仅出现了住宅、警署、邮局等永久性设施，而且还出现了剧院，可以欣赏戏剧表演。[①] 这样的发展结果也促使英国改变了原先想索取舟山或台湾的念头，转而向清政府提出永久性割让香港的无理要求。

从鸦片战争到二次大战之间，英国将殖民统治范围由原来的香港岛逐步推进到新界。考虑到华人为香港居民的大多数，英国在香港采取了权力集中、控制严密的直辖殖民地制度，殖民统治力量强大。[②] 尽管英国在一段时间内，对族群差异采取治理有别的原则，但通过提供公共服务和殖民教育等怀柔手段，英国统治机制和理念还是缓慢嵌入整个香港社会中。比如1882年获批的保良局，从一开始的维持社会治安，演变为了一个综合性的社会服务机构，而在保良局工作的过程中，也对华人社会产生了移风易俗的影响，人口拐卖、妹仔制度得到根治。因此相对于澳门，港英时期的香港社会呈现"一元化"的特征，港英当局与社会关系紧密，统治基础坚实，贯彻政府意志要顺利得多。早期香港与内地之间的联络较为紧密，香港边界开放，人员可以自由往来，香港在一定程度上参与了中国民族国家发展的过程当中。在1925年省港大罢工中，在罢工组织的号召下，13万—14万香港工人返回广东各地，支援祖国的斗争运动，一度导致香港经济瘫痪。[③] 但是从1949年后，两地之间的自由交流因为政治形势的变化而被限制，特别是1967年左翼运动被

① ［英］弗兰克·韦尔什：《香港史》，王皖强、黄亚红译，北京：中央编译出版社，2007年，第166—167页。
② 刘蜀永主编：《简明香港史》（新版），香港：三联书店，2009年，第44页。
③ 阎小骏：《香港治与乱：2047的政治想象》，北京：人民出版社，2016年，第65页。

港英政府镇压后，北京中央政府的权威性和合法性遭到严重削弱，国家权力的扩散遭到极大阻碍。

香港治理一元性和"体制吸纳"的社会结构反映在政治层面上，是香港殖民体系对华人的吸纳。19世纪70—80年代，随着华商地位的上升和第一代殖民教育下的华人的长成，华人开始有限度地进入港英体系施展才华。1883年，伍廷芳成为香港立法局首位华人议员。[①] 此后，黄胜、何启、韦玉相继成为立法局议员。尽管这些立法局的席位华人只能通过征召获得，且数量较少，象征意义浓厚，但却是所谓的港英"吸纳体制"的开端。[②] 1967年香港左翼运动风潮后，为维持社会稳定，港英政府开始了深入的社会改革，一方面扩大公共支出解决民生问题，另一方面广泛吸收华人进入各级机构或参与公共事务，建立广泛的咨询制度，也让香港配套形成了一个独立的官僚体系。这个独立的行政力量恪守政治中立原则，是香港政府执政能力的根基。

与香港不同的是，西方殖民者更早垂涎澳门。四百多年前，葡萄牙殖民者途径台湾，将之称为"美丽岛"（"福尔摩沙"）。随后荷兰殖民者窃取了台南，葡萄牙殖民者未能染指台湾，但更早从明末政府手中获得了在澳门的居住权。不过，中国政府一直在澳门派驻官吏和军队进行有效管辖，"葡萄牙人只能在高墙之内活动，生活必需品每日按需送入"。[③] 中葡势力在澳门共存分治，总体相安无事。18世纪，葡萄牙开

---

① 王凤超：《香港政制发展历程（1843—2015）》，香港：中华书局，2017年，第12页。

② 王凤超：《香港政制发展历程（1843—2015）》，香港：中华书局，2017年，第13页。

③ [英]弗兰克·韦尔什：《香港史》，王皖强、黄亚红译，北京：中央编译出版社，2007年，第15页。

始在澳门进行殖民化动作。鸦片战争后，葡萄牙紧随英国步伐，侵犯中国主权的动作亦变得频繁和强烈。总督亚玛勒上任后，擅自在澳门征税，宣布澳门为"自由港"，并粗暴驱逐中国官员，毁坏界碑，中国主权被一步步蚕食鲸吞。1887年，中葡之间签订了《中葡友好通商条约》，葡萄牙殖民者又在文书手续上正式确立了在澳门的殖民统治。

尽管葡萄牙利用清廷的羸弱获取了澳门的所有权，但葡萄牙并没有如所预期得那样，在澳门建立起有效的殖民体系。其中一个重要的原因是澳门的政治定位始终没有得到确认。《中葡友好通商条约》仅仅是确认了葡萄牙在澳门的永居权，清政府获得了未经其首肯澳门不得被转让的承诺，并保留了在澳门一定的管制能力，比如在打击走私以及征收鸦片税方面和葡澳当局进行合作。在条约谈判过程中，清政府抱着继续维持华澳分治的目的，葡萄牙则希望澳门获得香港的同等地位，完全占据对澳门的主权。条约本质上来说是一个权宜条约，再加上边界问题并未解决，使其有较大的争议性。与此同时，英国对香港的经营使澳门在三百多年中所享有的东西中转站的位置渐渐被取代，澳门对葡萄牙的意义已经大不如从前。[1] 在条约签订后，葡萄牙内部甚至出现了放弃澳门的打算。[2]

民国初期，葡萄牙曾多次照会北洋政府就条约遗留问题谈判，但因为中国形势变化而多次延宕，北洋政府甚至还策略性地让广东地方与葡澳当局对接，反映了澳门在中国政治当中的微妙地位。[3] 北伐战争结束

---

[1] 吴志良：《澳门政治制度史》，广州：广东人民出版社，2010年，第99—105页。
[2] 吴志良：《澳门政治制度史》，广州：广东人民出版社，2010年，第133—147页。
[3] 吴志良：《澳门政治制度史》，广州：广东人民出版社，2010年，第158页。

后，南北形式统一，国民政府致力于废除不平等条约，依照《中葡友好通商条约》修约的规定，两国于 1928 年在南京就澳门问题签订新约，处理此前的一些矛盾，但对最根本的澳门地位问题，新约及 6 个附件完全予以回避，只字不提。[①] 此后中日战争爆发，澳门问题被搁置。中华人民共和国成立后，中央人民政府在坚持澳门主权的前提下，寻求在适当时机解决澳门问题，私下和澳门保持密切沟通。1966 年，澳门爆发反抗葡澳当局的"一二·三事件"，在北京的压力下，葡澳当局做出道歉和赔偿的完全妥协。此次事件之后，不仅台湾势力被驱逐出澳门，葡澳当局也更无心经营澳门，出现了葡萄牙人自己都承认的"主权和治权"分离的状况。此外，需要指出的是，与其他国家的殖民地相比，葡澳当局的自治权力十分有限，直到 1914 年《海外省民政组织法》的颁布，才算拥有了有限的自治。里斯本的集权干预了当地的实务，也限制了葡澳当局的治理能力。[②]

综上，整个葡澳时期澳门社会出现了族群二元结构——葡澳当局的管制仅能规范到葡裔群体，无力顾及占人口多数的华人族群。社会治理方式的形成与变迁受制于社会结构。[③] 二元结构也成为澳门"社团治理模式"的结构性原因。[④] 在社会的二元结构下，葡澳当局在澳门实行间接统治以实现低度的社会整合，这种模式被马志达称为"软殖民体制"，即当局无法通过自身力量和能力完成对一个异质性社会的控制，需要利

---

① 吴志良：《澳门政治制度史》，广州：广东人民出版社，2010 年，第 158—166 页。
② 吴志良：《澳门政治制度史》，广州：广东人民出版社，2010 年，第 114—115 页。
③ 娄胜华：《回归后澳门社会结构的变动与治理方式的调整》，《港澳研究》，2014 年第 3 期，第 53—63、95 页。
④ 蔡永军：《转型时期的澳门政治精英》，北京：社会科学文献出版社，2016 年。

用体制外的力量来填补政府和社会之间的管理空白。① 这个体制外的力量就是华人社团。在社团治理的模式下，一方面，华人社团代替葡澳当局向华人族群提供必要的公共产品；另一方面，作为一个沟通者，华人社团成为当局与社会之间的桥梁。由于"政府—社团—社会"治理结构的存在，葡澳当局在澳门华人族群心中反而没有树立起权威性，这不仅意味着葡澳当局未能在全澳门实行有效统治，也给中国国家力量的进入提供了空间。澳门社团除了维持当地华人社区秩序，联通葡澳当局外，也和内地保持高度的联结。如中华总商会理事长何贤早在1954年就当选为第二届全国政协委员，后连续当选为第二、三、四、五届全国人大代表，1978年当选全国政协常委，1983年又当选为第六届全国人大常委会委员。其子何厚铧在日后出任了澳门首任特首。"一二·三"事件中，何贤及马万祺等13名澳门贤达作为华人代表与广东省政府斡旋，促成了事件的和平解决。而事件的成功解决，又扩大了内地与澳门之间的联系，此后葡澳当局治理基础丧失殆尽，台湾方面的反共势力也被驱逐出澳门，澳门的社团自发选择与北京的合作，确立了北京在恢复对澳门行使主权前统治的权威性。换句话说，最晚到"一二·三"事件，中国中央政府的权力已经嵌入占澳门总人口97%的华人社会。从国家基础性权力的角度理解，澳门治理机制已经成为中央政府附属机构的延伸，这十分有利于国家认同的塑造。在事关国家安全的"二十三条"立法方面，虽然澳门受到香港"七一游行"冲击产生了延宕，但特区政府仍在2009年通过了该法。据澳门街坊会联合总会在当时的统计，有超

① 马志达：《论葡澳时期澳门社会治理的法团主义模式》，《华南师范大学学报（社会科学版）》，2011年第3期，第154—156页。

过六成的澳门市民表示支持立法。[①] 立法过程总体比香港顺利。

在法律和制度的保障下，澳门的国家认同在回归后得到重构与强化。此前，澳门在中国民族建构过程中缺位，葡澳当局亦没有建立起有效统治权威，因此现代意义上的公民身份的培养也相应缺位，占人口多数的华人仅有朴素的族群认同。尽管葡澳时期澳门现代教育有了很大的发展，但是在 20 世纪 80 年代以前，澳门没有任何高等教育，澳门学生需要到内地、香港、台湾、欧美、澳洲等国家和地区深造，公民教育整体而言并不发达。[②] 回归后，为配合"一国两制"的制度框架设计，公民教育成为政府工作的重点。学校教育改变以往重视个人道德培养和修身的价值取向，引领学生关注社会，培养对国家的政治责任感。[③] 国家认同得以稳固发展。

港澳两地作为特别行政区，虽实行"一国两制"，但其行政长官并非由政党提名产生。在《中华人民共和国香港特别行政区基本法》和《中华人民共和国澳门特别行政区基本法》中，以附则的形式详细规定了两地行政长官的产生办法。

根据初版的制度设计，港澳两地的行政长官在一个具有广泛代表性的选举委员会中产生。选举委员会由港澳两地的不同界别人士组成，每届任期均为五年。其中，香港特别行政区的选举委员会共计 800 人，由以下四个界别组成：

---

① 《街总问卷调查显示逾六成半居民支持国安立法》，《澳门日报》，2008 年 10 月 25 日，第 B05 版。

② 黄启臣：《澳门通史》，广州：广东教育出版社，1999 年，第 463 页。

③ 陆平辉：《试论澳门特区的国家认同和民族认同建设》，《学习与探索》，2009 年第 6 期，第 69—74 页。

1. 工商、金融界（200 人）；

2. 文化、教育、专业等界别（200 人）；

3. 劳工、社会服务、宗教等界别（200 人）；

4. 立法会议员、区域性组织代表、香港地区全国人大代表、香港地区全国政协委员的代表（200 人）。

澳门特别行政区的选举委员会共计 300 人，也由四个界别组成：

1. 工商、金融界（100 人）；

2. 文化、教育、专业等界别（80 人）；

3. 劳工、社会服务、宗教等界别（80 人）；

4. 立法会议员的代表、市政机构成员的代表、澳门地区全国人大代表、澳门地区全国政协委员的代表（40 人）。

基于 2010 年 8 月 28 日第十一届全国人民代表大会常务委员会第十六次会议批准的《中华人民共和国香港特别行政区基本法附件——香港特别行政区行政长官产生办法修正案》和 2012 年 6 月 30 日第十一届全国人民代表大会常务委员会第二十七次会议批准的《中华人民共和国澳门特别行政区基本法附件——澳门特别行政区行政长官产生办法修正案》，港澳两地的选举委员会规模均得到了不同程度的扩大。从 2012 年开始，香港特别行政区的选举委员会成员扩大为 1200 人，由各界人士构成，包括工商、金融界 300 人，文化、教育、专业等界别 300 人，劳工、社会服务和宗教等界别 300 人，以及立法会议员、区议会议员的代表，乡议局的代表，香港特别行政区全国人大代表，香港特别行政区全国政协委员的代表 300 人。从 2014 年开始，澳门特别行政区的选举委员会成员扩大为 400 人，包括工商、金融界 120 人，文化、教育、专业等界别 115 人，劳工、社会服务、宗教等界别 115 人，以及立法会议员的代表、市政机构成员的代表、澳门地区全国人大代表、澳门地区全国政协委员的代表 50 人。具体的选举形式是：首先由一定数量（港澳地区分别为 150 名和 66 名）的选举委员会成员联合提名行政长官候选人，每名委员只可提出一名候选人；而后由选举委员会根据提名的名单，组织全体委员以个人身份进行一人一票无记名投票，选举出行政长官；最后由中央人民政府宣布任命，行政长官正式履行职务。

值得注意的是，香港和澳门并无真正意义上的政党。西方学者曾给政党下过多种定义，其中影响最大的是英国保守主义者埃德蒙·柏克（Edmund Burke）的定义：政党就是大家基于一致同意的某些特殊原则，并通过共同奋斗来促进国家利益而团结起来的人民团体。[①] 马克思则认为政党是特定阶级或阶层利益的集中代表，是由特定阶级的骨干分子在共同政治纲领的指引下，为谋取和巩固政权而在政治活动中采取共同行动的政治组织。[②]《政治学概论》一书对政党的基本特征进行了详细的阐述：（1）政党具有鲜明的阶级性。政党是围绕着共同的阶级利益，在一定的阶级基础上产生的政治组织，是阶级的核心力量，是阶级开展政治活动、进行政治斗争的组织者和领导者。政党之间的斗争是各阶级和阶层利益斗争的集中表现。（2）政党有一整套争取或实行阶级统治的政治纲领。政党纲领所表达的是其谋取和巩固国家政权的途径和方法，以及谋取政权之后所要表达的政策目标，它集中反映了某个阶级或阶层的根本利益，体现政党的基本性质。（3）政党由特定或阶层的骨

[①] Giovanni Sartori, *Parties and Party Systems: A Framework for Analysis*, Cambridge: Cambridge Universit Press, 1976, p. 9.

[②] 王浦劬主编：《政治学基础》，北京：北京大学出版社，1995 年，第 265—267 页。

干分子所组成。政党一般都有一定的群众基础,由相当数量的党员所组成,并在政治活动中采取共同的行动。群众和党员的共同行动一般都是由政党中最有影响、最有经验和最有权威的领导集团来领导的。(4)政党有特定的组织和纪律。为了在政治活动采取共同的行动,政党一般都会有一套以层级结构为特征的组织体系来动员和组织本党的党员和支持者参与政治生活。与此相应,政党在政治活动中也具有与组织相配套的纪律来约束成员的行动。但是组织和纪律的严密程度会因国家和政党的不同而有不同。① 按照如上标准,香港和澳门并不存在真正的政党,所谓的"政党"仅仅是具有政治诉求的社会团体。由于香港没有政党法,一些政治社团根据《香港法例》第 622 章和第 151 章(即《公司条例》和《社团条例》)的规定进行登记,成为以参加选举为主要任务的政治组织,无政党之名,有政党之实,而且从事政治活动更不受法律的约束。对于澳门地区而言,政党活动的空间亦受限制。在选举行政长官期间的参选组别仅是临时性质,平时都是以社团形式进行活动。澳门带有政治性质的团体主要包括澳门街坊会联合总会、澳门工会联合总会、新澳门学社、澳门繁荣促进会等。

在香港实际意义上的"政党"粗略可分为两大类:亲建制派和泛民主派。亲建制派的政治主张则较为接近精英主义或新自由主义,以民主建港协进联盟(民建联)、香港工会联合会、港九工会联合会、香港经济民生联盟、自由党、新民党、新世纪论坛等为代表。泛民主派指主张在香港推行民主及普选的参政团体,以民主党、工党、公民党、专业议政等为代表;此外,还有比较活跃的本土派(在地派)和明目张胆主

---

① 孙关宏等:《政治学概论》(第二版),上海:复旦大学出版社,2008 年,第 154 页。

张"港独"的分子。建制派与非建制派的矛盾是香港社会的主要矛盾。建制派支持者占40%选民，非建制派占60%，如果香港实行一区一席的直选制度，建制派在35席位直选议员席位中，就难以维持目前所拥有的16个席位。例如，近年6位"港独"议员被剥夺席位后，如果一块补选，建制派可以夺回两个席位（6个议员席位分布在4个选区，其中有2个选区各有2个席位）。但如果这两个选区的2个议席分两次选，就可能都落到非建制派手中。建制派与大商人有较多关系，在争取基层民众支持方面比较薄弱。香港回归后的内地新移民约15万，占香港人口的2%，是建制派的支持来源之一。例如2018年4月20日在香港尖沙咀宣布成立的青年评论员组织"就是敢言"，就吸引了超过100名的政商界人士及青年团体代表参加"千企百校十八区宪法和基本法宣传推广"活动启动典礼。该组织旨在培养青年评论人才，做到"敢言、善言、能言"，在重大问题上勇于发声，立场坚定，态度积极，逐步建立香港青年的话语权，主要成员是由一批毕业于世界名校及香港高校的青年学者组成。[①]

在香港大学生中，支持非建制派的居多，本科生的学生会都被非建制派所控制；只有少数支持建制派，但一般不敢发声。建制派可掌控研究生会。不管是学生会还是研究生会，入会的学生都要交会费。不少学生会主席就成了职业学生（在大学待一年，不上课）。"港独"只是部分人的主张，但得到外国基金会的经费支持，台湾"时代力量"也对其出人、出力。在地派不等同于"港独"。在地派主张香港发展自己的蔬菜种植业，反对征用农地，更多地代表中下层和年轻人的利益。年轻人工资没有增加，面对高物价和高房价，转而对内地不满。将其与"港独"

---

① 《"就是敢言"成立了！"千企百校十八区宪法和基本法宣传推广"启动》，https://mp.weixin.qq.com/s/vYOQ5YpR0pk2y4ynNEO1Uw（访问日期：2018年6月3日）。

画等号客观上反而刺激了"港独"的声音。

香港不同媒体也有鲜明的党派色彩，与台湾类似。《壹传媒》是最大型的支持泛民主派的传媒企业，下辖《苹果日报》和《壹周刊》两大平面媒体。《端传媒》入港后，在观点上倾向非建制派，将《大公报》和《文汇报》列为与《环球时报》同类型的具有内地官方背景的报纸，认为其在官方的代表性上仅次于新华社、《人民日报》《经济日报》《解放军报》和《光明日报》，以此争取不同受众的支持。[①]

第三节　港澳地区的文化特点与政治认同演化

一、文化特点

港澳并不缺乏对中华文化的认同。亨廷顿认为，不同民族的人们常以对他们来说最有意义的事物来回答"我们是谁"，即用"祖先、宗教、语言、历史、价值、习俗和体制来界定自己"，并以某种象征物作为标志来表示自己的文化认同，如旗帜、十字架、新月形甚至头盖等等。香港和澳门的华人分别占其总人口的 95% 和 97%，大部分原籍广东的珠江三角洲地区，多以粤语为主要语言。可以说，港澳两地的人民与广东人民在生活习惯、文化习俗以及文字使用上并无不同之处。文化认同作为人们在一个民族共同体中长期共同生活所形成共同认知，其核心是对

---

① 笔者与香港"就是敢言"社团的座谈记录，2017 年 9 月 30 日，香港。

一个民族的基本价值的认同。那么对于与内地有着共同的祖先、语言、历史、文化习俗和价值理念的港澳地区来说，对中华文化的认同并不应该存在问题。同时，作为民族认同、国家认同的基础，文化认同意义深远，发挥着极为关键的作用。

在讨论港澳文化与内地文化的区别时，我们不妨将"港澳文化"的范围扩大为"广府文化"。香港、澳门作为同样使用粤语为主要方言的地区，在文化习俗和生活习惯上与广东地区的人民有着高度的相同点。如广东地区的人民喜欢"叹早茶"，内地其余省份的人民大概一时无法理解广东人民对早茶的喜好与痴迷；再如此前在微博上走红的"广东神秘的餐前仪式"——广东人习惯在外吃饭前用滚烫的茶水涮洗碗筷，也体现了广府文化的习惯特点。广府文化与内地文化的不同还体现在日常用语中。拿"政制"一词来说，在香港的语境中这是"政治体制"的简称。在普通话的发音中，"制"与"治"同音；而在广东话中，这两个字是有着不同的发音。由于普通话与广东话的发音不同，如果在内地也使用"政制"作为"政治体制"的简称，则会在口语中产生"政治"与"政制"的误解。

在政治文化方面，香港在社会意识方面长期存在分歧。香港历来被认为是一个自由、民主、法治的商业社会，崇尚自由民主和重商务实两者交织并存，相互发挥作用，在"占中"事件发生以前并无太多明显的矛盾冲突。这两股社会意识长久以来是香港社会的主流。在西方价值观的长期影响下，香港不少精英分子和知识阶层，对西方自由民主的政治理念较为认同。尤其是许多年轻人，如全国港澳研究会副会长刘兆佳所言："因为他(们)的成长过程是在英国人怀柔统治达到高峰的时期"，

"当对现实不满时，就容易渴望幻想通过争取民主来改变社会经济状况。"① 另一方面，由于香港是个高度商业化的资本主义社会，庞大的中产阶层在大多数时候都倾向于务实、理性，注重稳定与发展，看重经济和民生，一般的民众也不热衷于民主竞争。回归以来，"虽然民主化和政改争议闹得沸沸腾腾，但香港社会基本是安定的，经济也取得了一定发展。一般而言，政治与社会、经济的联系相当紧密，但在香港，政治纷乱并没有完全渗透到社会和经济领域"。"当社会冲突超出一定范围，演化成激烈对抗，人们就会担心破坏社会稳定，影响经济和民生，打击投资者信心，损害香港与中央和内地的关系。这个时候，主流民意会出现保守主义的反弹，对这种行为进行阻止"。② 这其中的缘由，正是由于香港这股重商、务实、理性的社会意识发挥了重要作用。

"占中"事件发生后，这两股社会意识之间逐渐出现了明显的矛盾。前者主张通过激烈对抗方式争取更大程度的民主诉求，而后者则强调"占中"严重破坏了法治、日常生活以及商业运转。最后，务实的社会意识成了主流民意，"占中"事件宣告破产。尽管如此，由此事件及两股社会意识矛盾作用带来的某些负面效应，仍然会深刻影响着香港未来一段时期的发展：一是这两个社会意识原来的重要共识基础之一"法治"，在"占中"以后遭到了严重损害；二是两股社会意识的支持者之间更加对立，成为香港所谓"社会撕裂"的主要源头；三是对香港特区

---

① 刘兆佳、玛雅：《香港"占中"行动全景观察与深层剖析》，观察者网，2014 年 11 月 20 日，http://www.guancha.cn/liuzhaojia/2014_11_20_301095_s.shtml（访问日期：2018 年 1 月 28 日）。

② 刘兆佳、玛雅：《香港"占中"行动全景观察与深层剖析》，观察者网，2014 年 11 月 20 日，http://www.guancha.cn/liuzhaojia/2014_11_20_301095_s.shtml（访问日期：2018 年 1 月 28 日）。

政府的管治提出了新的挑战，对施政方式提出了更高要求。

由于历史的原因，香港内部对内地及其所主导的中央政权有着两种截然不同的心态。一种是抵触、不满和误解。从历史上看，香港作为边陲小岛，历来是中原发生动荡、变故之际的避难逃离之处，因此积聚了不少心怀伤痛和怨愤者。从组成人员的角度上说，当下香港的许多民众，是经历 1949—1950 年、1960—1962 年、1970—1980 年初 3 次逃港潮来港人士及其所生子女，这些人绝大多数是爱国的。香港市民在许多时候，对内地同胞仍然保持着开放包容、相融共济的积极态度，对中央政府也并非一直不信任。香港大学民意研究计划的调查发现，回归以后，港人对中央政府的信任度其实持续上升，至 2008 年北京奥运达到顶峰。[①] 港人对内地同胞的关怀也一如既往，2008 年四川汶川地震后香港民间捐款达 130 亿港元，立法会不分党派也支持政府拨款 90 亿元赈灾。从历史的因素看，香港虽然一直是英国的殖民地，但近代以来一直与国内尤其是广东保持着血肉联系，两地的交流联系从未断绝，这也是构成内地与香港之间感情纽带的重要基础。自 2009 年以后，随着内地和香港融合加速、人口和资金双双南下，形势出现变化。当"一签多行"政策放宽后，从 2010 年 1 月至 2014 年 8 月，通过"自由行"到港的内地旅客高达 9240 万人次，以按年 21% 的速度增加。虽然自由行政策带来可观的经济收益，但旅客激增让香港一定程度上加重了负荷，令香港部分市民感到生活素质下降。加上一些媒体的片面报道，本来互惠互利的举措却让内地一些民众与香港部分市民的误解加深，互相不满情绪被扩大化、极端化。这在客观上削弱了回归后香港部分民众对

---

① 转引自香港大学民意网站，https://www.hkupop.hku.hk/chinese/。

内地和中央政府逐渐建构起的信任基础，助长了历史因素遗留下来的抵触情绪。包容与对立在一定时空的矛盾作用下此消彼长，构成了香港当前的一个敏感而又不稳定的因素。此外，香港青年缺乏国家观念，一些非建制派人物极力推行"去中国化"的教育。2000年特区政府教育局官员王永平、罗范椒芬、陈嘉琪等人推动课程改革，用打破传统分科的方式，把初中中国历史科目并到地理、经济、政治、社会等人文学科里去，减少中国史的教学课时，将中国史与世界史等同视之，导致初中教育对中国历史的忽略，高中学生中乏人选修中国历史。此外，教育局增设通识科目，作为高中生必修必考课程，不规定教材，但其中讨论社会和政治的分量占得最重。时事教育则是以《明报》等报纸为素材。如此难免影响年轻一代对中国的国家认同。①

二、国家认同与在地认同的差异

美国政治学家白鲁恂（Lucian Pye）对国家认同（National Identity）所做的经典定义是：国家认同是处于国家决策范围内的人们的态度取向。一般来说，国家认同指的是个体在主观上认为自己属于国家这样的政治共同体，心理上承认自己具有该国一员的身份资格。在中国学术圈，国家认同一词最早出现在1953年列文森（Joseph R. Levenson）论梁启超的著作《梁启超与中国近代思想》中。学界对国家认同的定义众说纷纭，对国家认同的具体内涵更是存在着不同的意见。

① 凌友诗：《"港独"与"台独"发展路径之比较》，《远望》，2016年12月号，总339期。

国家认同与政治认同、文化认同、族群认同、宗教认同、历史认同等概念关系错综复杂，你中有我，我中有你。学者阎小骏在其著作——《香港治与乱：2047 的政治想象》中写道：每当遇上国家大事，如"钓鱼台事件"、北京申办奥运等时刻，他们会认为自己是中国人。香港是中国的一部分，香港华人自然是中国人；但当涉及另外一些情况，如香港推行的资本主义制度、民主人权等，他们又自觉和内地有别，认为自己是香港人。有人认为，"这种身份认同上的左摇右摆，心理和认知上的模棱两可，恰好反映香港华人所处之境地、所经历的历史……"① 在涉及"两制"的区别事务时，香港居民似乎"被提醒"，"惊觉"自己与内地人民"有所不同"，但这种"不同"之处却无法清晰地界定。与内地有着共同的生活习惯、文化习俗以及文字使用的港澳人民，怎么就与内地人民"不同"了呢？要解答这个问题，必须将国家认同与文化认同和在地认同结合起来，减少人为造成的"不同"，扩大港澳人民与内地人民主观上的认同基础。

在这种意识形态氛围中，香港社会存在着国家意识构建与本土意识极端化的矛盾。国家认同与本土意识本来在许多国家和地区是互相依存、互不排斥的两种身份认同。有人认为香港国家身份认同的出现是在回归以后，其实不然。早在 20 世纪 70 年代，香港就掀起过反对殖民地彻底奴化教育的浪潮，从争取中文成为法定语文，到发起保卫"钓鱼岛主权"的学生运动，吸引了当时的大批年轻人、特别是大专学生投身其中。当时的香港"学联"也进而为寻找国家民族文化的根源提出了"认

---

① 郑宏泰、黄绍伦：《香港华人的身份认同：九七前后的转变》，《二十一世纪》，2002年10月号，第71页。

识祖国、关心社会"的行动纲领。也就是说,至少在 70 年代,香港社会就已经开始国家认同的身份构建。这股国家认同的力量一直延续至今,使得"港独"分子在香港主流社会毫无市场,得不到大部分人的支持,"有极少数人提出所谓'本土主义'或'港独'意识,但只是一种情绪宣泄,而不是针对现实的政治纲领,在社会上也没有得到共鸣"。^①香港是中国不可分割的一部分,这早已是不容置疑的事实。

同时,也正如香港民建联主席李慧琼所说:本土意识本也是"自然产物,十分正常",但如果走向与国家对立的极端化路子,则需要警惕。近年来,香港"本土意识"极端化的趋势比较明显,尤其体现在许多香港年轻人身上。这既有国民历史教育缺失、反华政治势力利用社交媒体渲染、特区政府青年政策不完善、台湾地区偏激的学生力量示范效应等客观因素的影响,也与青年人天然具有反权威本性、言论和行为容易偏激、渴望成为意见领袖等主观因素不无关系。再者,尽管大部分香港市民是爱国的,但在他们观念里,爱国不等于爱政府,如果强硬灌输爱国理念,则容易适得其反,激发其内在的本土意识,转而强调以"香港人"自居的立场。

因此,国家身份认同和本土意识情结在"后政改"时期是十分敏感又不得不谨慎面对的问题。对于祖国日益崛起和强大,香港一些民众喜忧参半:一方面产生了民族自豪感,但同时也产生了一种忧虑,担心来自内地的竞争,忧虑失去原来的优势,对自己的信心有所下降。不难看

---

① 刘兆佳、玛雅:《香港"占中"行动全景观察与深层剖析》,观察者网,2014 年 11 月 20 日,http://www.guancha.cn/liuzhaojia/2014_11_20_301095_s.shtml(访问日期:2018 年 1 月 28 日)。

出，国家认同和本土意识之间由于各种因素所导致的异化关系，在可预见的未来一段时期内仍然客观存在，并有可能在一定条件下进一步被激化，产生难以预知的连锁反应。

以上矛盾并非是香港所有矛盾的全部，但它们确实是香港困境产生的主要根源，它们之间有些并非不可调和，有些存在重叠交叉的地方，有些早已存在又产生新的变化，有些则在近年尤其是近期才凸显出来。然而许多问题的发生，正是因为这些矛盾相互之间发生碰撞、叠加、异化、交融的结果。无论如何，我们只有在认识和了解以上矛盾的基础上，才能更好地解决香港"进退维谷"的现状。

与香港不同，澳门自 1999 年回归以来，一直以一种风平浪静、波澜不惊的姿态呈现在世人面前。在香港不断的"闹腾"的背景下，"一国两制"在澳门的实践被认为是示范性的、更为成功的。

难道说澳门就不存在社会分歧和矛盾了吗？事实并非如此。有学者对澳门回归以来的主要社会矛盾进行了研究，发现澳门特别行政区的主要矛盾集中在劳资矛盾和贫富矛盾上，劳工问题和腐败问题也是产生矛盾的部分原因。[①]随着经济发展和产业转型，澳门的利益群体和社会结构也发生了变化，从而导致社会冲突也呈上升趋势。

相对于香港市民"一波未平一波又起"的游行抗议活动，澳门市民显得比较冷静。回归至今，澳门发生的最大规模的游行是在 2014 年的 5 月 25 日所爆发的"反离补大游行"。当时，澳门政府在没有公开咨询任何公众或公务员团队的情况下，就直接将名为《候任、现任及离任行

---

① 谢四德：《制度创新与澳门经济发展研究》(硕士学位论文)，广州：华南师范大学，2007 年。

政长官及主要官员的保障制度》的草案提交立法会，并获得通过。该法案赋予澳门特首和主要官员巨额的离职补偿金，并且给予在任特首刑事豁免权。这条立法导致大批市民的强烈不满，主办方声称有近两万人参与游行活动。而官方公布的数据显示，共有两支队伍发起集会游行，人数分别为 1000 人及 7000 人。[①]

澳门的波澜不惊与其社会福利有着密不可分的关系。根据《澳门特别行政区 2018 年财政年度施政报告》显示：每年澳门永久居民发 9000 澳元，非永久居民 5400 澳元；公积金账户一次性启动金 10000 澳元，额外注入 7000 澳元；医疗券 600 澳元；电费补贴每月 200 澳元；敬老金每年 9000 澳元；养老金每月 3450 澳元；接受高等教育的澳门居民学习用品津贴 3000 澳元。[②] 由于澳门把落实民生放在每年施政首项，从 2013 年到 2017 年，澳门特别行政区政府的年度总开支由 513 亿飙升到 813 多亿。[③] 政府财政廪庾丰盈，不断发放补贴，使得穷人各得其所，学生闭户读书，老人老有所养，社会矛盾自然而然地化解于无形。

新闻媒体的报道也是另一方面的影响因素。相对于香港而言，澳门的媒体业影响力较小。以前文提到的"反离补大游行"来说，澳门的主流传媒和报纸都站在政府一方，均没有刊登有关"离补法"的消息，澳门市民主要是透过香港《东方日报》和《太阳报》的率先报道才知悉有

① 《澳门 8000 人游行"反离补"，澳门特首办：尊重民意诉求》，文汇网，2014 年 5 月 26 日，http://paper.wenweipo.com/2014/05/26/HK1405260036.htm（访问日期：2018 年 1 月 28 日）。

② 《中华人民共和国澳门特别行政区政府 2018 年财政年度施政报告——重点》(小册子)，澳门：澳门特别行政区，2017 年 11 月 14 日。

③ 澳门特别行政区政府审计署：《二零一三年度政府账目审计报告》，https://www.ca.gov.mo/files/RAC13cn.pdf；《二零一七年度政府账目审计报告》，https://www.ca.gov.mo/files/RAC17cn.pdf。

关"离补法草案"的情况。① 反观香港,其繁荣的媒体业的背后是大量的资本支持,不同立场的资本控制的媒体会发出不同的声音,加上部分媒体的夸大渲染,总给人一种"香港事多"的感觉。

三、港澳地区国家认同差异及其原因

香港和澳门分别在 1997 年和 1999 年回归祖国怀抱,但在回归后几近相同的时间里,香港的国家认同表现并不如澳门。近年来香港与内地之间的关系激荡变化,"反陆客""占中运动""旺角骚乱"等事件涉及部分香港民众对中央政府和"一国两制"的信任的弱化,以及对中国公民的身份认同的下降,反映了在国家认同方面的危机。但与其相邻的澳门,社会秩序和国家认同却保持了相当的稳定。实际上,若是将时间跨度以回归为起点,澳门回归后对祖国的国家认同也一直强于始终处在波动状态的香港。

同样是前殖民地,同样是中央政府设立的特别行政区,回归的时间前后仅相差两年,但为什么两地的国家认同会出现如此大的差异?本节尝试以国家基础性权力的视角来做出解答,将国家认同视作基础性权力的一个重要组成。抽象意义上讲,国家基础性权力是民族国家的重要特质,民族国家的现代性体现在部分社会功能的承担上,现代国家的构建即是民族国家一体化的过程,基础性权力会伴随着民族国家一体化的过程在疆域内渗透。现实意义上讲,国家基础性权力反映的是一个国家及

---

① 吕国民:《澳门民怨日高反"离补法"大游行揭示深层次矛盾》,http://www.wyzxwk.com/Article/shidai/2014/08/325887.html(访问日期:2018 年 1 月 28 日)。

政府的治理水平。对香港和澳门恢复行使主权，是国家权威和控制力的重新进入，自然会面临原有殖民者的治理体系所遗留下来的问题。

民族国家作为现代国家形态在世界范围内被接受，已经是学界公认的事实，因此现代国家的构建，也是一种民族国家建构的过程。尽管对民族国家的定义多有争论，但无论是从哪个角度来诠释，"认同"都是民族国家不可或缺的内容。民族国家"就是民族权力的世俗组织"，是民族共同体政治化的表达。[①] 实际上，在英文语境中，"nation"一词包含了民族与国家的双重内涵，是在民族基础之上建立的政治共同体。[②] 在这个发展历程当中，认同始终如影随形。从民族国家的发展历程来看，随着战争形式的改变，以"民族"作为价值感召的民族国家，可以提供比封建国家、城邦国家，甚至是帝国更高效的社会动员能力和战斗力。[③] 因此，民族国家迅速成为西方主导的国家形态，并随着西方主导的现代化和全球化的扩张过程，被普及为各国人民的选择。哈贝马斯就曾以联合国（United Nations）为例，说明民族国家在世界范围的主导性，也支撑了词义中民族与国家之间的本质联系。[④] 就这个关系而言，民族国家具有文化属性和政治属性。就文化属性而言，民众具有族群归属感，认可自身的文化。就政治属性而言，民众对国家这个事物具有政治上的认同。在全球化时代，民族国家的认同出现了一些新的变化，

---

① [德]韦伯：《民族国家与经济政策》，甘阳等译，上海：三联书店，1997年，第93页。

② 韩水法：《现代民族——国家的结构与中国民族——国家的现代形成》，《天津社会科学》，2016年第5期，第4—29页。

③ [美]查尔斯·蒂利：《强制、资本与欧洲国家》，魏洪钟译，上海：上海人民出版社，2007年。

④ [德]哈贝马斯：《欧洲的民族国家——关于主权和公民资格的过去与未来》，曹卫东译，http://www.aisixiang.com/data/9722.html（访问日期：2018年3月10日）。

"民族国家认同是以政治安排与国家主权而非血缘、地域的逻辑建构起来"。① 也就是说，当代民族国家的政治认同，更关注民族国家的政治属性而非文化属性，而政治属性就是民众对国家的政治认同。

民族国家发展进程中，除了制度的扩散和渗透，国家认同亦需要被推广和塑造。国家认同塑造的广度与深度，与"国家基础性权力"密切相关。相对于传统社会，民族国家的政府承担了诸多社会功能，因此需要加强国家对社会的渗透和管理能力，也就是迈克尔·曼的"基础性权力"。② 所谓基础性权力，用迈克尔·曼（Michael Mann）自己的解释就是"国家实际能够穿透市民社会并依靠后勤支持在其统治疆域内实施政治决策的能力"。③ 王绍光在个人研究的基础上，进一步总结了国家基础性权力的八个内容：强制能力、汲取能力、濡化能力、国家认证能力、规管能力、统领能力、再分配能力以及吸纳和整合能力。在王绍光的论述中，前三者是其他能力的基础，前三者的缺失将导致国将不国，甚至出现失败国家，而其中的濡化能力就是国家依靠认同感和价值观确立维持社会秩序的方式，除了必要的核心价值，还包括了对国家的认同。④

对于国家认同和国家基础性权力，分别作为单一议题的研究文献甚多，但少有将二者联系起来加以研究的学理性分析。对国家认同的研究角度较为广泛，对国家基础性权力的研究则多集中在税收体制、交通建

① 彭卫军：《现代民族国家认同的冲突与重构》，《云南民族大学学报（哲学社会科学版）》，2015年第4期，第5—12页。
② 赵鼎新：《社会与政治运动讲义》，北京：社会科学文献出版社，2006年，第109—110页。
③ Michael Mann, "The Autonomous Power of the State: Its Origins, Mechanisms and Results," *Euopean Journal of Sociology,* 1984, Vol. 25, No. 2, pp. 185-213.
④ 王绍光：《国家治理与基础性国家能》，《华中科技大学学报（社会科学版）》，2014年第3期，第8—10页。

设等物质层面。但本质上，国家认同和国家基础性权力是一个集合和表里的关系，国家认同是国家基础性权力的一部分，且反映国家基础性权力的程度和水平，有必要将二者统一起来。根据民族国家一体化的要求，国家认同和基础性权力均需在疆域范围内得到全面的确立和实现。中国的民族国家建构始于鸦片战争之后，在辛亥革命时期，基本奠定了现代国家形态的雏形，至中华人民共和国成立，中国总体上完成了向现代国家的转变。① 由于历史的原因，国家基础性权力仅在中国大陆具有效力，对中华人民共和国的国家认同也局限在大陆这个地理范围内。国家认同和基础性权力在港澳台地区的确立，是国家实现完整统一的必然要求。

国家认同的稳固与否反映一个国家基础性权力的强弱。苏伊费尔（Hillel Soifer）曾提出三个分析路径来测量国家基础性权力的程度，第一种是"国家能力（state capabilities）"，指的是中央政府在疆域范围内的资源处置水平，其本质是中央政府的控制力，以财政水平、军队及警察的数量等作为观测指标；第二种是"国家权重（weight of state）"，强调国家对社会的影响，即事实上对社会的控制和规范程度，突出表现在其辐射疆域的制度和其对社会的影响。苏伊费尔以玛丽·凯·沃恩（Mary Kay Vaughan）的研究为例，考察墨西哥革命后，教师和学校在推动乡村民众现代化中的作用；第三种是地方异变（subnational variation），强调国家能力在各地区、各群体之间的差异，考察的是国

---

① 暨爱民：《百年凝聚：近代中国民族国家认同的建构》，《西南民族大学学报（人文社科版）》，2017 年第 3 期，第 51—56 页。

家能力在时空上的变化，第三种是对前两种的折中。[①]

从国家能力的路径来说，中央政府都在港澳两地实行"一国两制"的制度安排，管理体系不会直接介入，也不会参与对港澳地区资源的分配和处理，这是一个既定的结构，缺乏变化性，难以构建起有效的因果机制。在给定的宏观条件下，中央或者是中央的附属制度在港澳的影响程度，以及港澳自身特点所产生的异变，可以作为合适的变量来解释国家认同的结果，因而本节的分析路径是"国家权重"和"地方异变"的结合。港澳两地殖民日久，其社会结构与规范和国家主体趋异是合情合理的结果。在"路径依赖"的效果下，国家基础性权力的渗入自然会在当地有一个调试和磨合的过程。特别是在管理体系没有进入的情况下，建立起价值层面的国家认同，难度可想而知。但港澳地区之间磨合过程的难度却又有所不同，其根源在于殖民者对港澳地区的治理持完全不同的态度。如上所述，英国殖民者在香港采取了"一元性"的治理模式，并有一套完整的"吸纳"机制；葡萄牙殖民者在澳门的治理模式却出现"二元性"的特征，葡萄牙人和华人的社会圈子基本处于相互独立运行的状态。[②] 因此，殖民者在两地社会治理的力度存在差别，这就给中国国家基础性权力的渗入留下了不一样的空间，结果上也自然表现出了国家认同上的差异。根据香港大学民意网站的统计，回归以来，除2008年前后短暂的时间，香港民众对中央政府的信任程度始终未能超过50%，2016年上半年甚至跌破30%，至今也未能回到40%。[③] 而

① Hillel Soifer, "State Infrastructural Power: Approaches to Conceptualization and Measurement," *Studies in Comparative International Development*, 2008, Vol. 43,pp. 231–251.

② 蔡永军：《转型时期的澳门政治精英》，北京：社会科学文献出版社，2016年。

③ 《香港大学"民意调查及澳门专题研究"》，香港大学民意网站，https://www.hkupop.hku.hk/chinese/（访问日期：2018年6月20日）。

回归后的澳门，除了 2013—2015 的两年，对中央政府的信任度均高于
60%。对"一国两制"的信心，香港一直处在波动状态，但均未超过
70%，甚至从 2011 年后出现下降趋势，但澳门始终处在 70% 以上。从
2007 年有数据统计以来，香港对中华人民共和国公民身份的认同呈下降
态势，而澳门自回归以来，一直稳定处在 7—8 分的高位（10 分制）。[①]

　　从制度上看，香港作为中国直辖的特别行政区，虽然享受高度自治
的政治福利，但在法律上依然是中央政府治理的疆域，"两制"不等于
两治。香港的官僚机构未能和中央政府保持同步，一定程度说明了中央
政府的政治影响力在香港的薄弱。制度上的滞后，影响到了国家认同的
培养。[②] 在这种背景下，香港公务员队伍保持了某种独立性，虽然国情
教育较早在这个群体中展开，但相对港英长期的考核和培养，香港公务
员对中央政府权威性还存在认识不足的情况。[③] 自回归以来，"23 条"
立法在香港困难重重，引发多次社会抗议，至今仍悬而未决。2012 年，
特区政府拟在中小学推广国民教育课本，但是遭到 9 万人上街抗议而不
得不偃旗息鼓。虽然国民教育课本并未推出，但特区政府不得已宣布不
强制推行，改由学校自行酌量。与此同时，香港的本土势力开始崛起，
并不断煽动两地之间的对立情绪，一些人甚至当选为立法会议员，严重
威胁了香港的社会稳定和国家安全。例如，在 2015 年，署名"一群香
港公务员"的团体就 2017 年政改问题发文称："中央政府一直扮演角

---

① 《香港大学"民意调查及澳门专题研究"》，香港大学民意网站，https://www.hkupop.
hku.hk/chinese/（访问日期：2018 年 6 月 20 日）。
② 阎小骏：《香港治与乱：2047 的政治想象》，北京：人民出版社，2016 年，第 34 页。
③ 阎小骏：《香港治与乱：2047 的政治想象》，北京：人民出版社，2016 年，第 114—
119 页。

色，就是采取一切方法，阻挠、拖延香港民主化的进程。"① 这反映了国家基础性权力在香港强化过程中所面临的阻力。

第四节 港澳地区"一国两制"实践的未来发展方向

港澳地区的基本法规定，"香港（澳门）特别行政区不实行社会主义制度和政策，保持原有的资本主义制度和生活方式，五十年不变"。由此可见，至少在 21 世纪中叶前，内地和港澳地区仍将维持"一国两制"的态势。这一安排充分考虑到了港澳地区回归前经济和政治初始环境与内地的差异，其立意在于以"两制"的包容性，维持港澳地区对"一国"的政治认同。

由于港澳地区曾经一度脱离中国的民族国家发展进程，在回归后中央政府需要在两地重新确立权威性。港澳地区历史上独特的制度体系，给中央政府的基础性权力渗透提供了不一样的空间。香港和澳门在国家认同上的差异，其实是国家基础性权力在两地权重不同的反映。澳门的社会结构，形成了殖民时期独特的社团治理模式，而这种模式又和中央政府保持紧密的联系，巩固和维系了北京在澳门的权威性，也保证了澳门国家认同的稳定。在香港，港英的统治力量强大，对原有社会有较多的介入，使香港的社会结构相对澳门显得更为多元。面对庞大和力量不

---

① 《一群香港公务员就政改方案表决的公开信》，《明报》，2015 年 6 月 12 日，A19 版，载阎小骏：《香港治与乱：2047 的政治想象》，北京：人民出版社，2016 年，第 114—119 页。

断上升的华人群体，港英政府逐步吸纳华人群体进入到殖民体制当中，形成了一个庞大的以华人为主体的行政体系，这个体系在回归后保留了下来。建立在吸纳机制基础上，使这个行政体系和中央政府保持了某种张力，并使中央政府在香港的权威确立受到阻碍，也对国家认同造成了负面影响。

如上所述，民族国家具有在疆域内渗透国家基础性权力的必然要求，这其中包括认同的建构和制度的扩散，两者是相辅相成的。香港和澳门回归以来，其经济、政治和社会的初始环境不可避免地发生了重大变化，原先的制度在总体不变的前提下，面临部分调适的必要性。随着CEPA协议的进一步发展和粤港澳大湾区的未来规划，港澳地区在经济制度上有很大可能会与内地产生制度融合，在未来五到十年内进一步融合到粤港澳大湾区的经济体系中去，在经济和金融制度融合发展的基础上，文化、教育、医疗卫生等领域也可能诱发一定程度的融合尝试。港澳地区在多大程度上仍以一个独立关税区的身份与内地进行经济合作，是值得观察的动态过程。在法律制度上，港澳地区不大可能在短时间内与内地的法律体系产生制度融合，即便是与内地同属大陆法系的澳门，也深受葡萄牙法律体系的影响，更不用说习惯于使用英美法系的香港。考虑到港澳两地的实际情况，港澳地区与内地的法律制度也不适合在短时间内进行融合，或直接进行替换。

香港回归祖国后出现了一系列立法和释法风波，包括国家安全、港民教育改革等法案未能获得通过以及围绕"普选""补选特区首长任期"和"港人在内地所生子女之香港居留权"问题的释法争论，凸显了中央政府对港澳地区的管治权和后者所拥有的立法权、行政权、司法权和司法终审权之间的内在张力。面对部分港人国家认同的缺乏和过分的政治诉求，人们一度缺乏足够的意识，为避免冲突矛盾，多以让步了事，以为这些问题会随着时间的推移得到解决。[①] 这导致部分港人以为出现矛盾只需要持续向中央政府施压，最终即可得到想要的结果，将"两制"理解为截然分开的"两治"，进而将中央政府依法行使管治权视为插手香港"内政"。从2014年的非法"占中"事件到2015年的"旺角暴动"和个别议员的辱国言行，充分暴露了香港社会法治的缺失。这种片面强调"两制"忽视"一国"、将爱国与爱港人为对立的政治氛围，影响了香港政制改革的正常步伐以及民主、法治的进一步发展。最近香港特区政府对旺角案的判决，使肇事者承受了较重的刑罚，避免一些香港青年仿效梁天琦等人的行为，确立了对"暴力社运"或"暴力港独"行为的严正立场，是对香港法治权威的重申。反对派群起攻击法官和香港的法治，反映了香港社会对同一问题的两极看法。政治认同理论认为，任何一个政治组织只有得到了成员广泛的认同，才能获得充沛的生命力并能长期存在下去；一个人只有在产生认同感的基础上，才能对一个政治组织或一种政治信念表现出最大的热忱和忠诚。政治认同的作用包括多个方面，如在体制方面的认同，有助于政治组织及其制度获得合法性，提高组织制度化的程度；在政策方面的认同，可以使政治过程获得更多人的参与和支持，使政治组织的方针、政策得到贯彻落实；在政治思想方面的认同，有助于政治组织的成员树立起共同目标，激发为共同事业奋斗的热情和信心。总之，对祖国的政治认同是稳定香港社会经济发展和政治稳定的重要前提之一。

---

① 阎小骏：《香港治与乱：2047的政治想象》，北京：人民出版社，2016年。

　　"一国两制"的理论和实践要求港澳地区循序渐进地进行政制改革，但其前提是处理好"一国"与"两制"的关系。"港人治港、高度自治"的前提是爱国和服从中央政府的全面管治权。邓小平早就指出，"港人治港"必须是爱国者治港，爱国者的标准是"尊重自己民族，诚心诚意拥护祖国恢复行使对香港的主权，不损害香港的繁荣和稳定"。近年香港议员宣誓时发生的辱国事件以及扰乱社会治安的非法集会，是对"港人治港"精神的违背和香港稳定繁荣局面的破坏。为此，中央政府有必要从法律上对此种行为进行严格的规范。就制度设计而言，对香港政制改革必须进行必要的顶层设计。目前香港特别行政区立法会议员共70名，其中35名议员经分区直接选举产生，其余35位经功能团体选举产生。2016年9月选出的70名议员中，亲建制派占据40席、泛民主派占据23席、"本土派"占6席，其他1席。特别行政区立法会选区议员选举，采取的一区多席单记不可让渡投票法，持极端立场的所谓"本土派"靠少数"港独"分子的支持就可以当选，未来在建制派占多数的情况下，是否可以考虑采取一区一席的制度，让极端派边缘化？对于香港目前政治团体多而杂的情况，是否可以考虑通过审慎立法，规范政治团体的组织和活动？如何完善选举制度，包括确定候选人的基本条件和规范竞选活动？如何妥善处理香港的新闻自由和司法独立问题，确定言论自由的边界（仅限于特区事务的范围）？如何选择特首和立法会全面直选的最佳时机？为探讨上述问题，有必要运用政治学和国际关系理论，从法律制度、选举制度、国家认同和国际因素等面向，分析香港地区政党政治的特点，探讨香港政制改革的条件和前景。

　　在香港民主和法治建设方面，由于不同党派的不同政见诉求，加上西方政治势力和"港独"分子有意炒作"爱港"和"爱国"的人为对立，造成一些街头抗议和冲突事件，从而影响了香港的稳定繁荣局面和"一国两制"实践的示范效果。为此，必须从理论上厘清特别行政区制度中"一国"与"两制"的关系问题，处理好中央政府对特别行政区的管治权和特别行政区所拥有的行政权、立法权、司法权和司法终审权之间的关系。"两制"间的关系不应该是对抗性，而应该互为补充、取长补短。"两制"得以存续和扩展的先决条件是香港社会对"一国"的承认和尊重。香港属于"没有执政党"的政党政治。[①] 根据《中华人民共和国香港特别行政区基本法》的规定，特首对中央政府负责，不能有党派色彩。支持特首的建制派组织松散，泛民主派和"本土派"凭借体制外的组织力量与其竞争，使建制派在这一点上处于不利地位。"港独"势力则利用一区多席的选举制度，在立法会占据一席之地，鼓吹其激进观点，与国际反华势力和"台独"暗中勾结，遥相呼应，动摇了部分港人的国家认同观念，以至于诉诸非法集会或暴力抗争的手段，对特区政府和中央政府施压。精准把握香港地区政党政治的特点，有助于我方更好地规划香港的政制改革，争取更多的民众支持，维护香港的经济繁荣、社会安定和政治问题，完善香港地区的民主与法治建设，释放"一国两制"的正能量，为澳门特别行政区提供未来政制改革的经验。

---

① 刘兆佳:《没有执政党的香港政党政治》,《港澳研究》,2012 年冬季刊。

第五节　小结

本章对港澳地区实行特别行政区制度的初始环境（包括经济环境和政治环境）、在实践过程中各方的利益博弈以及所诱发的制度变迁需求进行了比较研究。粤港澳区域经济社会的融合发展，有利于维持港澳地区的经济繁荣，改善当地的民生环境。回归前中央政府考虑港澳地区与内地的关系时，强调"井水不犯河水"，两制并行不悖，但回归后出现的一些新的社会问题，则凸显了两制在一定范围内进行磨合与融合的现实必要性。回溯设立特别行政区制度的初始环境，深入观察港澳回归祖国后利益格局的变化和政治博弈的展开，有助于理解特别行政区制度在发展过程中的调适问题，与时俱进地探讨制度变迁的可能性。港澳地区的文化特点和政治认同的演化，凸显出香港地区如何完善民主与法治建设问题。从2014年的非法占中事件到2016年的"旺角暴动"和个别当选议员辱国言行，暴露了香港社会法治的缺失。这种片面强调"两制"而忽视"一国"、将爱国与爱港人为对立的政治氛围，影响了香港政制改革的正常步伐以及民主、法治的进一步发展。为此，有必要重点研究完善香港地区民主与法治的前提条件，并对香港政制改革进行必要的顶层设计，避免再次出现类似的政治风波，影响到澳门地区的政治稳定。虽然"一国两制"的港澳模式不同于台湾模式，但由于两者同属实现祖国和平统一战略构想的逻辑延伸，港澳模式的成功与否势将影响到这一战略构想对台湾的适用性，包括台湾和国际社会对该统一模式的认识。

基于港澳地区"一国两制"丰富实践，总结经验，提升理论高度，有助于提出适合台湾地区的具体模式，推动两岸的和平统一大业。

总之，"一国两制"在香港和澳门取得了巨大的成功。作为前所未有的理论实践，也不可避免地会出现一定的问题，还需要在实践中不断探索、开拓前进。回顾总结"一国两制"在香港、澳门特别行政区的实践历程，有利于保持香港长期繁荣稳定，有利于继续推动"一国两制"实践沿着正确的轨道向前发展。可以预见的是，港澳两地现存的部分制度会发生变化，部分制度会延续"两制"并存的情况，继续与内地实行不同的制度；也一定会有部分制度朝制度融合的方向发展，逐渐与内地实行同样的制度。港澳地区实行"一国两制"的经验，有助于人们进一步探讨"一国两制"台湾模式的现实可行性，推进祖国的和平统一进程。

第三章 台湾社会对"一国两制"
模式的态度及其变化趋势

"一国两制"模式的最初提出，本来就是为了解决海峡两岸和平统一的历史任务，只是因为 20 世纪 80 年代末岛内政治的风云变幻和国际负面因素的干扰，才在阻力较小的香港和澳门地区率先得到实现。本章从经验层面分析岛内民意对国家统一和"一国两制"模式的基本态度、变化趋势及其影响因素。

第一节 台湾民众"拒统"心理的原因与变化

在论证"一国两制"台湾模式的合理性时，所面临的一个现实问题是岛内对两岸统一的支持度逐年下降，历经 2008 年后两岸关系的和平发展历程，这一趋势仍未得到扭转。本节试图回答以下三个问题：（1）台湾民众对统一的政治态度是缘于两岸价值体系和政治制度的差异，还是因为对"一国两制"的台湾模式缺乏足够的认识，将"一国两制"的台湾模式等同于港澳模式？（2）港澳地区"一国两制"实践好坏，对台湾一般民意和政治人物的态度，将产生何种影响？（3）在两岸关系进入经济社会融合发展的新时期后，台湾民众对未来是否应该统一以及在何种条件下统一的态度，是否以及在什么程度上将发生新的变化？

台湾民众对两岸统一进程的现状与未来走势的态度，实际深受两岸特殊的历史脉络影响。随着20世纪80年代台湾政治、社会的"本土化"与民主化的发展，尤其是选举政治的全面展开，台湾民众日益成为深刻影响台湾当局两岸政策及其他涉外政策的极为重要因素，台湾当局及主要政党对岛内民众统"独"意识形态、两岸政策观念的形塑影响、竞争吸引也随着政党选举、两岸关系的张弛而逐步深入或定型。因此，要理解台湾社会对"一国两制"模式的基本态度，需要了解台湾当局对"一国两制"的基本态度。面对中共提出的和平统一政策，为了减轻来自各方面的压力，蒋经国打出"三民主义统一中国"的旗号，把过去长期主张的"反攻大陆"的武力方式，改变为政治、社会和经济等和平方式。1979年元旦中华人民共和国政府《告台湾同胞书》发表的当天，蒋经国当局即声称"在任何情况下都绝不会同中国共产党进行任何形式的谈判"。4月，蒋经国提出"三不政策"，宣布国民党对大陆采取"不接触、不谈判、不妥协的立场"。1981年9月"叶九条"发表，蒋经国仍然声称这是中国共产党的"统战花招"，攻击大陆执政党所提出的第三次合作是想从内部分化台湾，从外部孤立台湾。然而，在台湾内外时局的压力下，蒋经国虽然表面上坚持对大陆"偏安拒和"政策立

场，实际一度私下肯定两岸和合与国共两党对等谈判的可能性。[①] 随着
1988 年蒋经国的去世，两岸国共之间的"打交道"方式进入不确定的
新阶段。

蒋经国之后的李登辉当局、陈水扁当局、马英九当局、蔡英文当局
均对大陆的"一国两制"采取拒绝态度。台湾当局及民众最为介意他们
对"一国两制"所解读出的所谓"中央政府"与"地方政府"主从关
系，台湾方面对这种主从关系的拒绝大致有两个层面：一是"一国"与
中华人民共和国画等号，认为大陆无视"中华民国"的存在，1994 年
李登辉当局的"台海两岸关系说明书"表述道："中国现已分裂为两个
政治实体，即实行社会主义制度的大陆地区，以及实行民主自由体制的
台湾地区。依照中共的说法，其所称的'一国'是指中华人民共和国，
'中华民国'管辖下的台湾，则只是中共统治下的一个'特别行政区'，
虽可在中共的同意下享受有限的'高度自治'，但不能违背中共的'宪
法'与中共'中央政府'的旨意。这不但完全无视'中华民国'的存
在，更是'假'中国统一之名，行兼并台澎金马之实。"二是在"两制"
方面，台湾当局认为："（两岸）彼此在地位上也不相等，大陆所实施的
社会主义被其视为主体，而台湾地区实行的'三民主义'只能为辅，且
只能在过渡时期存在。至于'两制'的内涵与时效，中共认为其拥有解

---

① 1982 年 7 月 24 日，廖承志给在台湾的蒋经国发出公开信，引起海内外的极大震
动。此后，蒋经国与大陆高层之间均有通过中间人进行联系。1987 年 3 月，杨尚昆在接见
沈诚（受蒋经国委托赴京）时，提出中共中央关于两岸谈判的基本原则：第一，双方谈判主
体是中国共产党对中国国民党，并强调了"中央层次"和"对等地位"两条；第二，谈判主
题是先谈合作，后谈统一。蒋经国对此亦有相对积极的回应，蒋同意"两党对等谈判、中央
层次"模式，但在技术上还希望正式有个具体表达。此后蒋计划在 1988 年 1 月初的国民党
中常会上讨论赴北京谈判人选，但因其病逝而未果。参见马振犊主编：《台前幕后：1949—
1989 年的国共关系》，广州：广东人民出版社，2002 年。

释权与最后决定权。因此，'两制'乃是任由中共'宰制'的一种权宜措施。"①

在台湾的普通民众层面，由于台湾当局对大陆"一国两制"方案消极抵制，进行"意识形态符号化""污名化"处理，民众对"一国两制"的认可、支持度也随着台湾政治的"本土化"进程而呈现低迷态势。经验研究表明，许多台湾民众不接受和平统一，是担心统一后台湾人民在现行制度下所享有的自由和民主权利，会因为两岸的社会发展水平和政治制度的差异而受到影响。由于台湾官方对"一国两制"统一模式的抵制和对港澳地区"一国两制"实践的"妖魔化"和"污名化"，② "一国两制"在台湾缺乏市场，"一国两制"在台湾的公共讨论空间中不是一个热议的话题。在台湾两个主要政党中，国民党从过去主张"一国一制""三民主义统一中国"退步到维持两岸"不统、不独、不武"的保守立场，民进党则一贯抗拒统一、谋求"台湾独立"。在这种政治氛围中，台湾民间和学界也多将"一国两制"视为大陆的对台"统战"手段，认为一旦接受"一国两制"的统一方案，台湾就会失去其"主体性"。

① 台湾陆委会编著：《台海两岸关系说明书》，台北：陆委会，1994年，https://www.mac.gov.tw/News_Content.aspx?n=AD6908DFDDB62656&sms=161DEBC9EACEA333&s=994285178BF1CBD9（访问日期：2018年2月9日）。

② 香港回归后，内地、香港两地的经济与社会融合出现了一些问题，而这些问题均被台湾社会一些人士归因于"一国两制"所致。根据庄吟茜的研究，她发现大部分的台湾媒体认为"一国两制"在香港已经失败，相关的理由包括：1.《中华人民共和国香港特别行政区基本法》《中英联合声明》所许诺的民主等并未得到很好的实现，而是出现诸如普选延期、"媒体管制"等问题；2.香港发展中出现诸如贫富差距扩大等经济社会问题；3.香港民意对内地的疏离感有所增强。参见庄吟茜：《"一国两制"在台湾的污名化：剖析与澄清》，《台湾研究》，2016年第1期，第32—33页。

在台湾官方的宣传和政党政治的影响下，台湾的大部分民众将"一国两制"视为大陆对台湾的"侵犯"，谈虎色变。根据台湾方面的历年民意调查数据，主张两岸马上统一和先维持现状再走向统一的比例总体上逐年下降，赞成"一国两制"统一模式的人数更少，根据台湾学者邵宗海的研究，在1991年到2008年期间，台湾的研究机构和媒体对"一国两制"议题共进行了77次的民意调查，表达可接受"一国两制"的平均支持率仅有14.32%；在民进党（陈水扁）当局执政的2006年到2008年期间进行过8次民调，其中7次为台湾陆委会委托案，表达可接受"一国两制"的平均支持率为13.73%。[①]

港澳地区特别行政区制度的具体实践情况，难免影响到台湾方面对"一国两制"的认知。尽管大陆有关部门和学界经常说明，"一国两制"的港澳模式不同于台湾模式，台湾不少人士还是有意无意地将两者画等号。作为自李登辉、陈水扁以来的对"九二共识"最为支持的国民党籍时任台湾当局领导人，马英九在回应记者有关"一国两制"的问题时，强调台湾不是香港，不适用"一国两制"。[②]台湾官方一方面认为台湾不是香港，"一国两制"模式在港澳地区实践得再成功也不适合台

[①]　邵宗海：《"一国两制"在台湾存在发展的探讨》,《台湾研究集刊》,2014年第4期,第19页。

[②]　当马英九被问及"What's your view and your position on the possibility of one nation two systems ,for instances , as China and Hongkong have,would that work for China and Taiwan?"时，马英九的回复原文是："I don't think that is a good formula for Taiwan, because Taiwan is very different from HK, Taiwan is democracy , we elected our own 'president', our own 'national parliament'……"参见"马英九接受CNN专访"，2010年5月1日，http://www.meetnigerians.net/members/videos.php?cmd=w&t=ma+ying-jeou+interviewed+by+amanpour+马英九接受cnn+专访+part+1&v=1lwhWhopApA&ch=UCn7zbNJhTwW3sT_WPD1e4kw.（访问日期：2018年2月6日）。

湾,另一方面又对港澳特别行政区制度的实践屡屡批评,认为"一国两制"的实质内涵已经随着北京方面对港政策的收紧而发生变化;因为港府管治能力不够和"一国两制"实践成效不佳,导致中央政府介入当地事务,特区政府在政治上倾向"一制",在经济上也朝"一国一制"的方向发展,而一般民意则倾向维持"两制",产生了政府与社会的矛盾冲突,因此台湾不能接受"一国两制"。[①]这一说法反映了台湾官方拒不接受"一国两制"的固有心态,并不以特别行政区制度的实践成败为转移,暴露出其逻辑上的矛盾,岛内有识之士对此早已进行了必要的理论澄清。中国统一联盟在 2017 年 6 月举办"庆祝香港回归 20 周年"茶话会,统盟主席戚嘉林和前主席纪欣在发言中,都肯定了香港回归 20 年来"一国两制"在实践中所取得的巨大成就。他们认为,《中华人民共和国宪法》和《中华人民共和国香港特别行政区基本法》规定的特别行政区制度有效运行,国际社会给予高度评价,因此对未来两岸和平统一模式感到乐观。他们相信,未来两岸实践"两制",当然会与港澳地区的"两制"不同,因为港澳回归是中国政府通过与英、葡政府的谈判,收回失土,恢复在香港、澳门行使主权,而两岸复归统一则将由双方平等协商、共议统一,"两制"内容也会得到台湾人民的参与及支持。台湾现行的社经制度更与 20 世纪 80 年代仍属殖民地的港澳地区大不相同,根本无须担心未来在台湾地区实行的"两制"会是港澳模式的"复制品";港澳地区在行政长官及立法会议员选举采取渐进方式,而选举

---

① 张志宇:《"一国两制"理论与实践——香港回归六年来的检证》(硕士学位论文),新北:台湾淡江大学,2004 年。

与政党政治既然是台湾现有的制度，就没有理由不予以保留。[①]

在两岸关系进入和平发展的新时期后，台湾民众对未来是否应该统一以及在何种条件下统一的态度，开始发生一些微妙的变化。以张亚中、黄光国为代表的学者，将"一国两制"纳入统合学的范畴进行考量，也有人主张接受"一国两制"的安排，实现国家统一，甚至还有人认为两岸早已经是"一国两制"，"一国两制"只是两岸统一前的阶段性说法。特别值得关注的是，台湾"统"派的立场近来有了明显的变化。中华新党（所谓"右统"）放弃反共立场，对"一国两制"从反对转为接受。例如，新党青年军在2018年2月28日在岛内发表《台湾青年和统保台宣言》，指出台湾人民以往对"一国两制"闻之色变，但真正使台湾人民穷途潦倒的是"仇中拒统"的锁岛政策；大陆提出的"一国两制"方针，设身处地为台湾人民着想，不但对台湾民众的福祉无损，还能增进民众的幸福。还有些原来就接受"一国两制"的"左统"势力，则主张放弃台湾的政治和社会制度，接受"一国一制（社会主义制度）"的政治安排。产生上述新现象的原因，是台湾近年政治乱象不断，经济疲弱，大陆则快速崛起。一些民众在对现状失望之余改变立场，故而出现了上述由"右统"转为"左统"、"左统"转为"红统"的新现象。正如民进党前主席许信良胞弟、前"立委"许国泰接受香港中国评论社访问时所表示："执政者都有理想，但如果台湾每个政党上台执政，结果还是一样，台湾生活比大陆更差、更惨，基层百姓会想，大陆来管也没有什么不好。"① 类似的言论多年前在台湾的出租车司机的口中也经常可以听到，反映了台湾基层民众和已经淡出政治圈的人士的朴素想法。

第二节　国家认同的文化属性

在过去二十年中，不同的民调数据均显示了台湾认同在文化、族群属性（cultural and ethnic）和政治、"公民"属性方面的发展。② 台湾政治大学选举研究中心早在 20 世纪 90 年代初就开始进行有关身份认同和统"独"立场的系列电话调查。其中测量身份认同的问题是要求受访者在"台湾人"、"中国人"和"两者都是"三个选项中择一回答，主要是从文化、族群属性方面观察民众的国家认同及其变化规律。根据这一系列调查，自认为是"中国人"的比例从 1992 年的 25.5% 下降为 2008 年的 4.0%，而后就没有什么变化。自认为是"台湾人"的比例从由 1992 年的 17.6% 一路攀升到 2014 年的 60.6%，其后逐渐下降为 2018 年上半年的 55.8%。与此同时，认为自己既是"台湾人"也是"中

---

① 黄文杰：《许国泰认为当台湾生活比大陆差换人管也没不好》，中国评论网，2018 年 4 月 14 日，http://www.crntt.com/doc/1050/3/7/3/105037315.html?coluid=192&kindid=0&docid=105037315&mdate=0414003450（访问日期：2018 年 4 月 17 日）。

② 有关台湾的研究文献中常出现族群或族群冲突概念，用以区分不同群体，如闽南人、客家人、外省人和台湾少数民族等四大类别，也有人习惯性地将大陆人和台湾人视为两大族群。必须指出这一概念带有一定的误导性。因为绝大部分的台湾民众最初就是来自大陆，特别是闽粤两省。他们实际上都是汉人或汉族，属于中华民族这一大家庭。既然所谓本省人和外省人同属汉族，只是因为到台湾的时间不同和各自省份的差异就被区分为不同族群，继而用族群冲突概念在描述本来属于同一族群内部的社会冲突，将地域意识称之为"族群意识"，甚至"族群民族主义（ethnic nationalism）"，与事实是不相符合的。

国人"的比例则由 1992 年的 46.4% 下降为 2014 年的 32.5%，再上升为 37.3%。从图 3.1 可以看出，"台湾认同"在历史上有两个明显上升期，即从 1992 年的 25.5% 上升为 1999 年的 39.6%，以及从 2008 年的 48.4% 再攀升到 2014 年的 60.6%，其上升幅度甚至明显超过了陈水扁的执政时期（2000 年 5 月到 2008 年 5 月）。

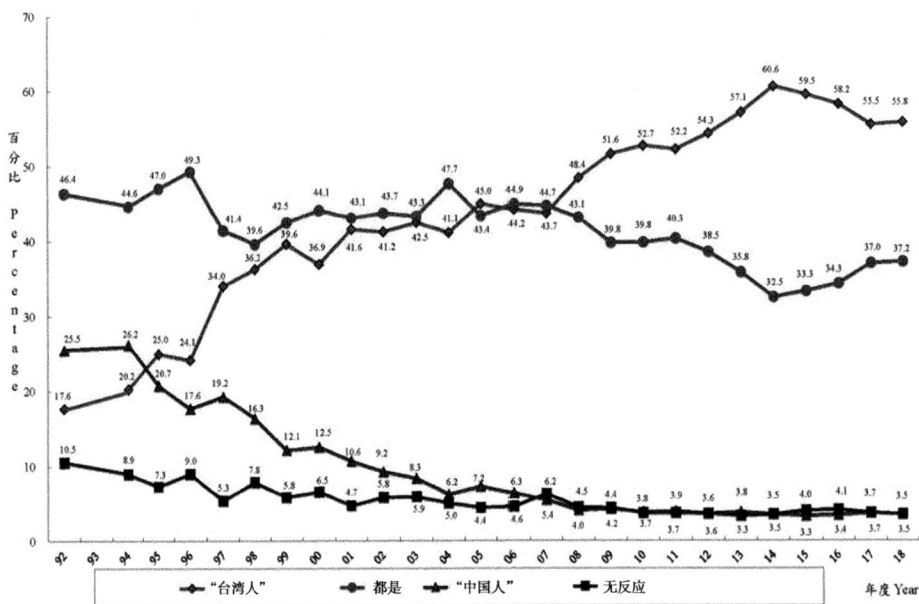

图 3.1　台湾民众身份认同的变动趋势（1992—2018.6）

资料来源：台湾政治大学选举研究中心（http://esc.nccu.edu.tw/main.php）。

在过去 25 年中，学者们分析了"国家认同"在台湾发生此消彼长的诸多因素。美国夏威夷大学教授金瑞芳（June Dreyer）认为，不同于中国意识的台湾意识在台湾已经存在了一个世纪之久。日本对台湾所实行的 50 年殖民统治、1947 年"二·二八"事件的惨痛经历、1979

年高雄事件和 1986 年的民主化都导致台湾出现了一股具有内部包容性的"国家认同（inclusive national identity）"。[①]美国戴维逊学院（Davidson College）教授任雪丽（Shelley Rigger）认为，台湾本省人和 1945 年后大陆去台人员之间的"族群"分歧（ethnic division）是台湾在 20 世纪 90 年代初期到中期政治话语的挥之不去的部分内容，直到其被"新台湾人"这一包容性的概念所取代。[②]值得说明的是，这里所说的"族群"分歧实际上是社会分歧，带有地域观念冲突的意思，与族群冲突的原意有明显距离。美国加州大学伯克利分校教授高隶民（Thomas Gold）则认为，台湾人对"国家认同"的探求是自下而上的，反映了国民党政权在将官方的"中国认同"施加于台湾社会时之力不从心。[③]其他学者将台湾社会自 1992 年以来"中国认同"的急剧下降归因于 20 世纪 90 年代的重大政治事件，认为这些事件对年轻世代有着持久的影响。由特定事件所驱动的社会化（event-driven socialization）的例子包括千岛湖事件，1995—1996 年期间大陆对台军事演习所伴随的台海危机，大陆将一个中国原则作为两岸对话协商的先决条件和李登辉所提出的"两国论"等。[④]台湾从 1997 年开始的以"台湾认同"为中

---

① June Teufel Dreyer, "Taiwan's Evolving Identity," in *The Evolution of a Taiwanese National Identity* (Asia Program Special Report, No. 114), edited by Gang Lin (Washington, DC: Woodrow Wilson International Center for Scholars, August 2003).

② Shelley Rigger, "Disaggregating the Concept of National Identity," in *The Evolution of a Taiwanese National Identity* (Asia Program Special Report, No. 114), edited by Gang Lin (Washington, DC: Woodrow Wilson International Center for Scholars, August 2003).

③ See Gang Lin, ed., "The Evolution of a Taiwanese National Identity", *Asia Program Special Report* (Woodrow Wilson International Center for Scholars), No. 114, August 2003.

④ Da-Chi Liao, Boyu Chen and Chi-chen Huang, "The Decline of 'Chinese Identity' in Taiwan?—An Analysis of Survey Data from 1992 to 2012", *East Asia*, 2013 (30): 279-280.

心的教改在 2002 年后对 18 岁以上的年轻世代发挥了效应，体现在长达十年的重叠认同者的持续下降和台湾认同者的持续增加，至于中国认同者的比例因为已经很低，反而看不到教改的长期影响。林丹（Daniel Lynch）指出，民进党通过在公共论述中经常使用台湾地区闽南话以建构"国家认同"、修改历史教科书和中学"课纲"、更改街道和公园的名字等举措，在民间社会厚植了"台湾主体性"的精神。①

从图 3.1 还可以看出，自认"台湾人"的比例在 2014 年到 2017 年期间连续三年下降，自认既是"台湾人"也是"中国人"的比例则连续三年上升，这在一系列民调中均属首次。自认"台湾人"的比例曾经在 2006 年和 2007 年一度连续两年下降，从 2005 年的 45.0% 略微下降为 2007 年的 43.7%，但在误差范围之内，难以说明问题。而自认既是"台湾人"也是"中国人"的比例在 1995 年和 1996 年期间也曾一度连续两年下降，从 1994 年的 44.6% 急剧上升为 1996 年的 49.3%，但与之相伴随的是自认"中国人"的比例从 26.2 剧降为 17.6%，这两年期间台湾民众对中国的"国家认同"未升反降。为此，从 2014 年到 2017 年台湾民众在文化属性上的"国家认同"的积极变化确实是个值得关注和解释的现象。

为何这种"'台独'新低点""统派新高点"的民意，会发生在民进党二次执政即将届满 2 周年之际？根据台湾《远见》杂志的报道，一位现任民进党干部表示，"这是民众的自我调整机制，在统'独'光谱上，每逢绿色执政就会偏蓝、偏统一些；反之，则会偏绿、偏'独'一些，

---

① See Lowell Dittmer, "Taiwan and the Issue of National Identity", *Asia Survey*, Vol. 44 Issue 4, (July/August 2004), pp.479-480.

民众试图以此达到'政治中立'的效果",这种现象过去也曾出现。台湾中国文化大学社会科学院院长赵建民则认为,台湾民意统"独"立场出现消长与台湾民众对大陆的印象趋于正面、赴大陆就业求学的意愿上升、对民进党当局的两岸政策不满上升均有关系。[①] 不过,上述民意变化并不是 2016 年才开始发生变化的,而是始于 2015 年。如果台湾民众确有自我调整机制,一个比较合理的解释或许是:在 2014 年县市长选举后,一些中间选民就预期民进党将重返执政,而提前做出认知上的自我调整。

对台湾民众的身份认同和年龄结构的交叉分析表明,年轻世代(20岁到 35 岁之间)具有更强烈的"台湾认同"取向,认为自己是"台湾人"的比重高达 70%,比其他两个世代(36 岁到 50 岁和 51 岁到 65 岁之间)中自认"台湾人"的比例(50%)高出 20 个百分点,如图 3.2 所示。这是否意味着年轻人就是蔡英文及民进党其他人士口中的"天然独"了呢?以上的世代对比显示,台湾的年轻世代确实具有更强的台湾意识,对统一的热情更低,排斥感更强。这一世代出生于 1983 年之后,在2001 年后进入政治态度的形成期,正好是台湾出现政党轮替之后。除了上文提及的教改问题,陈水扁所推行的"台独"政策和马英九的"不统、不独、不武"政策,在客观上不同程度地削弱了年轻世代的统一意识,这恐怕是马英九执政后,岛内"台湾意识"不降反升的原因之一。

---

① 《2018 远见民心动态大调查》,中国评论网,2018 年 2 月 13 日,http://www.crntt. com/doc/1049/7/5/7/104975726.html?coluid=0&kindid=0&docid=104975726 (访问日期: 2018 年 2 月 13 日)。这次民调以居住在台湾 20 县市、18 岁以上民众为调查对象,调查时间从 1 月 24 日至 1 月 28 日,以"电脑辅助电话访问"方式,采用等比例分层随机抽样,抽出电话门号后末二码代以随机乱数处理。样本规模 1012 人,在 95% 信赖度估计下,最大抽样误差为正负 3.07%。

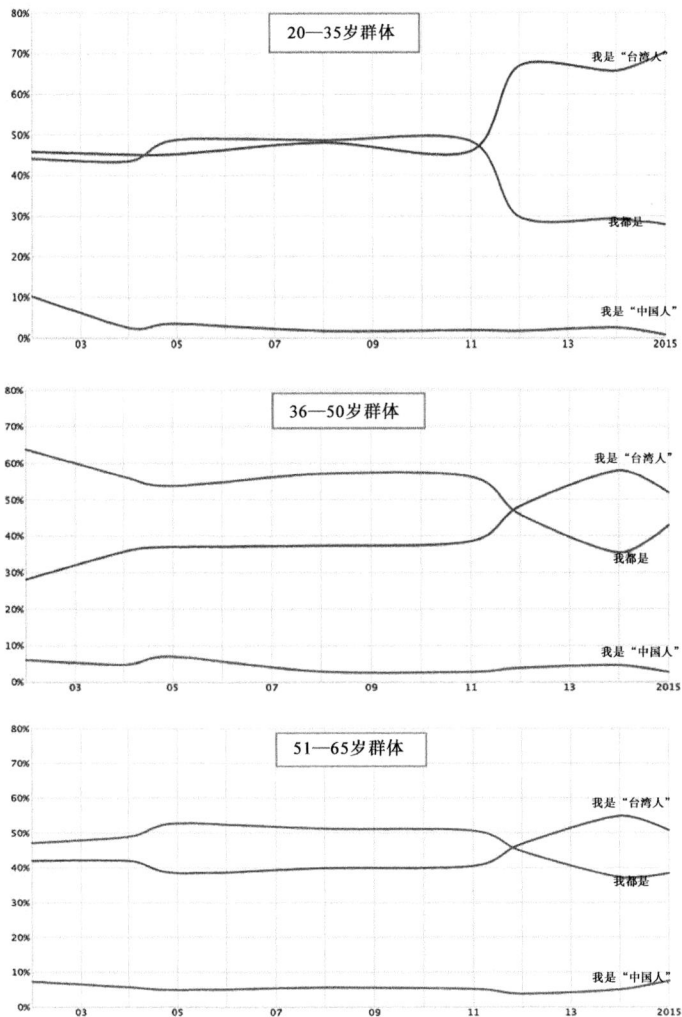

图3.2 台湾民众身份认同的世代变动趋势 [①]

---

① 原图生成自王宏恩:《变动的"台湾人"》, http://www.twreporter.org/!/draw-taiwaness-recognition/。王宏恩的数据来自杜克大学亚洲安全中心的"台湾'国家'安全调查(TNSS)"(http://sites.duke.edu/pass/data/)。原图是在王宏恩对台湾不同世代"国家认同"态度的拟似定群/伪面板(pseudo panel)分析基础上生成。对"台湾"/"中国"认同的测量问题是:"在我们社会上,有人说自己是'台湾人',也有人说自己是'中国人',也有人说都是,请问您认为自己是'台湾人''中国人',或者都是?"

从研究方法看，将身份认同这一复杂的问题，简化为"台湾人"、"中国人"或"既是台湾人也是中国人"的三分法，不但无法捕捉身份认同这一复杂的心理现象，而且在逻辑上也存在大小概念并列的错位问题。刘国深就认为，将"中国人"和"台湾人"这一大小概念并列，在同一道问题中让受访者进行非此即彼的选择，存在明显的诱导性甚至误导性。[①] 更准确地说，在这三分法的问题设计中，前两个选项假设"台湾人"和"中国人"是互斥的概念，而第三个选项又意味着前两个选项是兼容的概念，隐含"台湾人"是"中国人"一部分的意思。这一问题设计在逻辑上的前后不一致，就像我们询问受访者是"男性""女性"还是"两者都是"一样经不起推敲。在自认"台湾人"的受访者的心目中，台湾可以是"生于此、长与此"的地域概念，隐含在地方生活习惯、方言、历史记忆等方面与其他次文化系统的差异；也可以是一个不同于大陆的政治文化概念，其现实原因是两岸尚未统一，台湾地区通过选举产生"公权力"部门，实行与大陆不同的政治制度，制定经济、文化、教育、税收、福利、防务、涉外和出入境管理等公共政策。就后者而言，认同台湾实际上是认同台湾当局及其所行使的公共权威，属于政治认同范畴，不等于"国家认同"。当然，自认"台湾人"的受访者中，也不乏认为"台湾是一个国家"（甚至是一个"新兴民族"）、主张"台湾独立"的人士。换言之，认同台湾可以区分为地域认同、政治认同和"国家认同"三个层面，在概念上未必等同。

---

① 刘国深：《偏狭民调乱台湾，乱两岸，乱世界》，中国评论新闻网，2012 年 7 月 2 日，http://www.chinareviewnews.com/doc/1021/5/1/8/102151858.html?coluid=7&kindid=0&docid=102151858&mdate=0702094003。

　　与此相应，在自认"中国人"或既是"台湾人"也是"中国人"的受访者的心目中，中国可以是一个国家概念，台湾只是一个区域概念，或政治认同的对象；但中国也可以是文化或民族的概念，台湾则是国家概念。就前者而言，国家统一是终极目标，在何种条件下统一则可能存在分歧。就后者而言，一个民族可以分解为不同国家，民族认同不等于国家认同。[①] 经验研究表明，当受访者面对上述选项时，如果首先想到的是中国历史和文化，倾向于选择自己是"中国人"，或既是"中国人"也是"台湾人"；如果首先想到的是哪里出生，哪里长大，就倾向选择自己是"台湾人"。[②] 在自认"台湾人"的受访者的心目中，中国很可能指的是中华人民共和国；而在自认为"中国人"或"两者都是"的受访者心目中，中国就有可能指的是"中华民国"了。但如果受访者对中国这一元概念的内涵和外延存在不同认知，那么这种问题能在多大程度上准确测量出民众的身份认同，就难免令人存疑。既然两岸尚未统一，对中国的概念内涵又存在不同的认知，上述简单化的问题设计，自然无法准确检测民众的身份认同。由于受访者对"台湾人"和"中国人"的内涵有不同的政治认知，在自认"中国人"或"既是台湾人也是中国人"的受访者中，主张尽快统一或倾向统一的比例（超过50%）固然高于一般值（10%左右），但主张尽快"独立"或倾向"独立"的也有10%左右。与此相反，在自认"台湾人"的受访者中，主张尽快"独立"或倾向"独立"的比例（约35%）固然高于一般值（22%左右），

　　① 这里的民族是就历史上客观形成的民族共同体而言，与现代意义上的国族或哈贝马斯的后民族有重要区别。现代意义上的国族，既可以从历史上的民族共同体剥离出来（所谓"一族多国"），也可以包含历史上形成的不同民族（所谓"一国多族"）。例如，中华民族是汉族与55个少数民族的集合体，美利坚民族不但包括不同的民族，还横跨了不同的种族。

　　② 对上海交通大学台湾研究中心2014年10月的委托民调的分析表明，认为自己是"台湾人"的受访者中，在做出该项选择时首先想到的是自己的出生地的比例高达44.5%。

但主张尽快统一或倾向统一的比例也有 7% 左右。①

　　由此可见，上述测量身份认同的指标无法准确反映受访者的政治立场。在自认"台湾人"的受访者中，很多人并不排斥自己是文化上的中国人，这说明这部分人也不是全无中国意识，只是因为他们在回答问题时，将中国人的概念等同于大陆人民，也就将"台湾人"和"中国人"视为两个互相排斥的概念，不考虑其他选项了。根据台湾竞争力论坛在 2013 年 2 月 27 日公布的民调，认同自己是"中国人"的比例高达 61%，坚持自己"是台湾人不是中国人"的比例只有 26%。② 根据台湾"中研院"社会学所在同一年的面访调查，91.1% 的受访者同意中华民族包括 2300 万台湾人民。③ 根据上海交通大学台湾研究中心 2014 年 10 月的委托民调，53.8% 的受访者认为自己是中华民族的一分子，3.2% 的受访者认为自己是"中国人"，25.2% 的受访者同时接受以上两种说法，只有 11% 的受访者不同意上述说法，6.9% 的受访者拒答。在自认"台湾人"的受访者中（占 67.2%），在进行追问的情况下，认为自己属于中华民族一分子的占 59%，认为自己同时属于中华民族一分子和"中国人"的占 15.8%。这意味着"台湾人"和中华民族这两个概念可以是高度重叠的。台湾绝大部分民众愿意被界定为中华民族的一分子，这或许可以作为未来凝聚两岸民众身份认同的新的最大公约数。简言之，同样是测量身份认同，不同的民调问题可以得出差异颇大的结

---

① 林冈：《台湾地区政党政治研究》，北京：中国社会科学出版社，2014 年，第 72 页。

② 《最新调查：6 成台湾人认同是中国人》，http://www.ifeng.com.tw/twnews/detail_2013_02/28/22575115_0.shtml。

③ 该次面访的时间是 2013 年 1 月 1 日到 12 月 31 日，有效样本 1952，参见 http://www.ios.sinica.edu.tw/sc/en/home2.php。

果。如何解决这一方法论上困惑是一个需要深入研究的问题。

第三节 国家认同的政治属性

如果台湾民众的身份认同可以视为"国家认同"的文化、族群属性，那么，民众在统"独"议题上的立场则可以视为"国家认同"的政治、"公民"属性，具有"公民民族主义"的意味。对后者的观察涉及不同的测量方法。根据政治大学选举研究中心的民调数据，赞成台湾马上"独立"或先维持现状以后再寻求"独立"的受访者，从 1994 年的 11.1% 上升到 2008 年的 23.1% 和 2014 年的 23.9 % 后，轻微回落到 2018 年上半年的 19.3%。与此同时，赞成两岸马上统一或先维持现状再寻求统一的受访者，从 20.0% 下降到 10.2% 和 9.2% 后，到 2018 年上半年回升到 15.5%。赞成两岸永远维持现状不变的受访者比例从 1994 年的 9.5% 上升到 2008 年的 21.5% 和 2014 年的 25.5% 后，略微回落到 2018 年上半年的 23.7%。赞成先维持现状再决定的受访者比例则从 38.5% 下降到 35.8% 和 34.3%，而后略微回落到 2018 年上半年的 33.4%。[①] 可见，台湾民众的统"独"立场和身份认同的"本土化"趋势并未因为 2008 年后两岸关系的和平发展而得到扭转。虽然主张马上"独立"的比例在 2008 年到 2014 年期间有所下降，但倾向"独立"的比例未减反增，两者仍合计维持在 24% 左右。比较明显的变化是支持统一的比例在 2014 年之后有所上升。根据《远见》杂志最近发表的

---

① 转引自台湾政治大学选举研究中心，http://esc.nccu.edu.tw/main.php。

"2018 台湾民心动向大调查",在蔡英文执政即将届满 650 天前夕,赞成"台湾独立"的比率创下调查以来的 10 年新低,而"赞成与大陆统一"的比率攀上 10 年新高,大幅攀升至 14.8%。此外,有将近一半、高达 47.5% 的受访者赞成"九二共识"。若与 2017 年 3 月的调查数据对比,2018 年约 21.1% 的受访者赞成"台湾独立",少于 2017 年的 23.4%,而"赞成与大陆统一"的比例则大幅攀升至 14.8%,比 2017 年的 9.3% 多出 5.5 个百分点,超出了民调的误差值范围。[1] 根据这一民调,支持统一的比例是在 2017 年后才明显上升。

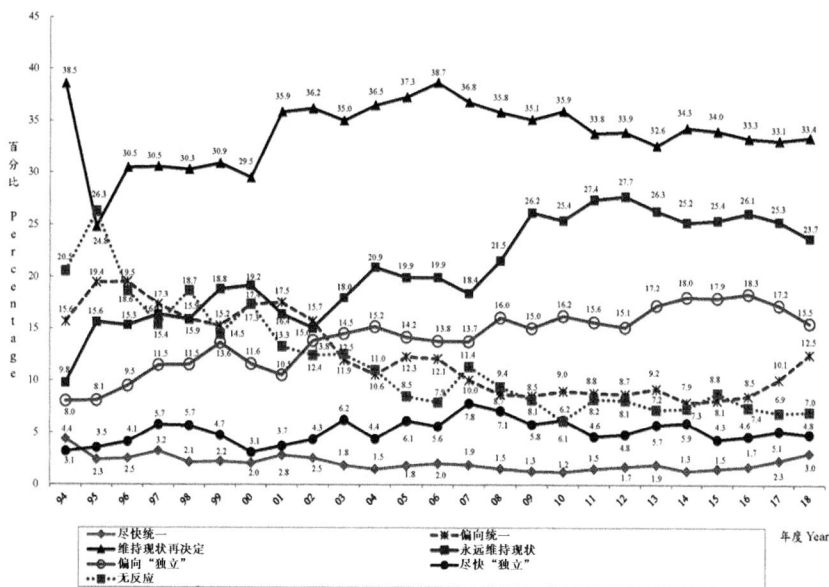

图 3.3　台湾民众统"独"立场的变动趋势（1994—2018.6）

资料来源：台湾政治大学选举研究中心（http://esc.nccu.edu.tw/main.php）。

---

[1] 《2018 远见民心动态大调查》,中国评论网,2018 年 2 月 13 日,http://www.crntt.com/doc/1049/7/5/7/104975726.html?coluid=0&kindid=0&docid=104975726。

　　上述在六个选项中让受访者择一的调查方法（六分法）有一缺点，即维持现状再决定者的统"独"倾向究竟如何？他们是真的对二者没有偏好吗？如果是的话，持这种态度的民众较之永远维持现状者是偏向统一的一边还是偏向"独立"的一边？为解决这一问题，上海交通大学台湾研究中心在2014年10月委托台湾民调机构进行电话问卷访问时，有意让受访者在以下七个选项中进行选择，除了马上统一或马上"独立"、先维持现在再走向统一或"独立"和永远维持现状等五个选项外，将维持现状再决定这一选项分解为两个新的选项，即先维持现状再考虑是否统一，先维持现状再考虑是否"独立"（七分法）。调查结果依次为：赞成马上"独立"的占19.1%，先维持现状以后"独立"的占8.6%，先维持现状再考虑是否"独立"的占19.4%，永远维持现状的占19.1%，先维持现状再考虑是否统一的占8.2%，先维持现状以后统一的占2.9%，马上统一的占2.4%。如果将前三个选项予以合并，作为偏"独"的群组，将后三个选项予以合并，作为偏统一的群组，其百分比就是47.1%比13.5%，只有13.5%的受访者（赞成永远维持现状）对统"独"没有偏好。对于年龄从20岁到39岁的受访者，对统"独"偏好的反差度比其他年龄段更大(图3.4)。

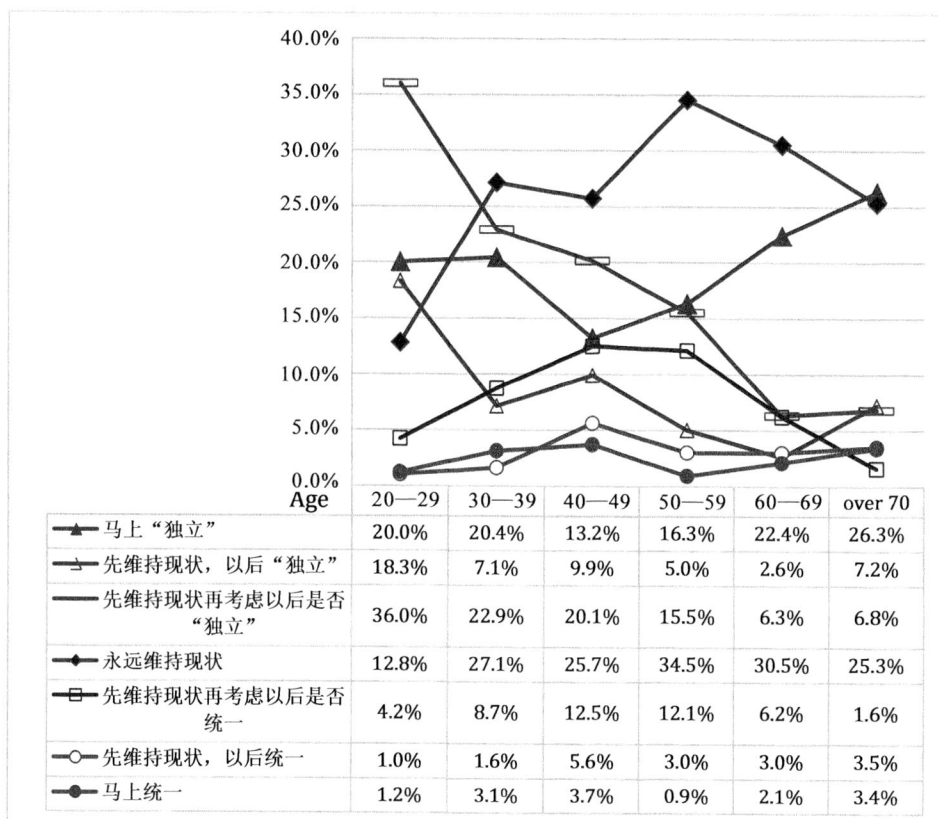

Age	20—29	30—39	40—49	50—59	60—69	over 70
▲ 马上"独立"	20.0%	20.4%	13.2%	16.3%	22.4%	26.3%
⊢△ 先维持现状,以后"独立"	18.3%	7.1%	9.9%	5.0%	2.6%	7.2%
—— 先维持现状再考虑以后是否"独立"	36.0%	22.9%	20.1%	15.5%	6.3%	6.8%
◆ 永远维持现状	12.8%	27.1%	25.7%	34.5%	30.5%	25.3%
⊡ 先维持现状再考虑以后是否统一	4.2%	8.7%	12.5%	12.1%	6.2%	1.6%
○ 先维持现状,以后统一	1.0%	1.6%	5.6%	3.0%	3.0%	3.5%
● 马上统一	1.2%	3.1%	3.7%	0.9%	2.1%	3.4%

图 3.4 统"独"立场及不同年龄段的态度分布

资料来源：上海交通大学台湾研究中心数据库。

采纳七分法的问卷设计，台湾指标民调公司于 2015 年 6 月进行了类似调查。上述 7 个选项分别为 14.6%、7.8%、13.0%、30.2%、5.8%、5.5% 和 4.2%。指标民调公司对上述数据进行了两种不同方式的处理。第一种方式将前三个选项合并为不同程度地倾向"台独"，后三个选项合并为不同程度地倾向统一，当中选项视为维持现状的真正信奉者。第二种方式将第二个选项到第六个选项均视为不同程度地倾向维持现状，赞成马上"独立"或统一的两个选项作为光谱的两端。不管采取哪一个方式，如果对比上海交通大学台湾研究中心在 2014 年 10 月的调查数据，可以看到倾向"台独"的比例有显著下降，倾向统一的比例略有上升。通过对先维持现状再决定这一选项的解析，没有统"独"立场的民众从 59.5%（根据台湾政治大学选举研究中心 2014 年的数字）下降到 30.2%。与此同时，不表示意见的受访者则从六分法时的 8.8% 增加到七分法时的 19.0%。这意味着有大约 10% 的受访者对未来本可接受可统可"独"选项，六分法中的维持现状再决定更符合其真实态度。换言之，在七分法中的诱导下，有不同统"独"倾向的民众比例由台湾政治大学选举研究中心的 33.1%（2014 年年底数字）增加到上海交通大学台湾研究中心的 60.6% 和指标民调公司的 50.9%，如表 3.1 所示。

表 3.1　对台湾民众统"独"立场的再诠释

单位：%

民调机构	马上"独立"	先维持现状以后"独立"	先维持现状再考虑是否"独立"	永远维持现状	先维持现状再考虑是否统一	先维持现状以后统一	马上统一
交大	19.1	8.6	19.4	25.9	8.2	2.9	2.4
指标	14.6	7.8	13.0	30.2	5.8	5.5	4.2
"美丽岛"	16.8	5.2	10.7	32.8	10.6	3.9	8.2
第一种方式	不同程度倾向"独立"			狭义的维持现状	不同程度倾向统一		
交大	47.1			25.9	13.5		

续表

民调机构	马上"独立"	先维持现状以后"独立"	先维持现状再考虑是否"独立"	永远维持现状	先维持现状再考虑是否统一	先维持现状以后统一	马上统一
指标		35.4		30.2		15.5	
"美丽岛"		32.7		32.8		22.7	
第二种方式	"独立"	广义的维持现状					统一
交大	19.1	65.0					2.4
指标	14.6	62.3					4.2
"美丽岛"	16.8	63.2					8.2

资料来源：上海交通大学台湾研究中心数据库；台湾指标民调（TISR），"台湾民心动态调查"，2015年6月29日，http://www.tisr.com.tw/?p=5523# more-5523;《美丽岛电子报》，2018年7月2日(访问日期：2018年9月20日)。

七分法问卷调查的缺陷是其无法捕捉对台湾未来的统"独"走向完全持开放态度的民众的比例，这部分民众将依实际情况决定是否接受统一还是"独立"。七分法用先维持现状再决定是否接受统一和先维持现状再决定是否接受"独立"取代了原来的先维持现状再决定的选项。经过这样的处理，不同程度偏向统一的受访者比例由台湾政大选研中心2014年民调数字的10%左右微弱升高到交大台研中心的13.5%和指标民调的15.5%，不同程度偏向"独立"的受访者比例则从政大选研中心数字的23.9%急剧上升到上海交大台研中心的47.1%和指标民调的35.4%。这意味着在先前选择先维持现状再决定的民众中，倾向"台独"

的比例明显高于倾向统一的比例，尽管他们中间还有些人对统"独"没有任何倾向。

第四节　测量"台湾认同"的其他方法

另外一个测量台湾民众"国家认同"的方法是询问受访者在特定条件下的统"独"立场。这一方法始于吴乃德等人。他们提出，在 2005 年有 27.7% 的受访者接受在不发生战争情况下的"独立"选项（即和平"独立"），同时拒绝统一，即使在两岸不存在社会发展差距的情况下。有 13% 的受访者拒绝和平"独立"，同时接受两岸在消除彼此差距情况下的统一（有条件统一）。同时，30% 的受访者可接受和平"独立"和有条件统一。根据采取这种调查方法的民调数字，朱云汉在 21 世纪初年建议采取更为复杂的方法来测量台湾民众的统"独"立场。朱云汉基于台湾民众对类似以上两个问题的不同态度，细分出九种不同的统"独"倾向。[①] 这九种倾向包括：（1）"台独"的坚定信奉者（赞同和平"独立"，反对有条件统一）；（2）倾向"台独"者（赞同和平"独立"，对是否接受有条件统一不表示态度）；（3）可统可"独"的理性或务实主义者（赞同和平"独立"和有条件统一）；（4）倾向统一者（赞同有条件统一，对是否接受和平"独立"不表示态度；（5）统一的坚定

---

① 第一个假设性问题是：如果台湾在宣布"独立"后，可以维系两岸和平，台湾应该成为一个"新的国家"；第二个假设性问题是：如果两岸在经济、社会、政治方面条件相当，两岸应该统一。

信奉者（赞同有条件统一，反对和平"独立"）；（6）轻微拒统者（反对有条件统一，对是否接受和平"独立"不表示态度）；（7）维持现状的坚定信奉者（反对和平"独立"和有条件统一）；（8）轻微反"独"者（反对和平"独立"，对是否接受有条件统一不表示态度）；（9）态度消极者（对上述两个问题都不表示态度）。基于1993年到2002年之间的十年民调数字，朱云汉在2004年提出，在短期的未来，不管是"台独"还是统一的坚定信奉者都不足以构成显著的多数，可以对台湾经由选举产生的领导人给予明确的授权，让其可以对"国家认同"问题施加解决性的方案。可统可"独"的理性主义者的广泛存在，可以在短期内调解统"独"两极化冲突，最终可能改变现有的政治平衡。至于今后朝哪个方向发展，取决于不断改变的外部条件。[①]

然而，2002年后"台湾认同"的变化却继续朝台湾"独立"的方向演变。借用朱云汉的概念框架处理新的民调数据可以看出，"台独"的坚定信奉者急剧超过了统一的坚定信奉者，到2008年就呈现出34.8%比12.7%的比例。虽然"台独"的坚定信奉者（或者吴乃德称之为的"台湾民族主义者"）从2008年到2012年略微下降，但到2016年又再度上升到40%。[②]与此同时，对统"独"前景持开放态度的所谓"理性主义者"也从20%以上的比例，下降到2016年的14.8%，如表3.2和图3.5所示。

[①]　Yun-han Chu: "Taiwan's National Identity Politics and the Prospect of Cross-Strait Relations," *Asian Survey*, Vol. ILIV, No. 4 (July/August 2004), pp. 503-505.

[②]　根据吴乃德在2011年的研究，"台湾民族主义者"，即"台独"的坚定信奉者占36.5%，统"独"立场开放的所谓"理性主义者"，或他称之为的双重"国族"认同者仅占8.1%。吴乃德：《"中国崛起"的政治效应：民族认同和政党支持》，美国加州圣地亚哥台湾同乡会网站，http://www.taiwancenter.com/sdtca/articles/9-11/4.html（访问日期：2018年5月22日）。

表 3.2 台湾民众统"独"态度的变化 (1993—2016)

年份	"台独"的坚定信奉者 / %	倾向"台独"者 /%	可统可"独"者 /%	倾向统一者 / %	统一的坚定信奉者 / %	轻微拒统者 / %	维持现状的坚定信奉者 / %	轻微反"独"者 / %	态度消极者 / %	受访者总数 / 人
1993 LY	9.9	2.3	24.4	4.9	26.5	1.6	7.2	2.1	21.1	1398
1996 LY	16.8	2.7	26.2	4.8	23.8	2.3	7.2	1.9	14.2	1383
1999 LY	22.8	2.4	28.8	3.2	16.4	2.1	11.0	1.8	11.3	1357
2002 LY	20.3	4.5	22.8	2.8	18.1	1.9	11.2	3.1	15.3	2022
2004P TEDS	28.8	3.6	23.9	2.0	15.0	1.7	12.2	2.5	10.4	1823
2008P TEDS	34.8	3.6	19.2	1.3	12.7	1.9	15.6	1.9	9.0	1904
2012 TEDS	31.1	3.3	21.2	1.1	12.9	1.4	18.5	1.8	8.6	1826
2016 TEDS	40.0	3.4	14.8	1.2	11.4	2.2	16.3	2.2	8.5	1690

资料来源：表格沿袭朱云汉的分类和统计，但根据 TEDS2004P、TEDS2008P、TEDS2012 和 TEDS2016 资料补充了 2004 年到 2016 年的数字。图中数字为百分比。TEDS2004P 面访案独立样本 6698 份，面访时间为 2008 年 6 月下旬至 9 月下旬；TEDS2008P 面访案独立样本 1905 份，面访时间为 2008 年 6 月下旬至 8 月上旬。TEDS2012 面访案独立样本 1826 份，面访时间

为 2012 年 1 月 16 日至 2 月 18 日。TEDS2016 面访案独立样本 1690 份，面访时间为 2016 年 1 月 17 日至 4 月 28 日。"台湾选举与民主化调查"（TEDS）多年期计划总召集人为台湾政治大学黄纪教授、TEDS2004P 计划主持人为黄秀端教授、TEDS2008P 计划主持人为游清鑫教授、TEDS2012 计划主持人为朱云汉教授、TEDS2016 计划主持人为黄纪教授。（详细资料请参阅 TEDS 网页：http://www.tedsnet.org。）作者感谢上述机构及人员提供数据协助，唯本书之内容观点概由作者自行负责。

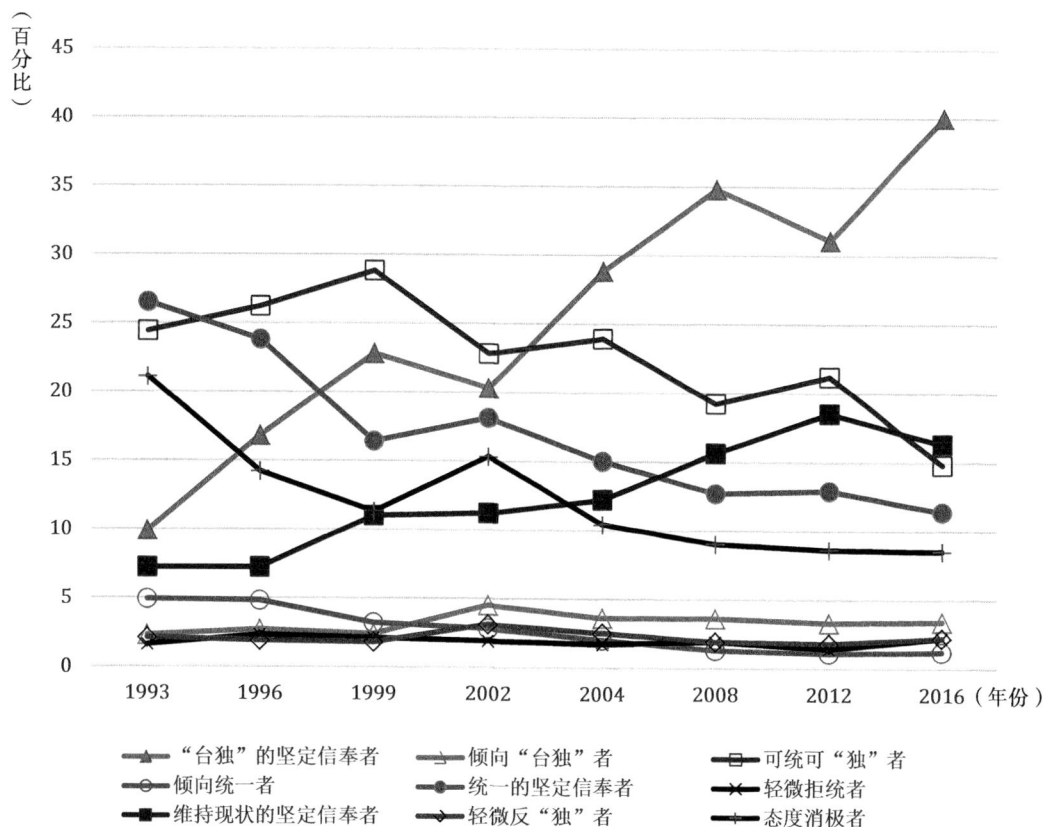

图 3.5　台湾民众统"独"态度的变化 (1993—2016)

资料来源：表格沿袭朱云汉的分类和统计，但根据 TEDS2004P、TEDS2008P、TEDS2012 和 TEDS2016 资料补充了 2004 年到 2016 年的数字。图中数字为百分比。TEDS2004P 面访案独立样本 6698 份，面访时间为 2008 年 6 月下旬至 9 月下旬；TEDS2008P 面访案独立样本 1905 份，面访时间为 2008 年 6 月下旬至 8 月上旬。TEDS2012 面访案独立样本 1826 份，面访时间为 2012 年 1 月 16 日至 2 月 18 日。TEDS2016 面访案独立样本 1690 份，面访时间为 2016 年 1 月 17 日至 4 月 28 日。"台湾选举与民主化调查"（TEDS）多年期计划总召集人为台湾政治大学黄纪教授、TEDS2004P 计划主持人为黄秀端教授、TEDS2008P 计划主持人为游清鑫教授、TEDS2012 计划主持人为朱云汉教授、TEDS2016 计划主持人为黄纪教授。（详细资料请参阅 TEDS 网页：http://www.tedsnet.org。）作者感谢上述机构及人员提供数据协助，唯本书之内容观点概由作者自行负责。

从表 3.2 可以计算得知，拒绝有条件统一的民众从 2004 年的 42.7% 增加到 2008 年的 52.3%、2012 年的 51.1% 和 2016 年的 58.5%。接受和平"独立"的民众在 2004 年为 56.3%、2008 年为 57.6%、2012 年为 55.6%、2016 年为 58.2%。与此同时，自认为"台湾人"的比例也从 2004 年的 45.7% 上升为 2008 年的 53.4%、2012 年的 56.6% 和 2016 年的 62.7%。表 3.3 罗列了这些数字以资比较。

表 3.3 "台湾人"认同与统"独"倾向的比较

单位：%

政治态度	2004 年	2008 年	2012 年	2016 年	平均值
"台湾人"认同者	45.7	53.4	56.6	62.7	54.6
反对有条件统一	42.7	52.3	51.1	58.5	51.2
接受和平"独立"	56.3	57.6	55.6	58.2	56.9

资料来源：TEDS2004P、TEDS2008P、TEDS2012、TEDS2016。

从表3.2可以看出，接受有条件统一的民众从1993年的55.8%，下降到2002年的43.7%、2008年的33.2%和2016年的27.4%。这意味着1/3以上的台湾民众仍然维系"国家认同"的政治属性。根据上海交通大学台湾研究中心在2014年10月委托台湾民意调查公司所做的类似民调，有35.3%的受访者接受如果大陆实行与台湾一样的政治制度就支持两岸统一，51.1%的受访者仍然反对统一。对民调数据进行交叉分析的结果表明，在国民党支持者中接受有条件统一的比例是56.5%，反对的比例是34.9%。与此相反，在民进党支持者中支持有条件统一的比例只有28.9%，反对的比例则高达62.1%。[①]国民党及其支持者对"一国两制"的排斥主要是"两制"的问题，民进党及其支持者对"一国两制"的排斥则主要是"一国"的问题。而根据TEDS2008和TEDS2012的调查数据，1/3的受访者同意"如果大陆和台湾在经济、社会、政治各方面条件相当则两岸应该统一"，10%的受访者同意"就算大陆和台湾在经济、社会、政治各方面的条件差别相当大，两岸还是应该统一"。上述这两个数据之间的差距表明，不反对两岸未来统一的民众超过了主张两岸马上统一的民众，也意味着部分台湾民众对"两制"能否并行不悖的担心超过了对"一国"的担心。[②]

在TEDS2016调查中（参见表3.4），受访者在面对"如果大陆和台湾在经济、社会、政治各方面的条件相当，则两岸应该统一"问题时，整体上合计只有27.4%表示同意，而不同意的比例合计为58.4%，其中

[①] 转引自：上海交通大学台湾研究中心数据库。
[②] TEDS2008P报告书，pp.367-68; TEDS2012问题N45和N5a的数据整理。

年轻世代（世代4）明显比其他世代更为偏向不同意立场（比例合计为80.9%），高于一般值。[①]

表3.4　不同世代对"有条件统一"态度的交叉列表（2016）

政治态度		世代1	世代2	世代3	世代4	小计
两岸在经、社、政方面条件相当，即应该统一	非常同意	11 3.5%	12 2.7%	10 2.1%	4 0.9%	37 2.2%
	同意	88 27.8%	141 31.2%	144 30.1%	53 11.9%	426 25.2%
	不同意	97 30.6%	195 43.1%	248 51.9%	293 65.8%	833 49.2%
	很不同意	23 7.3%	29 6.4%	36 7.5%	67 15.1%	155 9.2%
总计*		318 100%	453 100%	476 100%	445 100%	1692 100%

资料来源：台湾选举与民主化调查（TEDS2016）。

表中百分比系相对于同一纵向栏目中的总计数目而言。

*总计部分的数字，包括未列入的"不知道"和"其他"（含无所谓、没意

[①]　此处世代的划分为：第一世代指出生于1953年前（含1953年），在1971年或更早时候（18岁）进入政治态度的形成期（formative period），这批民众的政治态度形成期基本是国民党威权统治时期（1927年前出生的民众为数有限），对台湾民主化前后的变化有比较清晰的印象，现年65岁以上。第二世代指出生于1954年和1968年之间，在1972年与1986年之间进入形成期，大致是台湾民主化转型前的过渡阶段，现年50岁到64岁之间。第三世代指出生于1969年与1982年之间，在1987年至2000年之间进入形成期，基本是在民主化浪潮高峰至政党轮替的阶段，现年36岁至49岁之间。第四世代，是指出生于1983年之后（含1983年），在2001年后进入形成期，是台湾民主化进入所谓的"巩固"阶段的政治世代，现年35岁以下，属于年轻世代。笔者得益于任雪丽对台湾世代变迁议题与国家身份认同的早期研究。详见：Shelley Rigger, *Taiwan's Rising Rationalism: Generations, Politics, and "Taiwanese Nationalism"* (Washington, DC: East-West Center Washington, 2006).

见等）。

　　除了"身份认同"和统"独"立场，台湾还有一个更重要的民意就是如何跟大陆打交道。台湾不少人想"独立"，但"独"不了；不想被统一，但又认为台湾最终还是免不了被统一。这种矛盾态度决定了台湾在如何跟大陆打交道问题上总是有两种声音，是多一点妥协还是多一点抗拒，莫衷一是，构成台湾蓝绿分野的一个重要指标。台湾的发展离不开大陆。询问台湾民众对"九二共识"的看法，可以作为测量"身份认同"的另一有效方法。根据 TEDS2012T 的民调数据，当被问及在两岸协商的议题上，是否应该继续用"九二共识"（即"一个中国、各自表述"）问题时，42% 的受访者表示继续用"九二共识"，只有 24.2% 的受访者表示不应该再用"九二共识"。在 TEDS2012 中，面对同样的问题，42.5% 的受访者表示继续用"九二共识"，有 14.2% 的受访者表示不应该再用"九二共识"（参见表 3.3）。在台湾"中央研究院"社会学所主持的"中国效应"调查（CIS2013）中，对"九二共识"持支持态度的民众比例合计约 4 成（38.8%），相对而言，年轻世代（世代 4）对"九二共识"的支持度明显低于较为年长的世代（世代 1、2、3）。对"九二共识"不支持、很不支持的合计比例为 26.8%，也有 11.4% 的民众表示不知道"九二共识"（参见表 3.4）。在 TEDS2016 对这一问题的调查时，当被问及在两岸协商议题上，是否应该继续使用"九二共识"与大陆协商时，有 31.4% 的民众认为应继续使用，有 27.7% 的民众表示不应该再使用，也有 21.2% 的民众回复表示不知道何为"九二共识"。其中，年轻世代（世代 4）对"九二共识"明显持负面的立场（表示继续使用比例为21.3%，低于其他世代，而表示不继续使用的比例为37.4%，高于其他世代），值得关注的是年老世代对"九二共识"的立场也相对消极，表示不知道"九二共识"的比例达到37.1%（表3.5）。

表3.5　台湾民众对"九二共识"的接受程度（2012）

年份		继续用"九二共识"	不应该再应用"九二共识"	都支持	都不支持	不知道	小计
TEDS 2012T	人数 / 人	2017	1165	38	52	1099	4806*
	占比 /%	42.0	24.2	0.8	1.1	22.9	100.0
TEDS 2012	人数 / 人	775	259	18	9	318	1826
	占比 /%	42.5	14.2	1.0	0.5	17.4	100.0

资料来源：由 TEDS2012T 中问题 Q134 以及 TEDS2012 中问题 N2 数据整理所得。

*样本数为4805，此处基于各选项数字四舍五入后总体出现微弱差异；另小计栏还包括拒答、看情况、无意见等项，未列入百分比。

表3.6　不同世代对"九二共识"的接受程度（2013）

政治态度		世代1	世代2	世代3	世代4	小计 *
是否支持"九二共识"	很支持	25 11.4%	49 11%	25 6.5%	3 1.7%	102 8.3%
	支持	59 26.8%	141 31.8%	129 33.7%	44 25.1%	373 30.5%
	不支持	28 12.7%	58 13.1%	65 17%	45 25.7%	196 16%
	很不支持	35 15.9%	49 11%	37 9.7%	11 6.3%	132 10.8%
	不知道	18 8.2%	58 13.1%	52 13.6%	11 6.3%	139 11.4%
总计 *		220 100%	444 100%	383 100%	175 100%	1222*** 100%

资料来源：张茂桂："中国效应"主题研究计划2013 (C00285)【原始数据】取自"中研院"人文社会科学研究中心调查研究专题中心学术调查研究资料库。

doi:10.6141/TW-SRDA-C00285-1，https://srda.sinica.edu.tw/datasearch_detail.php?id=1039.

表中百分比系相对于同一纵向栏目中的总计数目而言。

* 总计部分的数字包括未列入的"其他"（含无所谓、没意见等）。

** 总样本数为1243份，包括21名未告知年龄段的受访者，表中对台湾民众态度与年龄的交叉列表分析是基于1222份有效样本。

表 3.7　不同世代对"九二共识"的接受程度（2016）

政治态度		世代1	世代2	世代3	世代4	小计
两岸协商中使用"九二共识"的态度	继续使用	86 27.3%	183 40.5%	168 35.1%	95 21.3%	532 31.4%
	不应再用"九二共识"	56 17.8%	102 22.6%	144 30.1%	167 37.4%	469 27.7%
	没有"九二共识"	23 7.3%	38 8.4%	35 7.3%	40 9%	136 8%
	不知道	117 37.1%	87 19.2%	71 14.8%	83 18.6%	358 21.2%
总计*		318 100%	453 100%	476 100%	445 100%	1692 100%

资料来源：台湾选举与民主化调查（TEDS2016）。

＊总计部分的数字包括未列入的"其他"（含无所谓、没意见等）。

第五节　小结

综上所述，为切实把握台湾民众在两岸关系和平发展时期对"一国两制"台湾模式的态度及其变化趋势，研究者有必要对台湾的现有民调数据进行综合分析，准确把握台湾的民意走向和所担心的具体问题，深度观察台湾社会对与国家统一相关议题的看法，包括台湾民众在"身份认同"以及对"九二共识"的真实态度及其变化趋势。民调数据追求数字上的精确和样本的广泛性。正因为如此，在设计问卷时难免要将复杂问题简单化，也就难以准确测量受访者的确实想法。其弥补方法除了通过长年追踪询问同样的问题，大致把握民众政治态度的变化趋势外，还必须对简单数字进行深度诠释，综合把握由不同问题构成的数字所代表的真正意义。例如，根据2018年6月中旬"台湾民意基金会"公布的民调结果，台湾民众对大陆的好感度增加了4.4个百分点，上升到48%；反感度降了3.5个百分点，降为44%。这固然是一个好的现象，有利两岸关系的改善与民间交流。但正如王建民所指出的，我们还应该审慎观察到同一民调中的另一结果，即大陆仍位列岛内民众最不喜欢国家或地区的第三位，与以前民调结果并没有明显变化。①

　　在"国家认同"问题上，虽然大多数台湾民众认为自己是"台湾人"，但对他们是否也是中国人却存在不同的认知，将近40%的民众并没有放弃作为"中国人"的认同感。与此同时，绝大部分台湾民众都认为他们是中华民族的一部分。这意味着就"国家认同"的文化、族群属性而言，台湾仍然是一个充满分歧的社会。② 事实上，许多台湾民众在"国家认同"的政治、公民身份方面，也没有清晰的认知。例如，在认为自己属于"台湾人"的受访者中（占67.4%的比例），有一定比例的人士（16.8%）可以接受两岸在特定条件下的统一的。根据上引上海交通大学台湾研究中心的民调数字，在自认"台湾人"的受访者中，有45.1%的人士是从血缘、历史和文化的意义上理解"台湾人"这一概

---

① 王建民：《审慎看待当前台湾社会新现象与民意新变化》，华夏经纬网，2018年7月2日，http://www.huaxia.com/thpl/djpl/2018/07/5796883.html?from=timeline&isappinstalled=0（访问日期：2018年7月6日）。

② Yang Zhong, "Explaining National Identity Shift in Taiwan," *Journal of Contemporary China*, May 2016, pp. 336–352.

念，有 43.7% 的人士则是将"台湾人"理解为生于斯、长于斯的地方。换言之，只有大约 30% 的受访者真正是从血缘、历史和文化的意义上将自己界定为"台湾人"。而且，在自认"台湾人"的受访者中，只有 38.2% 赞成马上"独立"或先维持现状以后走向"独立"，46.5% 反对与大陆方面在"九二共识"的基础上进行协商。可见，从血缘、历史和文化的意义上将自己界定为"台湾人"，同时又主张"台湾独立"、反对"九二共识"的民众的数目是极为有限的。只有对上述问题回答都体现一致态度的民众（占所有受访者的 13.99%），才能被视为具备了强烈的"以台湾为中心"的"国家认同"。此外，在自认"台湾人"的受访者中，赞成在特定条件下与大陆统一的比例也有 16.8%。①

台湾一些"独"派人士试图无中生有地建构"族群民族主义"，甚至从建构所谓台湾少数民族观入手，推行"去中国化"的文化政策。他们并不满足于从政治和公民属性上进行"国家认同"的建构。"政治建构"属于激进或刚性"台独"的范畴，例如李登辉在"千岛湖事件"后，谩骂中国政府是"土匪政权"；陈水扁推动"公投"和"制宪"等"法理台独"运动，都是从政治意义上"认同建构"。而柔性"台独"则是从文化、历史和族群的意义上，建构"台湾认同"，以实现"族群民族主义"为目标。这是反原生主义的。不管是政治建构，还是文化建构，都改变不了两岸使用同样语言、习惯同样饮食酒茶文化的事实。除非台湾地区真正从中国"独立"出去，假以时日，才有可能形成"族群民族主义"。台湾一些"独"派人士对美国版的独立模式心存幻想。历史上美国和英国本属同一民族（盎格鲁—萨克逊），美国通过独立战争，

---

① 转引自上海交通大学台湾研究中心数据库。

不但从政治上建构了一个美利坚合众国，也逐渐形成了美利坚民族，尽管英美两国的语言和文化相通，但美国成功建构公民民族主义和族群民族主义的原因至少有两个，一个是美洲移民的历史较短，而且英美之间隔着一个宽阔的大西洋。这与海峡两岸同属一个中国的悠久历史以及两岸地理临近的情况有着天壤之别。至于台湾某些"独"派人士曾想象将该岛地图横放犹如一只海鲸，甚至希望成为美国的第51个州，就是更不切实际的幻想了。

　　简言之，虽然多数台湾民众自认为是"台湾人"，接受在两岸和平的前提下选择台湾"独立"，甚至不接受在特定条件下与大陆统一，他们并不想追求无条件的"独立"路径，承担战争的代价。这意味着政治意义上的台湾"国家认同"与具体的政策偏好之间的差异，后者又是由大陆方面强烈反对台湾"法理台独"的立场所影响的。基于台湾民众的"谨慎顺从"（cautionary complicity）心理和大陆方面话语建构权力（framing power），台湾社会有关"国家认同"的民意多变且充满分歧。① 确实，思考国家认同问题从来就不能离开其所诱发的政治后果。台湾在"国家认同"上的探寻结果具有很大的不确定性。② 正如江宜桦在其早年著作《自由主义、民族主义和国家认同》中所指出的，只要文化和族群认同在"国家认同"中扮演重要角色，人们就不可能产生一个

---

① "The concepts of 'Cautionary complicity' and 'framing power' were used by Edward Freidman to interpret public opinion in China. I think they are applicable to the changing public opinion in Taiwan as well." See Edward Friedman, "How to Understand Public Opinion in China?" in Gang Lin, ed., "China's 'Credibility Gap': Public Opinion and Instability in China," Asia Program Special Report (Woodrow Wilson International Center for Scholars), No. 104, August 2002.

② Lowell Dittmer, "Taiwan and the Issue of National Identity," *Asia Survey*, Vol. 44, Issue 4 2004, p.477.

清晰的"国家身份（statehood）"概念。尽管两岸分开了百年之久，彼此同属一个国家的长久记忆是无法被磨灭的，只是台湾的不同世代对这个问题存有歧见而已。两岸的共同语言、相似的宗教、对历史记忆的交叉重叠、地理上的邻近和经济分工，都是实现未来统一的有利条件，政治制度是形塑两岸未来关系的关键因素。① 台湾社会在"国家认同"的文化、族群属性和政治、"公民"属性上的不一致，中华文化对岛内的持续影响，台湾多数民众对维持现状的偏好，对大陆方面在岛内重构（不是建构）中国国家认同提供了可以自信的理由。

---

① Jiang Yi-hua, *Liberalism, Nationalism and National Identity,* Taipei: Yangchi Cultural Press, 1998, p.217.

第四章　美国对"一国两制"的认知偏差和消极评估

　　为了解决台湾问题，中国政府在 20 世纪 70 年代末提出了"一国两制"的伟大构想，并将"和平统一、一国两制"确定为解决台湾问题的基本方针。[①] 2000 年，国务院台湾事务办公室、国务院新闻办公室发布了《一个中国的原则与台湾问题》白皮书，这是中国政府第二次就台湾问题发表政府白皮书，它系统、详细、全面地向国际社会阐述和强调了中国政府有关一个中国原则的基本立场和政策。[②] 所谓"一国两制"，简言之，就是在一个中国的前提下，在大陆坚持社会主义制度，而在香港、澳门和台湾保持原有的资本主义制度和生活方式长期不变，并维持高度自治。目前台湾问题虽因诸多原因尚未解决，但"一国两制"的战略构思已被成功运用于香港与澳门回归祖国的政治实践中。作为解决国家统一问题的战略设计和宪法原则，"一国两制"兼具重大的理论价值与现实意义。

---

　　① 　国务院台湾事务办公室、国务院新闻办公室编：《台湾问题与中国的统一》白皮书，1993 年。

　　② 　国务院台湾事务办公室、国务院新闻办公室编：《一个中国的原则与台湾问题》白皮书，2000 年。

　　然而，"一国两制"的战略构想与政治实践近年来却遭到不少西方国家的责难。进入 21 世纪以来，香港的经济与社会发展有待转型，人们在这些问题上发出了一些不同的声音。2008 年爆发的全球金融危机，进一步刺激了港人要求经济和社会转型以及政治改革的热情。紧随美国"占领华尔街"及其后席卷全球的"一起占领"行动，香港在 2011 年也发生了前后持续近一年的"占领中环"（即"占中"）运动，2014 年再度发生类似事件，其中参与"雨伞运动"的人数更多、规模更大、影响更广。以此为背景，一些香港反对派人士和西方媒体开始反思所谓香港困局的根源。以英、美国家为代表的西方主流媒体趁机歪曲事实、大肆宣传，宣称"一国两制"香港模式已经"瓦解"云云，并进一步质疑大陆运用该方针去解决台湾问题的可行性。[1] 许多西方学者也戴着意识形态的有色眼镜，或故意贬低"一国两制"的实践价值，或直接否定其理论意义。[2] 更有甚者，以美国为代表的西方国家甚至公然干涉中国内

[1] "It's Harder to Sell One Country, Two Systems," *Wall Street Journal* (Eastern edition) Oct 18, 2014; "The Imminent Collapse of Hong Kong's 'One Country, Two System,'" *Breitbart News*, Feb 10, 2016, http://www.breitbart.com/national-security/2016/02/10/hong-kongs-one-country-two-systems/; "Truth, Justice and the Chinese Way: China is Threatening the Rule of Law in Hong Kong," *The Economist*, Aug 24, 2017, https://www.economist.com/news/leaders/21727069-britains-silence-deafening-china-threatening-rule-law-hong-kong (accessed Feb 22, 2018); "Editorial Urges Better Grasp of 'One Country, Two Systems' in Hong Kong," *BBC Monitoring Asia Pacific* (London, July 2, 2017), p.1.

[2] J. Michael Cole, "Taiwan's 'One Country, Two Systems' Is as Good as Dead," *The National Interest*, Nov 8, 2016, http://nationalinterest.org/feature/taiwans-one-country-two-systems-good-dead-18338?page=2; Nick Bisley, "Two Systems, On Headache: Hong Kong 20 Years After the Handover to China," *Australian Outlook,* Jun 27, 2017, http://www.internationalaffairs.org.au /australianoutlook/two-systems-one-headache-hong-kong/ (accessed Feb 22, 2018).

政，对中央政府在香港的政策实践妄加评论，认为中央政府"破坏"了香港的民主制度、违背了它曾许下的相关"承诺"、"侵蚀"了香港的主权、无视港人的合理诉求等。[①] 不难发现，西方国家政府、媒体界、学术界实际上将香港发展面临的诸多问题都简单地归因于"一国两制"方针本身的缺陷与不足，并以香港为坐标系，作为他们评判"一国两制"优劣的唯一道德准绳，以及预测香港未来发展和台湾前途命运的标尺。他们对"一国两制"的政策阐述、分析报道以及研究论述，消极地影响和塑造了西方社会的公共舆论，从而形成了一套强有力的话语体系，对中央政府顺利贯彻"一国两制"香港模式制造了极大的困扰，为中国大陆运用"一国两制"方针解决台湾问题设置了巨大的障碍。

我们始终坚持以"一国两制"方针治理港澳特别行政区面临的问题，并运用该方针解决台湾问题，但美国则是阻碍将上述和平努力付诸实践的主要外部因素。有鉴于此，本章旨在考察和梳理美国官方、学者以及媒体对"一国两制"的认知，然后分析这些认知结构形成的逻辑脉络，最后提出一些相应的政策建议。

第一节　美国政府对"一国两制"的政策阐述

对于如何认识与阐述"一国两制"方针，美国官方并未形成一个统一

[①] "Engel Remarks on Hong Kong 'One Country, Two Systems' Policy," U.S. House of Representatives Committee on Foreign Affairs, Nov 2, 2017, https://democrats-foreignaffairs.house.gov/news/press-releases/engel-remarks-hong-kong-one-country-two-systems-policy (accessed Mar 4, 2018).

的对外口径与政策立场。美国驻香港及澳门总领事馆、总统、白宫、国务院以及国会等机构因为所处的情境、追求的利益、关切的价值等存在不尽相同的差异，因此它们实际持有不同的甚至是相互对立的看法与立场。

一、美国驻港澳总领事馆

作为促进美国国家利益、服务与保护美国公民在港澳权益的外交一线机构，美国驻港澳总领事馆对香港的发展持乐观立场，对中国中央政府在香港实行的"一国两制"政策表示支持。

自香港、澳门回归祖国以来，历任美国驻港澳总领事在各种公开场合都高度肯定了"一国两制"方针在港澳地区的政策实践。即使在香港近年来发生一系列社会事件的困难时期，总领事馆仍然发表声明，表示美国继续支持香港在"一国两制"方针下维持自治的立场并未改变。①再如，2002年，时任美国驻港澳总领事高乐圣（Michael Klosson）在其即将卸任时坦言，香港回归中国之后的建设和发展从整体而言是积极的，中央政府在尊重香港自治方面也始终遵守其基本承诺。他指出，在香港与内地经济相互依赖日益加深的情况下，如何保障香港的自治权及其与国际社会的联系，是维持"一国两制"方针内在平衡的关键，亦即如何处理和对待"一国"与"两制"之间的关系问题。因此，如何在与内地深化经济合作、加强社会交流的过程中，同时确保"一国两制"既

---

① 《美驻港总领事馆：美国香港政策并未改变》，BBC中文网，2013年8月28日，http://www.bbc.com/zhongwen/simp/china/2013/08/130828_us_hongkong_scott（访问日期：2018年3月20日）。

不会弱化香港的自治权,又不会稀释香港的核心价值,这对香港来说是极其重要的。①

在这个问题上,现任美国驻港澳总领事唐伟康(Kurt Tong)也持有类似的看法。他高度评价香港在"一国两制"政策下所享有的高度自治权,认为它在保护香港社会的开放性与制度方面,具有极其重要和成功的作用。因此,美国政府将继续主张"一国两制"在香港的实践。②2017年,在一个由美国智库亚洲协会为庆祝香港回归二十周年所举办的研讨会上,唐伟康称赞"一国两制框架是香港成功的关键所在",并认为香港回归二十年以来的发展被证明是一个"成功的故事"。在他看来,"一国两制"框架使香港在免受外来因素干扰的情况下,以更大限度去管理其政治与经济事务,"它已经成为香港竞争优势的关键因素"。当与会者讨论"一国两制"方针是否正被逐渐削弱时,他指出,尽管他本人认为内地的行为在某些方面看似"违反"了香港的文件规定,但是这些行为都不是"决定性的、破坏性的,或者意味着'一国两制'的终结"。最后他也建议,在处理与香港的关系时,中央政府需要在"一国"与"两制"之间取得一个平衡,因为这两者都是该政策必不可少的有机构成部分。③

---

① Michael Klosson, "One Country, Two Systems, Five Years: U.S. Perspectives on Hong Kong," Remarks at American Chamber of Commerce Luncheon, Hong Kong, June 6, 2002, https://2001-2009.state.gov/p/eap/rls/rm/2002/10999.htm (accessed Mar 18, 2018).

② "US to Mainland 'One Country, Two Systems in HK: Kurt Tong'," Xinhua, Sep 22, 2016, http://www.china.org.cn/china/2016-09/22/content_39353579.htm (accessed Mar 18, 2018).

③ "One Country, Two Systems Framework Key to Hong Kong's Success," https://asiasociety.org/policy-institute/one-country-two-systems-framework-key-hong-kong%E2%80%99s-success (accessed Mar 19, 2018).

二、美国总统、白宫与国务院

与美国驻港澳总领事馆及国会不同，美国总统、白宫以及国务院几乎没有直接对"一国两制"发表任何言论。即使在一些涉及香港局势的言论上，美国总统与白宫发言人的措辞也都比较婉转和温和，尽量避免冒犯中国。比如，2014年9月2日，白宫发言人乔希·欧内斯特（Josh Earnest）在白宫每日例行新闻发布会上表示，白宫密切关注香港的民主运动，并支持"按照基本法在香港实行普选，我们也支持港人的追求"，主张相关方面保持克制，避免冲突升级。①

时任美国总统奥巴马应习近平主席邀请于2014年11月10日至12日对中国进行国事访问期间，在一次与时任澳大利亚总理托尼·阿博特（Tony Abbott）的交谈中，奥巴马首次公开谈及了香港局势。奥巴马对阿博特说，"全世界所有国家的人民都渴望自由与尊严"，因此"忽视对言论自由、结社自由等信仰的关切是不现实的"。对于香港紧张局势的发展，"我们的第一要旨始终是，在港人尝试发展与中国内地的下一个阶段关系时，我们需要确保暴力事件不会发生"。当然，"我们并不期望中国在所有方面都采取美国模式，但是我们对人权一直表达我们的关切"。与此同时，奥巴马建议，考虑到中美双方享有共同的经济利益以及两国处于不同发展阶段的事实，美国在促使中国尊重人权时应该适当

---

① "White House Says Supports Aspirations of Hong Kong People," https://www.reuters.com/article/us-hongkong-china-whitehouse/white-house-says-supports-aspirations-of-hong-kong-people-idUSKCN0HO1SY20140929 (accessed Mar 4, 2018).

降低（temper）其期望。^① 很显然，为了避免引起中国领导人的误解，奥巴马在香港议题上的表态是相当有节制的。然而，这却招致了美国企业研究所外交与防卫政策研究员迈克尔·马扎（Michael Mazza）的批评。马扎认为，按照1992年《美国—香港政策法》规定，支持香港的民主化发展以及改善人权状况关乎美国香港政策的国家利益。他据此认为，奥巴马政府在这个问题上所做的努力远远不够，美国需要采取更加强硬的立场，比如建议奥巴马取消与习近平即将举行的峰会、中止美中两国军方互动、暂停双边投资协议谈判等，甚至考虑邀请台湾地区领导人马英九访美。^②

三、美国国会

在美国国会中，长期关注"一国两制"、评估该原则在港澳实践情况的机构并不多，目前主要是国会中两个专门处理与中国相关事务的委员会：美中经济与安全评估委员会（US-China Economic and Security Review Commission，USCC）和国会—行政当局中国委员会（Congressional-Executive Commission on China，CECC）。除此之外，来自参议院外交委员会（Senate Committee on Foreign Relations）与众议院外交事务委员会（House Committee on Foreign Affairs）的成员也

---

① Josh Gerstein, "Obama Speaks Out, Carefully, on Hong Kong," Politico, Nov 10, 2014, https://www.politico.com/story/2014/11/obama-china-hong-kong-112743 (accessed Mar 20, 2018).

② Michael Mazza, "Obama's Inconsistency on Hong Kong," *The National Interest*, Oct 6, 2014, http://nationalinterest.org/blog/the-buzz/obamas-inconsistency-hong-kong-11413 (accessed Mar 20, 2018).

参与对上述相关议题的评估。概括而言，国会各委员会对"一国两制"方针的评价相当消极，对该方针在香港的实践表示失望，对大陆使用"一国两制"模式去解决台湾问题的前景感到非常担忧。

美中经济与安全评估委员会和国会—行政当局中国委员会都成立于 2002 年，两者通常被统称为"中国问题委员会"。这两个委员会在美国国会对华决策中扮演重要的角色，它们提出的政策建议和评估报告在很大程度上直接影响了美国对华决策的走向。在这两个委员会中，美中经济与安全评估委员会长期以来特别关注国会对中国大陆和台湾的安全政策，而国会—行政当局中国委员会则主要关注中国的人权问题。两者的共同之处在于，它们对于中国的评估大多是消极和负面的。这些评估不仅"集中反映了美国国会对华态度的基本倾向和对中国问题的认识水平"，而且还"反映了美国政府特别是国会内部对中国的误解和歧视"。[①] 因此，关注并考察这两个委员会及其提出的相关决议案和政策建议，对于了解美国立法机构在"一国两制"方针上的认知是极其必要的。中国问题委员会对"一国两制"的认知，主要体现在该委员会提交给总统与国会的年度报告中。其次，委员会成员到国会作证，或邀请一些与委员会立场趋近、主张对华强硬的学者到国会作证，是阐述委员会在相关议题上的政策立场的重要方式。除此之外，委员会还以在国会提交相关议案，或采取其他共同行动的方式，表达他们在"一国两制"方针上的立场以及对香港局势及台湾问题的关切。

美中经济与安全评估委员会是美国国会为了填补中国获得永久性最

---

① 孙哲：《美国国会中国问题委员会评析——兼论我的外交对策》，《国际观察》，2003 年第 1 期，第 3—9 页。

惠国待遇后，由国会反华议员以法律形式推动成立的机构，它被认为是"美国国会年度对华政策大辩论的替代机制"。[1] 该委员会长期以来特别关注国会对中国大陆和台湾的安全政策，且反对一个中国政策，宣传"中国威胁论"。自 2002 年 7 月发布第一份年度报告以来，该委员会每年都会定期发布年度报告。2017 年 11 月，由该委员会提交的厚达近 700 页的年度报告，将"中国与台湾"以及"中国与香港"作为独立章节，与"中国与东南亚""中国与东北亚"等放在"中国与世界"一章之下，分析台湾问题与香港形势，并评估"一国两制"在港澳的实施状况。[2] 报告声称，"在香港移交给中国第二十周年的 2017 年，北京持续弱化其自 1997 年以来维持与香港关系的'一国两制'政策"。[3] 由于"中国政府加强对该地政治事务的干涉，'且这种干涉'在香港政府与公民社会中无处不在"，因此，人们对"一国两制"产生了质疑。[4] 在这份报告看来，中央政府全面"入侵（intrusion）"香港以及不断"蚕食（encroachment）"香港的高度自治权，不仅严重"威胁"到了香港的法治建设、"恶化"了香港的人权状况，而且对美国在该区域的政策利

① 张焱宇:《美中经济与安全评估委员会》,《国际资料信息》,2003 年第 8 期,第 1—6 页。

② U.S.-China Economic and Security Review Commission, 2017 Report to Congress of the U.S.-China Economic and Security Review Commission (One Hundred Fifteenth Congress, First Session) (Washington, D.C.: U.S. Government Publishing Office, Nov 2017).

③ U.S.-China Economic and Security Review Commission, 2017 Report to Congress of the U.S.-China Economic and Security Review Commission (One Hundred Fifteenth Congress, First Session) (Washington, D.C.: U.S. Government Publishing Office, Nov 2017). p.20, pp.415-416.

④ U.S.-China Economic and Security Review Commission, 2017 Report to Congress of the U.S.-China Economic and Security Review Commission (One Hundred Fifteenth Congress, First Session) (Washington, D.C.: U.S. Government Publishing Office, Nov 2017). pp. 414-415.

益也造成了不利影响。维持香港特有的生活方式以及全球经济枢纽的地位，有利于促进美国经济、外交与安全利益。近年来内地的诸多行为，为美国实现在该地的战略与军事、政治与法律、贸易与投资等层面的政策目标制造了障碍。① 为此，报告向总统与国会提出了一些相关的政策建议。比如，建议国会重新执行于 1992 年通过的《美国—香港政策法》中的内容，要求国务院向国会定期报告与美国利益有关的香港事务，且这份定期报告需评估香港是否在"一国两制"政策下维持了"充分程度的自治权"。② 又如，报告还建议美国国会议员与香港官员、立法委员以及商务代表进行互访，在督促北京遵守"一国两制"政策方面表达共同关切等。③

此外，报告还分析了香港主权移交二十年以来的发展对台湾的政策启示。报告认为，采取"一国两制"框架去解决台湾问题的想法长期以

---

① U.S.-China Economic and Security Review Commission, 2017 Report to Congress of the U.S.-China Economic and Security Review Commission (One Hundred Fifteenth Congress, First Session) (Washington, D.C.: U.S. Government Publishing Office, Nov 2017), pp. 439-441.

② U.S.-China Economic and Security Review Commission, 2017 Report to Congress of the U.S.-China Economic and Security Review Commission (One Hundred Fifteenth Congress, First Session) (Washington, D.C.: U.S. Government Publishing Office, Nov 2017), p.30, p.415.《美国—香港政策法》(United States-Hong Kong Policy Act of 1992) 是一部由美国国会在 1992 年通过的法案，该法案允许美国政府继续将香港视为一个在政治、经济、贸易政策方面与中国完全不同的地区，并在对外政策上把香港特别行政区与中华人民共和国进行区别对待。此处美中经济与安全评估委员会的建议，实则是就支持香港根据《中英联合声明》之下实践人权与民主的情况，定期向美国国会递交报告。有关该法案详情，请参见：https://web.archive.org/web/20111117022746/http://hongkong.usconsulate.gov:80/ushk_pa_1992.html (accessed Mar 20, 2018).

③ U.S.-China Economic and Security Review Commission, 2017 Report to Congress of the U.S.-China Economic and Security Review Commission (One Hundred Fifteenth Congress, First Session) (Washington, D.C.: U.S. Government Publishing Office, Nov 2017), p.27.

来在台湾公众中都是不得人心的，暗示运用"一国两制"方针解决台湾问题是不合适的。[①] 该报告还罔顾事实地坚称，"北京所偏好的解决台湾问题的模式与它在香港业已实践的'一国两制'框架一模一样，很显然，这就是大陆在 20 世纪 80 年代为了'统一'台湾所设计的概念"。报告还进一步指出，大陆近期在香港所谓"违反"其"一国两制"承诺的种种行为，表明它将在类似的制度安排下，以同样的行为模式去与台湾建立联系。[②]

和美中经济与安全评估委员会相似的一面在于，国会—行政当局中国委员会在诸多议题上对中国也持批判立场，主张对华采取强硬政策。该委员会被国会赋予监察中国法治发展和人权的法律职能，因此该委员会主要从法治与人权这两个层面对中国的内外政策进行评估。该委员会每年也向美国总统及国会提交一次年度报告，并针对报告中的情况提出具体的政策建议。在该委员会所提交的 2017 年度报告中，该委员会公然批评中央政府在香港的政策作为，质疑"一国两制"模式在香港的"弱化"（erosion）及其可行性（viability）。报告指出，"移交 20 年后，由于中央政府'对香港'的干涉，'一国两制'香港模式的长期可

① U.S.-China Economic and Security Review Commission, 2017 Report to Congress of the U.S.-China Economic and Security Review Commission (One Hundred Fifteenth Congress, First Session) (Washington, D.C.: U.S. Government Publishing Office, Nov 2017), pp. 381-382.

② U.S.-China Economic and Security Review Commission, 2017 Report to Congress of the U.S.-China Economic and Security Review Commission (One Hundred Fifteenth Congress, First Session) (Washington, D.C.: U.S. Government Publishing Office, Nov 2017), pp. 439.

行性随之变得更加不确定了"。① 在国会—行政当局中国委员会看来，全国人大常委会在香港立法委员选举等问题上对香港基本法的释法行为是一种积极的"干涉（intervene）"作为。该委员会其后援引香港一些亲民主人士的观点，试图"佐证"中央政府 2017 年对香港所谓的"干涉"，并对香港自治权的前景表达了担忧。② 报告最后建议国会议员与政府官员采取一些应对政策建议，比如"考虑颁布《香港人权与民主法案》，以监督香港不受内地影响的自治权以及支持香港的民主化"；"在与官员会面时，强调'一国两制'原则下香港自治权的持续弱化"，因为这将"威胁到美国香港政策的基础，尤其是美国法律对香港的区别对待（separate treatment）"等。③

中国问题委员会向国会及总统提交的年度报告，阐述了美国国会在"一国两制"方针等问题上的主要政策立场。除了年度报告，中国问题委员会还会邀请一些对华态度强硬的学者到国会作证。比如，乔治敦大学沃尔什外交学院资深特聘教授、美国外交关系协会兼职资深人权学者马克·勒冈（Mark P. Lagon），在 2014 年年底就曾受邀到国会—行政当局中国委员会，就香港发生的"雨伞运动"作证。他声称，香

---

① Congressional-Executive Commission on China, Congressional-Executive Commission on China Annual Report 2017 (One Hundred Fifteenth Congress, First Session, Oct 5, 2017), Washington, D.C.: U.S. Government Publishing Office, 2017, p.5.

② Congressional-Executive Commission on China, Congressional-Executive Commission on China Annual Report 2017 (One Hundred Fifteenth Congress, First Session, Oct 5, 2017), Washington, D.C.: U.S. Government Publishing Office, 2017, pp.9-10, pp.319-322.

③ Congressional-Executive Commission on China, Congressional-Executive Commission on China Annual Report 2017 (One Hundred Fifteenth Congress, First Session, Oct 5, 2017), Washington, D.C.: U.S. Government Publishing Office, 2017, p.61.

港这次活动标志着香港的民主正走向一个关键的时刻,美国及其他国家必须加入声援港人诉求的行列中。"如果不着手处理民众对民主的诉求,维持'一国两制'的制度安排与香港的经济繁荣是极其困难的"。[①]为此,美国应该团结其他民主国家,在对港人表达支持的同时,共同谴责中国"侵犯"香港人权的行为、敦促中央政府遵守"一国两制"模式的承诺。[②]此外,中国问题委员会成员还会不时地采取一些联合共和党与民主党、参议院与众议院的联合行动,加强国会在相关问题上的重视程度。比如,2018 年 2 月,国会—行政当局中国委员会的主席、参议员马克·卢比奥(Marco Rubio)及共同主席、众议员克里斯·史密斯(Chris Smith)带领来自两党两院的多名立法者,向挪威诺贝尔和平奖委员会写信推荐将诺贝尔和平奖授予香港"雨伞革命"团体。[③]

事实上,在美国国会中,除了上述的美中经济与安全评估委员会和国会—行政当局中国委员会全面系统地评估中国的"一国两制"政策、香港形势与台湾问题,来自于参议院外交委员会与众议院外交事务委员会的成员也参与对上述议题的评估。在这方面,纽约州议员、众议院外交事务委员会民主党首席议员艾略特·恩格尔(Eliot Engel)可谓是最

---

① Mark P. Lagon, *The Umbrella Movement: A Pivotal Moment for Democracy in Hong Kong*. Testimony before the Congressional-Executive Commission on China, Hearing on "The Future of Democracy in Hong Kong," 2nd Session, 113th Congress (Nov 20, 2014).

② Mark P. Lagon, The Umbrella Movement: A Pivotal Moment for Democracy in Hong Kong. Testimony before the Congressional-Executive Commission on China, Hearing on "The Future of Democracy in Hong Kong," 2nd Session, 113th Congress (Nov 20, 2014).

③ "Bipartisan Group of Lawmakers Nominates Hong Kong's pro-democracy Umbrella Movement for the Nobel Peace Prize," Feb 1, 2018, https://www.rubio.senate.gov/public/index.cfm/press-releases?id=462ADCD7-6088-428D-967D-E635166E0F43 (accessed Feb 22, 2018).

积极的议员之一。在香港于 2014 年 9 月 28 日爆发"雨伞运动"之后，恩格尔随即在众议院外交事务委员会就此事发表声明："我称赞那些呼吁北京遵守其'一国两制'承诺、允许香港自由选择其领导人的香港学生与居民，""我相信香港持续的成功将同样取决于开放的政治辩论"。①2017 年 11 月 1 日，众议院以简单决议案的形式通过了一项由恩格尔与另两位资深民主党议员——众议院外交事务委员会亚太小组委员会资深议员布拉德·谢尔曼（Brad Sherman）和杰拉德·康纳利（Gerald E. Connolly），以及三名资深共和党议员——夏伯特（Steven J. Chabot）、众议院外交事务委员会亚太小组委员会主席泰德·约霍（Ted Yoho）与众议院外交事务委员会全球人权小组委员会主席克里斯·史密斯提出的决议案，督促中国政府遵守"一国两制"政策。②在他们看来，中国政府并未遵守《中英关于香港问题的联合声明》中的相关规定，它"约束"了港人的权利与自由、"干涉"了香港选举与立法、"破坏"媒体与学术独立等。③在表决上述决议案之前，恩格尔在众议院发表了讲话。他指出，美国与香港数十年以来一直维持着重要且独特的关系，这种关系是建立在香港独立于内地的自治权之上，而"这项决议案正强调了我们视香港为自治地区的国家安全利益"。"我们对中国在香港的蚕食表示担忧"，对"中国近期'侵略性'的姿态给我们与香港未来的关系所造

---

① "Engel Statement on Hong Kong Protests," Sep 30, 2014, https://engel.house.gov/latest-news1/engel-statement-on-hong-kong-protests/ (accessed Mar 4, 2018).

② "H. Res. 422-115th Congress (2017-2018): Urging Adherence to the 'One Country, Two Systems' Policy as Prescribed in the Joint Declaration ……" https://www.congress.gov/bill/115th-congress/house-resolution/422/actions (accessed Mar 4, 2018).

③ "Engel Remarks on Hong Kong 'One Country, Two Systems' Policy," Nov 1, 2017, https://engel.house.gov/latest-news1/engel-remarks-on-hong-kong-one-county-two-systems-policy/ (accessed Mar 4, 2018).

成的影响"表示担忧。这份决议重申，美国与香港之间的特殊联系建立在双方共同的民主价值之上。[①] 恩格尔不仅在"一国两制"与香港问题上提出许多议案，他还在其他的问题上对中国指指点点。

事实上，美国国会中主张对华政策强硬者大多都是跨党派的国会"台湾连线"的成员，包括上述提到的恩格尔、康纳利、夏伯特。[②] "台湾连线"小组的主要任务就是为了不断提升和巩固美国与中国台湾之间的实质关系，为中国解决台湾问题设置障碍。值得注意的是，2018年3月16日由美国总统特朗普签署通过的"与台湾交往法"，正是由国会"台湾连线"四位共同主席之一的夏伯特提议的。

第二节　美国学术界对"一国两制"的认知与论述

本章所指涉的"学术界"是一个宽泛意义上的概念，他们既包括以理论研究为重点的高等院校，还包括以政策研究为导向的各类智库。目前，美国学界几乎没有专门撰文分析"一国两制"之利弊者，因此在学理层面并未形成较为系统和深入的论述。但总的来看，学者们对"一国两制"方针的认知不容乐观。其次，高校学者与智库专家，尤其是一些

---

① "Engel Remarks on Hong Kong 'One Country, Two Systems' Policy," Nov 1, 2017, https://engel.house.gov/latest-news1/engel-remarks-on-hong-kong-one-county-two-systems-policy/ (accessed Mar 4, 2018).

② 美国国会的"台湾连线"由两部分构成，即众议院"台湾连线"以及参议院"台湾连线"。其中，前者成立于2002年4月9日，截至2009年拥有157名成员，已经成为美国国会第二大国会成员组织；后者成立于2003年9月17日，只拥有26名成员。两个小组皆由民共两党议员组成，由于是国会非正式组织，因此国会议员可以自主决定是否加入该组织，小组成员在不断增加。

具有处理台湾事务相关经验的前政府官员，在如何看待"一国两制"方针的问题上，具有不完全一样的主观认知。借助于笔者与美国几位知名学者的面访与对话，以及结合相关学者具有代表性的论述，本章接下来梳理美国学者对"一国两制"的认知取向与研究论述。

从笔者与几位美国主流学者的交谈来看，美国学界对"一国两制"方针本身的认知，以及大陆运用该原则去解决台湾问题的前景，普遍秉持一种悲观和消极的立场。笔者采访的第一位学者是美国知名的史密斯学院政府系讲席荣退教授戈迪温（Steven Goldstein），他同时还长期担任哈佛大学费正清中国研究中心研究员以及台湾研究小组（Taiwan Studies Workshop）主任。与大多数学者不一样的地方在于，戈迪温并非一位只身埋头于书斋中的政治理论学者，他更是一名注重调研与对话的政策分析专家。在过去近20年以来，戈迪温带领一支以费正清中心台湾研究小组成员为主、美国部分知名高校和顶尖智库学者为辅所组成的"两岸事务访问团"，每年都会到海峡两岸进行调研与访问。虽然没有美国官方背景，但该访问团受到两岸的高度重视，究其原因主要有二。其一，访问团成员绝大多数都是美国内研究美国台海政策的知名或权威学者，他们对于美国政府的台海政策制定具有重要影响。比如，访问团成员除了团长戈迪温本人之外，还有华府智库史汀生中心东亚项目主任容安澜（Alan D. Romberg）、普林斯顿大学政治与国际关系学院教授柯庆生（Thomas J. Christensen）、波士顿学院政治系教授陆伯彬（Robert S. Ross）、麻省理工学院政治学教授傅泰林（M. Taylor Fravel），以及波士顿大学国际关系与政府系教授傅士卓（Joseph Fewsmith）等。这些成员几乎都是美国知名的"知华派"学者，其中有些人曾担任美国政府要职。比如,容安澜曾担任国务院政策规划局首席副主任以及公共事务首席副助理国务卿、柯庆生曾担任小布什政府时期美国东亚暨太平洋地区事务副助理国务卿。其二,访问团在一定程度上扮演了搭建两岸沟通的中介与桥梁,尤其在两岸缺乏官方沟通机制的情况下,或可降低双方误判,增加两岸与美国博弈的韧性提供了重要的渠道。2018年1月,戈迪温在结束两岸访问之后如是总结道,"在过去多年以来,(访问团与两岸)刚开始在一些彼此怀有不同看法的争议性话题上,只是展开一些流于形式的意见交流,但逐渐演变成一种非正式的'平等交换'(give and take)意见的平台,借此双方的不同认知就可以得到直率与积极的交流"。① 正是由于它的功能性与代表性作用,访问团历年以来都受到两岸官方和学界的肯定与重视。比如,2018年访问团在大陆受到了时任国务院台湾事务办公室(国台办)主任张志军的会见,并与中国社科院台湾研究所、厦门大学台湾研究院、中国当代国际问题研究院以及中国国际战略研究基金会等学术机构进行了座谈。在台湾,访问团受到了台湾地区领导人蔡英文以及陆委会负责人的接见,并与海基会董事长、主要政党代表进行了座谈。

戈迪温过去多年以来频繁访问两岸,与中国政府和台湾地区当局以及两岸学者、智库进行了深入的交流并建立了密切的联系,已然深谙两岸官方的台海政策。尽管如此,戈迪温并不看好中国大陆解决台湾问题的"一国两制"方针。他向笔者表示,"一国两制"涉及两个问题。其

---

① Steve Goldstein, "Impressions from Taiwan and the Mainland," Fairbank Center Blog, Feb 26, 2018, https://medium.com/fairbank-center/impressions-from-taiwan-and-the-mainland-fd894c96a1fb (accessed Mar 17, 2018).

一，在香港困局出现之前，几乎没有什么台湾政治家会谈及"一国两制"，因为该原则对台湾社会没有什么吸引力。其二，香港近年来出现的种种问题，进一步增加了台湾民众对"一国两制"的疑虑，后者认为该原则不会给予他们想要的"主权"地位。此外，戈迪温直言中国大陆采纳始于 20 世纪七八十年代的"一国两制"构想，来解决今天的两岸问题，简直是"不着边际"。他认为，今天的台湾与过去的台湾已截然不同，台湾社会对待大陆的态度也发生了翻天覆地的变化。在 20 世纪 80 年代，执掌台湾政权的国民党认为两岸属于"一个中国"，且台湾是中国的一部分。如今，信仰两岸仍然属于一个中国的人数锐减，而追求台湾获得"独立主权"的人数却在不断增加。为此，戈迪温直言不讳地总结道，"一个中国政策就无关紧要了"。① 戈迪温在访谈中与笔者表露的这些观点，与他在其学术著作中阐述的观点是一致的，即认为"一国两制"模式陈旧过时，对于台湾几乎没有任何吸引力，因此也就没有什么现实价值。② 其他知名的中国研究学者也表达了类似观点。在一次访谈中，哈佛大学肯尼迪政府学院国际事务讲席教授托尼·赛奇（Tony Saich）认为，"一国两制"方针不可能是解决台湾问题的方案。其一，台湾民众不大会相信大陆会真正去贯彻该政策，尤其在他们比较香港案例之后会更加坚信这一点。其二，台湾如今已经是一个民主社会，追求国家统一的国民党已经不在了，马英九作为最后一个国民党人也已经退出了政治舞台。其三，台湾民众的身份认同也一直在变化，不利于大陆

① 笔者面访戈迪温记录，地点：哈佛大学费正清中国研究中心，2017 年 10 月 19 日。
② Steven M. Goldstein, "(When) Will Taiwan Reunify with the Mainland?" in Jennifer Rudolph and Michael Szonyi, eds., *The China Questions: Critical Insights into A Rising Power*, Cambridge, MA and London, England: Harvard University Press, 2018, pp.99-109.

的国家统一之路。[①]

卜睿哲（Richard C.Bush）是布鲁金斯学会桑顿中国中心（John L. Thornton China Center）外交政策资深研究员、辜振甫暨严倬云台湾研究讲席研究员、东亚政策研究中心共同主任。他曾供职于美国政府部门，具备处理对台事务的丰富经验。卜睿哲曾在克林顿政府（1997—2000）与小布什政府（2000—2002）时期担任美国准官方机构——"美国在台协会（America Institute in Taiwan，AIT）"的"主席与执行主任"，是一位既强调理论深度，也注重政策可行性的"知华派"专家。2018年3月，笔者在其位于布鲁金斯学会的办公室对卜睿哲进行了面访。当被询问到有关"一国两制"对于解决台湾问题的现实意义时，卜睿哲向笔者提供了三点看法："其一，'一国两制'在台湾没有'市场'，几乎没有哪位台湾民众会支持该方案"。[②]卜睿哲曾指出，台湾之所以不能接受"一国两制"，原因就在于"如果它接受'一国两制'安排的话，其威斯特伐利亚体系的'主权'或将陷入危险之中"。[③]其二，台湾民众会将目光投向"一国两制"下的香港，其三，按照"一国两制"香港模式的方案设计，台湾当前的政治体制将可能难以为继，台湾民众也很难接受任何改变当前岛内政治结构的举措。为此，卜睿哲建议："大陆最好向台湾民众解释清楚运用'一国两制'方针去解决台湾问题时，对台湾政治体制可能造成的政治影响。如果大陆无法解释清楚这个

[①] 笔者面访托尼·赛奇记录，地点：哈佛大学肯尼迪政府学院艾什民主创新与治理中心，2018年2月8日。

[②] 笔者面访卜睿哲记录，地点：美国华盛顿特区布鲁金斯学会，2018年3月8日。

[③] Richard C. Bush, *Untying the Knot: Making Peace in the Taiwan Strait*, Washington, D.C.: Brookings Institution Press, 2005, p.90.

问题的话，台湾民众始终会认为'一国两制'就是香港模式，而这对于他们而言是无法接受的"。此外，他还表示，有关"一国两制"的另一个问题是，台湾将与港澳一样，与大陆/内地融合为一个国家。因此，如何解决和改变台湾民众对于台湾是一个"政治实体"的固有认知，将是考验大陆的一个重大议题。卜睿哲指出，"尽管政治实体并不会排除统一的可能，但是它会拒绝'一国两制'"，为此，大陆需要创造性地设计一个全新的、与众不同的统一模式。[1] 不过，卜睿哲认为，两岸关系的和平发展，只存在两种可能性。其一是两岸关系的稳定发展，实现宽松共存，告别1995—2008年期间的紧张共存历史。其二是最终解决两岸的根本分歧，实现政治整合（political integration）。[2] 越来越多的美国学者，开始考虑两岸和平统一的可能性、合理性和前提条件问题。例如麦德伟（Michael McDevitt）就表示，如果两岸和平统一，意味着美国可以走出卷入中国内战的历史，对中美关系来说堪称最好的结果。[3] 曾任美国助理国务卿帮办的柯庆生更早就撰文指出，保留两岸和平统一的前景，符合美国的利益，因为"台湾作为'中国式民主样板'的地位"，"可以成为推动'大陆自由化'的强大动力"。[4] 卜睿哲和容安澜

---

① Richard C. Bush, *Untying the Knot: Making Peace in the Taiwan Strait*, Washington, D.C.: Brookings Institution Press, 2005, p.90.

② Richard Bush, "China-Taiwan: Recent Economic, Political, and Military Developments Across the Strait, and Implications for the United States." http://www.brookings.edu/testimony/2010/0318_china_economy_bush.aspx.

③ Michael McDevitt, "Alternative Futures: Long-Term Challenges for the United States," in Roger Cliff, Phillip Saunders, Scott Harold, *New Opportunities and Challenges for Taiwan's Security,* Washington, DC: Rand Corporation, 2011, pp. 103-104.

④ Thomas Christensen, "The Contemporary Security Dilemma: Deterring a Taiwan Conflict," *The Washington Quarterly,* Vol.25, No.4, autumn 2002, p.16; pp.19-20.

希望大陆提出比"一国两制"更为宽松、更加富有创意的统一模式。[①]
容安澜表示,任何统一模式,只要台湾人民接受,就不会是美国的重大
忧虑所在。[②] 美国接受两岸统一的前提是,统一后台湾政权的民主性质
不会遭到改变,中国大陆不会驻军台湾,对外拓展军力。[③] 与邦联模式
相类似,卜大年在 2010 年也提出"华人国协"模式。[④] 上述学者关于
统一模式的讨论,固然反映了美方力图获得最终解决台湾问题的话语
权,但也透露出两岸和平统一将是和平发展的必然结果。

　　此外,多数学者对"一国两制"的好感有限。比如,在一份由美国
卡托研究所(Cato Institute)和加拿大菲沙研究所(Fraser Institute)
联合欧洲多家智库与基金会共同发表的《2017 年度人类自由指数》报
告中,香港被评定为全球人类自由度排名前五的地区,仅次于瑞士,暂
居第二。这份报告看似给了香港一个令人振奋人心的排名,但这背后却
透露着对中央政府在香港社会实行"一国两制"方针的不满和"同情"。
报告在前言中就开宗明义地指出,"自由似乎在全球范围内的主要国家
都遭受到了攻击",并援引《经济学家》的文章,谴责"中国共产党在

---

① Richard Bush & Alan Romberg, "Cross-Strait Moderation and the United States," *PacNet*, No. 17, Pacific Forum CSIS, Honolulu, Hawaii: March 5, 2009.

② Alan Romberg, "2010: The Winter of PRC Discontent," *Chinese Leadership Monitor*, No. 31, 2010.

③ Alan Romberg, "US-Taiwan Relations: Looking Forward," paper presented at CSIS conference on US-Taiwan Relations in a New Era: Looking Forward 30 Years after the Taiwan Relations Act, April 22, 2009, Washington, DC.

④ Dan Blumenthal, "The United States and Cross-Strait Relations," paper presented at a conference on *Cross-Strait Relations in a New Era of Negotiation*, hosted by Carnegie Endowment for International Peace, Washington, D.C., July 7, 2010.

'扼杀大陆异见分子'的同时，对香港的法治也造成了威胁"。① 报告认为："香港虽然享有高指数的经济自由、人身自由以及收入，却不是一个民主社会，甚至都没有开始其社会的民主转型。"② "考虑到自由与民主之间的'正相关'关系"，香港的高指数排名结果是一个令人意想不到的"异常值"（outlier）。③ 报告强调："一方面，这个曾经作为殖民地被英国管理过的地方，'自1997年被中国大陆用'一国两制'模式加以统治（rule）之后，就从未体验过什么是民主。另一方面，正是因为继承并坚持了英国殖民时期在香港实行的政策与设立的制度，包括法治（rule of law），香港才能维持至今体制的稳定"。报告在总结部分指出，由于中央政府对香港的"干涉"以及港人对该行为的"反抗"，香港在人类自由指数的排名上已略有下滑，而且随着内地与香港政治博弈的展开，香港的自由指数排名还会进一步下滑。④

概而言之，由于绝大部分美国学者难以摆脱西方话语体系下"自

---

① Ian Vásquez and Tanja Pornik, *The Human Freedom Index 2017: A Global Measurement of Personal, Civil, and Economic Freedom* (Washington, D.C.: Cato Institute, Vancouver BC: Fraser Institute, and Berlin: Friedrich Naumann Foundation for Freedom, 2017), p.3.

② Ian Vásquez and Tanja Pornik, *The Human Freedom Index 2017: A Global Measurement of Personal, Civil, and Economic Freedom* (Washington, D.C.: Cato Institute, Vancouver BC: Fraser Institute, and Berlin: Friedrich Naumann Foundation for Freedom, 2017), p.30.

③ Ian Vásquez and Tanja Pornik, *The Human Freedom Index 2017: A Global Measurement of Personal, Civil, and Economic Freedom* (Washington, D.C.: Cato Institute, Vancouver BC: Fraser Institute, and Berlin: Friedrich Naumann Foundation for Freedom, 2017), p.6, 30.

④ Ian Vásquez and Tanja Pornik, *The Human Freedom Index 2017: A Global Measurement of Personal, Civil, and Economic Freedom* (Washington, D.C.: Cato Institute, Vancouver BC: Fraser Institute, and Berlin: Friedrich Naumann Foundation for Freedom, 2017), p.30.

由"与"民主"的窠臼，因此对"一国两制"方针的认知与论述，几乎呈现出"一边倒"的形势。一方面，美国学者们对"一国两制"方针进行悲观的描述，认为该模式在香港的实践近乎失败。他们认为，中国政府将香港视为实践"一国两制"准则的试验地，其目的就在于，"如果香港在成为中国的经济特区之后，既没有丧失其经济活力，又没有失去基本自由的话，那么台湾领导层及大众他们就更可能会接受该准则"。①事实上，这种以香港为评价"一国两制"的唯一标准的做法，不仅体现在学者的思想中，这在上述美国政府的政策阐述与下文即将介绍的美国媒体报道中也体现得较为明显。另一方面，美国学者对中国大陆运用"一国两制"解决台湾问题的前景表示担忧。在他们看来，既然"一国两制"在香港实践的结果"不乐观"，那么将该模式运用于台湾，其结果必然也"不理想"。

第三节　美国媒体界对"一国两制"的报道解读

除了美国驻港澳总领事馆、国会以及部分学者，美国社会中关注"一国两制"的群体非常少。在美国媒体界，只有少数关注香港的媒体报刊会不时提及"一国两制"。2008 年全球金融危机之后，尤其是 2014年香港社会运动大规模爆发以来，美国影响力最大的三大主流报纸，即《华尔街日报》《华盛顿邮报》以及《纽约时报》都曾大量报道与香港有

---

① Richard C. Bush, *Untying the Knot: Making Peace in the Taiwan Strait*, Washington, D.C.: Brookings Institution Press, 2005, p.92.

关的内容，也在不同程度上涉及对"一国两制"的评述。一方面，他们将香港社会运动的紧张现场客观地呈现给了广大美国民众，另一方面，他们主观地向读者与观众描绘了导致这些问题的潜在原因，最后都无可避免地回到了对中国的"一国两制"政策的质疑与批评之上。

　　早在2011年12月，《华尔街日报》就曾撰文批评北京对香港自治权的"分离"，认为"'一国两制'正变成'一国'"。文章指出，中央政府并没有遵守"港人治港"的承诺，它对香港特区政府的"干涉"正增加了对立与不稳定的风险。① 香港爆发"雨伞运动"之后不久，《华尔街日报》刊载了一篇由"台北经济文化办事处新闻组组长"于国盛署名的文章，表示台湾人民都在密切关注香港局势的发展。文章辩称，"'中华民国'（台湾）是一个拥有'独立政府'的'主权国家'"，它与香港存在根本上的不同。由于80%的台湾受访者主张维持台海关系现状，且70%受访者反对"一国两制"模式，因此，他认为"'一国两制'政策绝不可能运用于台湾"。②

　　香港在2014年下半年爆发大规模运动后，《华盛顿邮报》编辑部接连发表了几篇社评。在其中一篇社评中，该报编辑部建议中国领导人应该坦然接受港人对民主的诉求，否则可能会造成一些自我（self-inflicted）伤害。文章承认中国在过去二十年以来遵守了"一国两制"的承诺，没有干涉香港独立的法治。但与此同时，文章声称中国近来在香

---

① "Beijing's Split and Hong Kong's Autonomy; 'One Country, Two Systems' is Becoming Just 'One Country'," *Wall Street Journal* (Online), New York, Dec 30, 2011.
② James Yu, "It's Harder to Sell One Country, Two Systems," *Wall Street Journal* (Eastern Edition), New York, Oct 18, 2014), A.12.

港的一些行为有违其承诺，认为这些行为将不利于香港的长期未来。[①]另一篇社评指出，这种局势的发展会降低"一国两制"模式的功能，进一步劝阻台湾通过该模式与大陆建立正常的关系。[②]上文分析可知，时任美国总统奥巴马以及白宫和国务院发言人为了避免影响中美关系，因此在香港局势问题上没有发表多少言论。美国驻港澳总领事馆，则在香港政治发展问题上采取"不选边"的中立态度。为此，《华盛顿邮报》编辑部批评奥巴马政府的温和与不作为的立场，主张"美国应该向中国发出支持香港民主运动的讯号"，让中国意识到使用武力将会影响到美中关系的发展。[③]

与上述两大报纸相比，《纽约时报》毫不吝啬它在反华方面的激进措辞。该报一直都对大陆持尖锐的批判立场，同时将香港产生的诸多社会问题都归结于中央政府的"失败"政策与"不当"作为。"一国两制"的持续"弱化"、中央政府对香港事务的"干涉"以及对港人的"胁迫"

---

①　Editorial Board, "Beijing Wants to Predetermine Hong Kong Elections," *The Washington Post*, Sep 29, 2014, https://www.washingtonpost.com/opinions/beijing-wants-to-predetermine-hong-kong-elections/2014/06/29/690a103a-fbe8-11e3-932c-0a55b81f48ce_story.html?utm_term=.d06c6e41d87 (accessed Mar 20, 2018).

②　Editorial Board, "Crushing Hong Kong's Protests Would undermine Its Prosperity," *The Washington Post*, Sep 29, 2014, https://www.washingtonpost.com/opinions/crushing-hong-kongs-protests-would-undermine-its-prosperity/2014/09/29/18166e10-4820-11e4-891d-713f052086a0_story.html?utm_term=.33a4ac3ae9b4 (accessed Mar 20, 2018).

③　Editorial Board, "U.S. Should Send Signal to China in Support of Hong Kong Democracy Movement," *The Washington Post*, Sep 30, 2014, https://www.washingtonpost.com/opinions/us-should-send-signal-to-china-in-support-of-hong-kong-democracy-movement/2014/09/30/e5d16b84-48ca-11e4-891d-713f052086a0_story.html?utm_term=.1860f109cc78 (accessed Mar 20, 2018).

甚至"劫持"，导致曾经的模范城市，如今已深陷困境。[①] 2018年1月1日和2日，《纽约时报》官网的"意见"栏目和《国际纽约时报》（原《国际先驱论坛报》）的纸质版先后刊登了一篇标题不同但内容相仿的文章，竟然质疑"香港不是中国的一部分"。

美国的这三大主流报纸在全美绝大多数城市大量发行。其中，《纽约时报》是综合性的报纸，在政治上属于左派媒体，因此在香港问题上反应最为强烈。以商业与金融报道为主的《华尔街日报》和以报道美国国内政治为主的《华盛顿邮报》在政治上则偏右。虽然对中国有些批评，但与《纽约时报》相比，这两大报纸在相关问题上的态度要稍微缓和一些。

第四节　美国对"一国两制"的综合认知

通过梳理美国官方、学界以及媒体对"一国两制"方针的政策立场、研究论述以及叙述报道，本章试图呈现美国对"一国两制"的认知景象。从以上分析来看，这是一幅比较消极和悲观的图景。然而，正如文章所发现的，美国政府与社会对"一国两制"的政策解读并非没有差异。确切来说，国会议员、学者与报刊媒体对"一国两制"的认知趋于消极，而美国驻港澳总领事馆、美国总统、白宫及国务院出于外交的策略需要，则较为积极或中立。美国作为一个多元文化的社会，对同一个

---

① Keith Bradsher, "Once a Model, Hong Kong Stumbles," *The New York Times*, Jun 30, 2017, Page A1.

问题产生不尽相同甚至相互冲突的看法是可以理解的。但是，在"一国两制"方针的认知问题上，不仅仅反映出美国多元文化的影响，还有值得探讨的深层次原因。

一、对"一国两制"差异认知的原因分析

首先，部门与个人利益关切是各个主体对该问题产生不同看法的主要原因，这一点尤其体现在立场存有差异的美国政府机构。美国行政机构和部门为了避免激怒中国、影响两国官方关系，在这方面力求谨小慎微，几乎不发表任何有关"一国两制"的言论。美国驻港澳总领事馆从机构利益的角度出发，多次表态对"一国两制"模式给予支持、对香港回归中国后的发展表示赞许。美国学者和媒体在民主与法治等西方自由思想"政治正确"的考虑与意识形态的约束下，大多站在中央政府和特区政府的对立面，对港人表达所谓"同情"。作为立法机构的美国国会则在此类议题上接连发难，批评"一国两制"在香港的"失败"、反对中央政府"干涉"香港政局、"打压"港人的人权诉求等。国会议员之所以通过报告、作证、提案等形式向国会与国民灌输这些尖锐批判，原因在于这可以增加他们在媒体上的曝光度和知名度，成为他们快速获取政治资本的重要方式。前文提到，这些议员绝大多数都是国会各类委员会与国会"台湾连线"成员，加入这些委员会并推动相关法案、提出议案，可以使他们积累政治资本、提高获得连任的机会。[①] 另一方面，这

---

① 张光、刁大明：《美国国会"台湾连线"成员分布决定因素实证分析》，《台湾研究集刊》，2009 年第 3 期，第 1—10 页。

些议员背后几乎都有游说团体和利益集团的支持，议员在国会的动员和支持将为他们带来大量的资金反馈与政治支持。

其次，相关行为体处于不同的情境，关注不同的价值，这对他们的评判立场也产生不容忽视的影响。美国驻港澳总领事处于外交一线，他们更了解相关方面的立场分歧以及香港的局势状况，对相关问题也能做出更加全面和客观的判断。此外，总领事馆地处港澳、毗邻大陆，其发表的相关言论对港澳特区以及中央政府能产生更加直接的影响，因此，在发表言论时他们需要考虑更多敏感因素与可能后果。具有实践工作经验的学者与官员，往往也能做出更符合现实的评判。比如前文提到的卜睿哲，他曾在众议院外交委员会担任幕僚时参与制定《美国—香港政策法》。虽然他在"一国两制"政策上也持有消极的看法，但相关的工作经历可以避免他做出意识形态化的偏颇分析。相比较而言，国会议员、美国内媒体则和中国大陆、港澳地区相距甚远，他们顾忌和考虑的因素更少，因此在言论表达方面更加自由。

二、对"一国两制"消极认知的逻辑探讨

本章认为主要有三个方面原因导致了美国的消极认知，其中最主要的原因在于美国对于中国的"一国两制"方针及其模式存在根本性的错误认识。比如，其一，按照邓小平对"一国两制"的战略构思，香港的高度自治权来自中央政府的授予，而非自然生成。美国政府与社会忽视了这个事实，歪曲香港特区政府权力的来源，颠倒了中央政府与香港特

区政府之间的特殊权责关系。

其二,"一国"和"两制"之间存在着相互依赖、相互促进和相互制约的辩证关系。统一的"一国"是实施"两制"的前提,只有在"一国"的稳固基础之上才能确保"两制"的良性发展;而"两制"的有序发展又反过来促进并保证了"一国"的统一性与完整性。但是,香港一些反对势力与美国国会、媒体却颠倒两者的主次关系与轻重比例,混淆了人们对"一国两制"方针的正确认识。

其三,"一国两制"港澳模式并不是未来的台湾模式。由于港澳问题与台湾问题具有根本性的区别,因此中央政府在处理这些问题时采取了区别对待的政策。比如,按照"一国两制、和平统一"方针解决台湾问题,不仅确保台湾享有高度的自治权,而且拥有自己的军队,大陆不派军队也不派行政人员驻台等,这与中央政府处理港澳问题是存在区别的。未来的"一国两制"台湾模式将会在"一国两制"方针的基础上,与台湾地区执政机关、社会各界进行充分的讨论之后逐渐建构而成。

其四,近年来香港发生的诸多社会事件并不能简单归因于"一国两制"模式本身存在的问题。最近一些年以来,香港的经济与社会发展面临越来越大的转型压力。体现最为明显的是香港房屋供应短缺和社会流动减弱,港人希望特区政府加快改革的要求最终演变为大规模的游行与示威运动。少数"港独"分子趁机进行所谓实现"真普选"的改革与宣传,进一步激化了原本就对现状不满的港人与特区政府、中央政府的矛盾和对立。西方国家及媒体的声援,使之产生了更加恶劣的后果。因此,对香港社会事件的深入分析要求人们进行客观的评估与全面的考察,只有透过现象、避开口号,才能寻求滋生问题的本质。而美国国会与媒体将香港发生的一系列社会事件归咎于"一国两制"香港模式的不足，显然是有违事实的。

除了对"一国两制"方针及香港模式本身存在误解之外，美国固有的意识形态、情感价值，以及利益考量等因素也强化了人们的认知偏差。首先，在绝大多数美国人看来，香港是一个与中国内地完全不一样的社会，它享有与西方世界一样的自由、民主、法治等价值观，而内地则是一个有待转型的"非民主政体"。戴着这种政治意识形态的有色眼镜，他们当然难以公平、公正地评估"一国两制"。美国与香港、台湾相近的意识形态与价值观，不仅增进了美国对待香港以及台湾的情感和认同，而且又反过来强化了他们对中央政府的香港政策以及台海政策的不满。特别是近年来，香港发生的一系列社会事件，以及中央政府与特区政府为解决这些问题付出的努力，被外界解读为"干涉"与"压迫"行为。经过美国国会与媒体的宣传之后，美国社会进一步增加了对"一国两制"方针的疏离和反感。其次，美国自二战以后始终将传播民主价值视为其"天赋使命"，因此确保和支持香港的民主发展被视为美国的利益所在。不仅如此，香港也被美国少数自由主义者视为影响甚至助推内地走上政治民主化道路的前沿阵地。最后，美国与香港存在紧密的经贸往来与现实利益。美国是香港第二大出口市场，香港则是美国的第九大出口市场和第二十大贸易伙伴。这些现实利益使美国认识到香港的高度自治权和自由民主的重要性，从而对中央政府包括"一国两制"在内的相关政策持有高度警惕与消极的态度。

由此可见，在西方话语体系"一边倒"的情况下，媒体界、学界、政界以及社会舆论在看待"一国两制"方针和香港模式，以及中央与特区关系问题上，鲜有中立理性的客观评论，大多持消极的态度和否定的立场。美国对"一国两制"的消极和片面认知逻辑，可大概归纳为："一国两制"香港模式→香港出现经济与社会问题→"一国两制"政策存在"缺陷"→"一国两制"模式"失败论"→"一国两制"台湾模式"不具有可行性"。也就是，他们认为实行"一国两制"模式的香港之所以会遭遇大量的经济社会问题，根本原因在于中国"一国两制"方针下相关政策的"缺陷"，从而推断出"一国两制"模式的"失败"，并进一步认为该原则及模式在解决台湾问题上"同样不具有可行性"。这套有悖于客观事实与逻辑推理的差异认知结构，实际上是以实行"一国两制"模式的香港为唯一准绳，去推断"一国两制"方针的可行性与合理性，最终无可避免地导致美国国会、媒体以及少数学者对"一国两制"模式的消极叙事。这种"以港为例"的推演逻辑，加上西方国家把持的道德高地以及庞大的舆论武器，使他们构建了一套稳固的西方中心主义（West-centric）话语体系。正是借助于这种强有力的话语体系，美国从其固有的价值取向和利益关切出发，有失公正地批判"一国两制"方针，错误地界定中央与特区的关系，失实地诠释香港的权力来源，错误评估香港的民主与自由状况。上述消极看法，既不利于中国国家形象的建构，也为中央政府、特区政府妥善处理与港人间的紧张关系设置了障碍，更为大陆采用"和平统一、一国两制"方针去解决台湾问题的战略蒙上了一层阴影。

三、几点因应之策

以上述分析为基础，本章最后简要提出中国政府在四个层面的应对策略。

其一，从根本层面而言，加强对"一国两制"方针与"一国两制"模式的系统论述与政策说明。"一国两制"方针是国家统一战略设计的总方针，它创造性地发展和涵盖了"一国两制"香港和澳门模式，以及未来的台湾模式。对原则和模式的阐述，需要在对美与对港台两个方面同时进行。首先，前文分析可知，美国各界之所以对"一国两制"方针和模式抱有很深的成见，很大程度上是因为对它们的不解所导致的误解。第一步是阐述原则与模式之间的关系问题，然后才是解释不同模式之间的区别与异同。"一国两制"香港模式不是"一国两制"台湾模式，前者已经在香港成功实践，而后者尚未完全成型，有待未来在与台湾地区协商解决台湾问题的过程中逐渐磨合、建构完成。第二步则是厘清"一国两制"香港模式与香港发生的社会事件之间的关系问题。香港近年来面临经济社会转型的挑战，加上诸多其他因素导致部分港人的游行示威活动，并不是"一国两制"模式本身的缺陷。其次，在对港台方面，也需要进行权威的政策解读与规范宣导。对香港的工作固然不好做，但目前更加困难的是对台湾的工作。大陆方面很有必要向台湾民众解释清楚，未来的"一国两制"台湾模式将可能给台湾的政治体制带来何种潜在政治影响，这种澄清将有助于缓解台湾民众对"一国两制"的歪曲和担忧。

其二，从政府层面而言，加强对美国立法机构的工作力度。目前美国国会可以说是全美反华集中营，各种反华言论在国会里得到了充分表达和宣泄，对社会舆论起到了极其不利的影响。实际上，除了少数议员以外，这些对华强硬的议员对中国知之甚少，大多都没有访问过中国大陆。他们对于中国的无知导致许多利益分子有机可乘。比如，议员有关"一国两制"的发言稿，几乎都是由其助理或其他机构草拟的。相比较而言，台湾方面多年来付出大量的人力、物力和财力，邀请大量议员频繁访台，并且将访台议员的层次拓展到了美国政府的基层干部。这些频繁访台的议员与台湾地区政府培育了较好的关系，他们往往都成为反华急先锋，对台湾则多抱有所谓"同情"心态。从这个层面来说，加强与美国国会议员之间的联系和交流是相当重要的。此外，对美国院外游说的力度方面可否有进一步提升，或许也是值得思考的选项之一。

其三，从舆论层面而言，加强与美国主流媒体报刊的交流。美国主流媒体、报刊以及电视广播是塑造大众舆论最为直接和高效的主体，前者对与中国相关议题的报道和评论，在极大程度上形塑和左右后者对中国国家形象的认知。美国媒体界对"一国两制"方针及其模式的批判，既反映了它们对该原则及模式的误解，更体现了它们因不涉及直接的利害关系，从而抱有一种"隔岸观火"的旁观者心态。因此，促进中国主流媒体、报刊、电视和广播与美国媒体界的良性互动就成为必要。

其四，从学术层面而言，加强学者之间的沟通和对话。学者作为知识精英群体，是塑造美国社会舆论的重要主体之一。在影响政府政策制定方面,主流学者具有其他主体无法替代的优势。围绕"一国两制"的研究与论述,美国学术界虽然他们不像美国媒体那般激进倾向和意识形态化,但也普遍呈现出一种消极的认知。通过搭建中美学术交流的平台,双方学者可以围绕"一国两制"议题阐述各自的关切与论述。如此一来,中美学者之间的有益争辩与良好互动,使双方更加了解彼此的立场与关切,在向各自政府提供政策建议时或许能够多理解、多考虑对方一些,对于政府的政策推行与官方表述起到一定的制约作用。

总而言之,不断深化与美国社会各界的交流和对话,使这些塑造对华舆论的主体都成为像美国总统与美国驻港澳总领事一样的"利益相关者",可以更大限度地减少美国政府与社会对"一国两制"的误解和歪曲,并尽量扩大于我有利的"统一战线"。改变美国对华认知倾向的根本在于,扭转香港和台湾的社会舆论对"一国两制"方针的错误认知和担忧,使他们理解中央政府在港台的政策立场。这有赖于中央政府打造更多实在的民心工程,真正地实现"港澳内地一家亲""两岸一家亲"的家人文化,让香港和台湾民众对内地 / 大陆不再有疏离感和陌生感。只有当香港和台湾对内地 / 大陆更加亲近和友好了,对"一国两制"拥有更加全面的认识并逐渐接受该原则,那么美国国会、学界与媒体也难以在这个问题上予以中国更多的指责和批评。在与美国进行斗争的过程中,有两点需要加以强调。首先,我们需要意识到美国针对"一国两制"方针展开的批判,打着所谓西方民主价值的大纛,拥有相当强势的话语权,中国将在很长一段时间内处于不利位置。其次,考虑到美国国家、政府部门以及个人利益的利害关系,美国(尤其是国会)绝不会轻易放弃在这个问题上对中国持续发难,因此,中国要做好长期与美国周旋的心理和思想准备。在此基础上,落实上述层面的实际工作,相信我们可以在很大程度上化被动为主动、化消极为积极,使事态的发展逐渐朝着更加有利的方向发展和演进。

第五节　小结

本章第一节分析美国驻香港和澳门总领事馆、总统、白宫、国务院以及国会等对"一国两制"政策的评论,说明美国官方在这个问题上并未形成一个统一的对外口径与政策立场。上述机构因其所处的情境、追求的利益、关切的价值等存在不尽相同的差异而对"一国两制"持有不同的甚至相互对立的看法。美国驻港澳总领事馆、美国总统、白宫及国务院出于外交的策略需要,对"一国两制"的认知较为中性,国会则致力散布"一国两制""失败论"。第二节分析美国学术界对"一国两制"的认知与论述。普遍而言,美国学界并不看好"一国两制"在香港的实践以及大陆运用该方针去解决台湾问题的前景。第三节分析美国三大主流报纸,即《华尔街日报》《华盛顿邮报》以及《纽约时报》对香港地区实行"一国两制"的负面评述,其中尤以《纽约时报》最为激烈。第四节探讨了美国不同行为体对"一国两制"实践消极评估的主要原因,包括各行为体对"一国两制"的错误认知与意识形态窠臼,及其个人利益考量。本章最后提出了几点政策建议,包括深化与美国立法部门的沟通和对话，加强与中美媒体界以及学术界的交流，从而减少美国政府与社会对"一国两制"的误解和歪曲，提高美国各行为体对中国的认知水平，尽量扩大于我有利的统一战线。

第五章 "一国两制"台湾模式的 理论和现实意义

"一国两制"的台湾模式不同于港澳模式，其理论包容度在大陆方面领导人的一系列讲话中可以概见。"一国两制"最初是中国领导人邓小平为解决台湾问题，实现两岸和平统一而提出的战略构想，在 20 世纪 80 年代的时空背景下，此战略构想的提出在很大程度上是为了争取在台湾执政的国民党集团。当时的台湾依旧处于国民党当局的威权统治之中，岛内尚未显现任何政治与经济势力可以取代国民党的迹象，岛内政治、经济与社会结构深受执政的国民党"党政合一"治理结构的主导。1981 年 9 月，全国人大常委会委员长叶剑英阐述台湾回归祖国、实现和平统一的"九条"方针政策时提道："为了尽早结束中华民族陷于分裂的不幸局面，我们建议举行中国共产党和中国国民党两党对等谈判，实行第三次合作，共同完成祖国统一大业。"①邓小平在会见美国新泽西州西东大学教授杨力宇的谈话也进一步提出："和平统一已成为国共两党的共同语言……我们希望国共两党共同完成民族统一，大家都对中华民族作出贡献。"相较于之前的"叶九条"，邓小平的谈话对台湾当局的位阶、权限与北京的关系等做出了进一步的原则性安排，如"我们承认台湾地方政府在对内政策上可以搞自己的一套。台湾作为特别行政区，虽是地区政府，但同其他省、市以至自治区的地方政府不同，可以有其他省、市、自治区所没有而为自己所独有的某些权力，条件是不能损害统一的国家的利益……祖国统一后，台湾特别行政区可以有自己的独立性，可以实行同大陆不同的制度。司法独立，终审权不须到北京。台湾还可以有自己的军队，只是不能构成对大陆的威胁。大陆不派人驻台，不仅军队不去，行政人员也不去。台湾的党、政、军等系统，都由台湾自己来管。中央政府还要给台湾留出名额"。②国务院副总理吴学谦继于1992年表示，两岸统一后采取何种国旗、国号皆可商量。③中

---

① "叶九条"中有关"一国两制"的基本内容，主要体现在"叶九条"中的第3—5条，即"国家实现统一后，台湾可作为特别行政区，享有高度的自治权，并可保留军队。中央政府不干预台湾地方事务"，"台湾现行社会、经济制度不变，生活方式不变，同外国的经济、文化关系不变。私人财产、房屋、土地、企业所有权、合法继承权和外国投资不受侵犯"，"台湾当局和各界代表人士，可担任全国性政治机构的领导职务，参与国家管理"。邓小平在1984年12月会见英国首相撒切尔夫人时也曾明确指出："1981年国庆前夕叶剑英委员长就台湾问题发表的九条声明，虽然没有概括为'一国两制'，但实际上就是这个意思。"参见中国共产党新闻网，http://www.zgg.org.cn/zggxx/xxchsh/lishi/201411/t20141127_485114.html，2014年11月27日。

② 邓小平：《中国大陆和台湾和平统一的设想》(1983年6月26日)，载中共中央台湾工作办公室、国务院台湾事务办公室：《中国台湾问题》(配套资料)，北京：九州出版社，2015年，第67页。

③ 翁明贤：《台海两岸如何结束敌对状态》，《新世纪智库论坛》，2005年第29期，第86页。

共中央总书记江泽民和胡锦涛延续上述"和平统一、一国两制"的战略方针，致力于发展现阶段的两岸关系，反对"台独"，推动祖国的和平统一进程。

习近平总书记进一步论述了"一国两制"的战略构想。在 2014 年 2 月会见国民党荣誉主席连战时，习近平表示，大陆方面理解台湾人民对其社会制度和生活方式的珍视。这里的社会制度显然包括经济和政治制度，"珍视"一语则意味着这些制度对台湾是好东西，应该受到尊重。在这次会见中，习近平总书记使用了"两岸一家亲""共圆中国梦"等感性语言，传递"两岸同属一个中国""共同追求国家统一"的同一信息，确立了两岸共圆中国梦的愿景。习近平总书记在会谈中指出，两岸同胞要携手同心，共圆中华民族伟大复兴的中国梦，这既是孙中山先生的夙愿，是中国共产党人的夙愿，也是近代以来中国人的夙愿。连战在会谈中也表示，中国梦与台湾的前途息息相关，两岸同属中华文化，同属中华民族，应以务实心态，重视彼此现行法律和"大家所尊敬的孙中山先生的精神"，使台湾在两岸和平发展及中华民族复兴过程中，发挥积极正面的作用。两位领导人在会谈中都提到了孙中山先生，都使用了中国梦、中华民族、中华文化、中华民族复兴等字眼，较之 2005 年所达成的五项愿景，共圆中国梦的共识更带有前瞻性，符合两岸人民的共同心愿。共圆中国梦的愿景的提出，有助于强化"两岸一家亲"的血脉关系，纾解台湾同胞因为历史遭遇而形成的悲情心结，正确处理台湾同胞因为特定社会环境而形成的"出头天"意识和对台湾现行社会制度的珍视。习近平总书记在会谈中特别提出，尊重台湾同胞自己选择的社会制度和生活方式，愿意首先同台湾同胞分享大陆发展的机遇，不但符合"一国两制"的精神，而且充分体现了"两岸一家亲"的情怀，有利于推动两会协商、洽谈货物贸易协议和两岸两会互设办事处等议题，也有助于推动国台办和台湾陆委会的官方协商。① 在这之前，习近平总书记在 2013 年 8 月会见吴伯雄时就表示，"统一不是形式上的统一，而是两岸人民心灵的契合"，涉及"心与心能否完全互相接受"的问题。② 在 2014 年 9 月 26 日会见台湾和平统一团体联合参访团时他再次表示，"我们所追求的统一不仅是形式上的统一，更重要的是两岸同胞的心灵契合。我们理解台湾同胞因特殊的历史遭遇和不同的社会环境而形成的心态，尊重台湾同胞自己选择的社会制度和生活方式，愿意用真诚善意和亲情拉近两岸同胞的心理距离。同时，台湾同胞也需要更多了解和理解大陆 13 亿同胞的感受和心态，尊重大陆同胞的选择和追求"。他认为，台湾的前途系于国家统一，台湾同胞的福祉离不开中华民族的强盛，两岸要站在"振兴中华""共圆中国梦"的战略高度看待国家和平统一。③ 换言之，实现国家统一是两岸人民的共同事业，统一只能在中华民族伟大复兴的过程中得到最后实现。时任全国政协主席俞正声于 2014 年 6 月在第六届海峡论坛致开幕辞时，表示大陆对台湾社会制度、生活方式和价值观念的尊重。④ 时任国务院台湾事务办公室主任张志军

---

① 《习近平总书记会见国民党荣誉主席连战一行》，中国新闻网，2014 年 2 月 18 日，http://www.chinanews.com/tw/2014-02-18/5853180.shtml（访问日期：2018 年 6 月 3 日）。

② 《吴伯雄：习近平说两岸统一是心灵契合》，新华网，2013 年 8 月 8 日，http://www.fj.xinhuanet.com/hxla/2013-08/08/c_116866162.htm（访问日期：2018 年 1 月 3 日）。

③ 《习近平会见台湾和平统一团体联合参访团的讲话》，http://www.xinhuanet.com/politics/2014-09/26/c_1112641354.htm（访问日期：2018 年 2 月 2 日）。

④ 《俞正声：在第六届海峡论坛开幕式上的致辞》（2014 年 6 月 15 日），http://www.taiwan.cn/hxlt/zxbb/newfive_45014/201406/t20140615_6320721.htm（访问日期：2018 年 8 月 15 日）。

在会见高雄市长陈菊时，也表达了类似的看法。习近平的统一思想大大丰富了"一国两制"台湾模式的内涵。如果说，"两岸一家亲"的理念更多的是强调两岸之间天然的血缘、亲缘关系以及共同的历史、文化结构，那么，"两岸命运共同体""同台湾同胞分享大陆发展机遇""心灵契合"等概念则包含了更多实现国家富强、民族复兴、人民幸福的中国梦的内容。这样的统一含有目标共享、制度融合的前瞻性的意涵。①

　　自 2016 年民进党重新执政以来，大陆民间出现了"武力统一"的声音，也有人对两岸关系能否继续和平发展问题产生疑虑心理，还有人基于香港地区在实践"一国两制"过程中出现的一些问题，对坚持对中国特色社会主义的制度自信与坚持"一国两制"的关系问题，产生了一些模糊的认识。在这种背景下，中共十九大报告强调"必须继续坚持'和平统一、一国两制'方针，推动两岸关系和平发展，推进祖国和平统一进程"，尤其具有重要的现实意义。事实上，"一国两制"上承中国历史上对边疆地区"因俗而治"的政治传统，近接 20 世纪 50 年代解决台湾问题上有关"一纲四目"的政治安排，已经构成中国特色社会主义理论的一个重要组成部分。坚持理论自信、道路自信、制度自信和文化自信，恰恰要求我们坚持在"一国两制"问题上的底线思维，处理好"一国"和"两制"的对立统一关系。近年岛内出现了一股在文化上"去中国化"的逆流，甚至还借缅怀日本殖民统治时期的历史，鼓吹台湾的"分离认同"。对此，大陆方面必须通过增强"两制"的包容性，促进台湾方面对"一国"的认同。十九大报告对"和平统一、一国两

---

　　①　周建闽：《习近平对台思想的核心理念：两岸命运共同体》，《中国评论》，2017 年 1 月号，第 11—12 页。

制"方针的再确认，是及时的必要之举。十九大报告还强调指出，大陆方面"尊重台湾现有的社会制度和生活方式"，愿意"率先同台湾同胞分享大陆发展的机遇"，"逐步为台湾同胞在大陆学习、创业、生活提供与大陆同胞同等的待遇"，"推动两岸同胞共同弘扬中华文化，促进心灵契合。"①对比十八大报告中有关"深化经济合作，厚植共同利益。扩大文化交流，增强民族认同。密切人民往来，融洽同胞感情"的提法，十九大报告向前推进了一大步，意味着社会层面的对台工作今后将更为重要。同时，通过强调对"两制"的包容性，促进台湾方面对"一国"的认同，也是报告的题中之意。

虽然"一国两制"的港澳模式不同于台湾模式，但由于两者同属实现祖国和平统一战略构想的逻辑延伸，港澳模式的成功与否势将影响到这一战略构想对台湾的适用性。如果港澳模式在现实运作中产生问题，难免影响到台湾民众对"一国两制"台湾模式的信心。反之，如果港澳模式成功运作，得到港澳地区居民的广泛支持，则将为"两制"并存及其所衍生的良性政治结果，提供鲜活的案例和成功经验，对台湾的正面辐射作用不容低估。这不是台湾方面一些人士有关"台湾不同于港澳"一句话所能抗拒的。基于港澳地区"一国两制"丰富实践，总结经验，提升理论高度，有助于提出适合台湾地区的具体模式，推动两岸的和平统一大业。首先，鉴于台湾问题和港澳问题的不同，台湾模式在理论和实践层面的空间，理应比港澳模式更为宽松。其次要探讨的问题是，根据"一国两制"的台湾模式，统一后两岸在经济、社会和政治制度上，都

---

① 习近平:《决胜全面建成小康社会 夺取新时代中国特色社会主义伟大胜利——在中国共产党第十九次全国代表大会上的报告（2017年10月18日）》,《人民日报》,2017年10月19日,第1版。

将存在很大的差异，大于港澳地区。大陆实行的社会主义制度和台湾地区实行的资本主义制度能否长期并存？如何并存？"两制"有无可能通过长期并存，互相磨合，缩小制度差距？这些都是值得研究的理论课题。

本章旨在从理论上建构"一国两制"的台湾模式，进而就如何以"一国两制"的台湾模式规范两岸在国家尚未统一特殊情况下的政治关系问题，提出一些探索性的观点，梳理两岸关系和平发展与和平统一的内在逻辑，总结两岸关系的和平发展的经验，提高"一国两制"台湾模式的理论包容度和现实可行性。以"一国两制"台湾模式的前瞻性设计，规范国家尚未统一特殊情况下的两岸政治关系，推动两岸关系和平发展与和平统一的无缝接轨。同时，基于两岸既不完全统一也不完全分裂的特殊政治现状，研究和建构两岸在统一前的政治关系，进一步充实"一国两制"台湾模式的理论内涵，为和平统一铺陈通道。我们认为，维护统一前"两制"并存、互相尊重的政治现实，有利于加强台湾民众对"一国两制"统一模式的信心，实现从和平发展到和平统一的平稳过渡，在"同心实现中华民族伟大复兴进程中完成祖国统一大业"。

第一节 "一国两制"台湾模式的理论建构

本节从国家分合与制度异同两个纬度，界定"一国两制"的概念类型。如表 5.1 所示，"一国两制"中的"一国"（国家统一）和"两制"（制度差异）存在着对立统一关系。从宏观的视角来看，"一国两制"的理论和实践涉及中华民族伟大复兴过程中的国家建立与制度建设两大主轴。其中"一国"属于国家建设（nation-building）的范畴，即如何基于港澳地区"一国两制"的丰富实践，实现中国的完全统一；"两制"属于制度建设（institution-building）的范畴，涉及因为两岸制度差异而诱发的两制能否并存、如何并存的现实问题，也隐含一个国家内部的不同制度互相尊重、互相学习的辩证统一关系。

表 5.1　国家分合与制度异同的概念分类

概念比较	国家分合	
制度异同	"两国两制"	"一国两制"
	"两国一制"	"一国一制"

资料来源：作者自行整理。

为此，"一国两制"的台湾模式包括两岸分权类型和国家结构问题，也涉及因为"两制"差异所衍生的彼此碰撞和互相融合的问题。就国家结构而言，"一国两制"的港澳模式，不能简单地套用到台湾。"一国两制"的台湾模式在理论和实践层面的空间，也应该比港澳模式更为宽松。就制度差异而言，两岸统一后在经济、社会和政治制度上，跟港澳地区一样，同样面临哪些领域将延续两制并存的局面、哪些领域将朝制度融合的方向发展的问题。为此，可以借鉴国家主权理论、政治分权理论以及路径依赖和制度变迁理论，把握"一国两制"台湾模式中所存在的制度张力及其演化趋势，探究不同制度产生、存续和变迁的内在历史逻辑，论证"一国两制"台湾模式的理论包容度和实践可行性，在不同制度非优即劣的单向发展模式之外，提供新的理论选项，丰富当今世界上的政治发展和制度演变理论。

一、国家统一与政府分权

就"一国两制"所涉及的国家结构和政府分权类型而言,台湾模式在理论和实践层面的空间,理当比港澳模式更为宽松。"一国两制"的港澳模式,不能简单地套用到台湾。对港澳地区来说,"一国"就是指中华人民共和国,不容含糊;而对于解决台湾问题来说,"一国"的含义已由"一个中华人民共和国"扩大为"一个中国",具有更宽泛的包容度。与此相应,"一国两制"的台湾模式在理论和实践层面的空间,也应该比港澳模式更为宽松。根据港澳模式,香港特别行政区人民政府和澳门特别行政区人民政府享有高度的自治权,其法源分别是依据《中华人民共和国宪法》制定的《中华人民共和国香港特别行政区基本法》和《中华人民共和国澳门特别行政区基本法》,在中央政府和地区政府的权力关系上,属于派生性的授权。根据"一国两制"的台湾模式,台湾在统一后所享有行政权、立法权、司法权和司法终审权,在中央政府和次中央政府的关系上,属于本源性的分权。台湾在统一后的政治定位,与港澳特别行政区政府的法律定位有一定差异,可以考虑不用特别行政区政府的名称,而称之为特别自治区政府或民主自治区政府。[①] 正如王英津所指出的,在一个中国的前提下,可以借鉴联邦制的某些做

① 林冈:《以"一国两制"的台湾模式规范两岸在统一前的政治关系》,《江苏行政学院学报》,2014 年第 1 期,第 76—81 页;王英津:《论复合式"一国两制"台湾模式》,中国评论网,2018 年 6 月 27 日,http://hk.crntt.com/doc/1051/1/4/2/105114218.html?coluid=7&kindid=0&docid=105114218&mdate=0627001502(访问日期:2018 年 7 月 5 日)。

法，给予台湾方面一定程度的对等地位。台湾享有分权性的自治权，而非授权性的自治权。台湾地区政府无须在年底向中央政府述职，"台湾基本法"由台湾人民自己制定，其自治权是基于联邦制下本源性的分权概念，不同于单一制国家结构下的派生性分权。两岸统一后，台湾交回体现国家统一的部分"主权"行使权，包括"外交"和"国防"，而保留了剩余的"主权行"使权，与中央形成准联邦关系。[①] 为此，台湾在统一后的政治定位，不是特别行政区政府这一概念所可涵盖。放弃"中华民国"称号后的台湾地区政权，因其拥有行政权之外的立法权、司法权和司法终审权，可称之为"特别自治区政府"或"民主自治区政府"，行使自治权的幅度和法律来源，均不同于港澳特别行政区政府。

　　从理论层面来看，"一国两制"台湾模式所涉及的国家结构或政府分权问题，已经不是严格的单一制抑或联邦制这一两分法的概念所可涵盖。虽然"一国两制"的构想是以单一制国家为出发点，但这并不排除包容联邦制的某些特点。事实上，"一国两制"的港澳模式，在以"基本法"规范中央政府和特区政府的各自权力的意义上，与单一制国家下的行政分权或授权，就已经有所不同（尽管"基本法"的法源是《中华人民共和国宪法》）。根据"一国两制"的台湾模式，台湾的现行有关规定、在两岸统一后，可以由台湾人民自行更改为"台湾基本法"，作为地区政府对内管辖和治理的最高法律，至于涉及"外交""国防事务"，则收归统一后的中央政府管辖。就此而言，两岸统一后的国家结构，带有半联邦制（quasi-federalism）的特点。两岸依据本源性分权原则，享

有完整的对内管辖权。

从实践层面来看，"一国两制"台湾模式系以双方的现行法律为依托，两岸各自行使完整的自治权，同时共享国家的对外主权，这一制度安排符合两岸关系的现实状况，有助于实现从和平发展到和平统一的平稳过渡。两岸在重归统一前的政治关系的现状是，双方依托各自的体系，拥有互不相属的行政、立法、司法和军队系统，享有完整的对内管辖权，互不隶属，实行隔海分治。两岸虽然奉行不同的名号，采取不同的法律体系，但都宣称对整个中国拥有"合法"代表性。基于双方对一个中国框架的重叠认同，两岸在国际上分别与不同的国家建立官方关系，没有同时加入以国家为基本单位的国际组织，在一定时期内，以非交叉承认、非平行代表的独特形式，共享了一个中国的主权。为此，两岸复归统一，不同于港澳模式收回主权、授权自治的路径，而是在尊重现实的基础上，让台湾依其现行体系，行使完全的自治权（或对内主权），同时由统一后的新的中国政府行使对外主权，维护两岸人民的共同利益。基于港澳地区实行特别行政区制度的经验教训和台湾主流民意对"一国两制"的基本态度，我们可以借鉴世界上其他国家在类似制度安排（例如美国自治领波多黎各）下处理特殊区域与主体建制间的制度差异，关照台湾的特殊情况，构建独特的"一国两制"的台湾模式，丰富政治学理论和实践，为"单一国家内如何实现局部差异化治理"的全球性问题，提供中国方案。

二、制度差异：冲突论、融合论还是并存论？

根据"一国两制"的台湾模式，统一后两岸在经济、社会和政治制度上，都将存在很大的差异，其差异将大于港澳地区。大陆实行的社会主义制度和台湾地区实行的资本主义制度能否长期并存？如何并存？如果"两制"通过长期并存，互相磨合，缩小了制度差距，是否仍然体现了"你不吃掉我，我也不吃掉你""井水不犯河水"的基本精神？这些都是"一国两制"台湾模式所涉及的制度差异而衍生出来的理论课题。

本节的研究思路是借鉴国家主权理论和政治分权理论，探讨国家统一后两岸之间的权力关系。同时采用路径依赖和制度变迁的视角，分析"一国两制"台湾模式中所存在的制度张力及其演化趋势，探究不同制度产生、存续和变迁的内在历史逻辑，说明不同制度不管是和平共存、互相欣赏，还是互相学习和融合，都是共享人类制度和价值文明的不同形式，从而论证"一国两制"台湾模式的理论包容度和实践可行性。

根据历史制度主义的研究路径，"一国两制"中所存在的制度差异和矛盾源于历史上国共两党的不同政治选择。国民党将三民主义和资本主义制度移殖到台湾，在历经38年的戒严统治后，回归"宪政"，实行竞争性的政党政治。共产党在大陆建立中华人民共和国以来，实行改革开放，确立了社会主义市场经济的发展道路，并不断完善社会主义民主和法制。两岸通过不同形式的选举，产生领导人，制定各自的经济、文化、教育、科技、卫生、财政、税收、社会福利、防务、对外和出入境管理等政策。就制度差异而言，两岸统一后在经济、社会和政治制度上，跟港澳地区一样，同样面临哪些领域将延续"两制"并存的局面、哪些领域将朝制度融合的方向发展的问题。随着大陆市场体系的逐渐完善，两岸在经济制度上的差异可望缩小，政治制度上的一定差异则可能长期存在。就后者而言，两岸在涉及政治权力来源的制度设计问题上差异较大，在公共事务的治理模式、公共政策的具体实施以及政府绩效评估体系的设定方面，则存在许多制度融合、互相学习的空间。[①] 正如黄嘉树所指出的，"一国两制"的精髓是求同存异，"两制"是存异，但也不是原有的"异"全保留不变。它是一种"有所变有所不变"的新政制，是一种在统一之后处理中央与某些特定地区之间关系的制度安排。[②]

由于两岸的幅员、人口差异悬殊，台湾对统一后"两制"并存、互不干扰难免存在疑虑。其实，从世界范围内来看，"一国"内部"两制"并存的情况并不乏先例，如中国历史上就曾对边疆地区实行"因其教不易其俗，齐其民不易其政"的政策。从路径依赖的视角观察，不同制度的产生、存续和变迁，均有其内在的历史逻辑。不同制度不管是和平共存、互相欣赏，还是互相融合，都是共享人类制度和价值文明的不同形式。两岸在统一前的过渡期，在制度建设方面既"和而不同"，又互相吸纳，共同推动中华民族的伟大复兴，体现了"一国两制"台湾模式的理论包容度和实践可行性。如果说，这里的"一国"概念，已经突破了

---

① 例如台湾的政党制度和选举制度在统一后就不会被强行改变。

② 黄嘉树：《求同存异，与时俱进——从解决"两府争端"的角度看"一国两制"的发展》，《台湾研究》，2002年第2期。

单一制国家的严格定义的话，那么，这里的"两制"概念，也并不是要刻意维系两个截然不同的制度。对比台湾和港澳地区，我们可以看到，"一国两制"的港澳模式是先实现统一，再解决不同社会制度和平共存、互相磨合的问题。"一国两制"的台湾模式的实现路径却是通过两岸关系的和平发展，促进双方的政治互信和制度磨合，增强台湾民众对统一前后两制并存的信心，从而实现从两岸关系和平发展到和平统一的平稳过渡。我们可以将"两制"视为有同有异、对立统一的矛盾共同体。没有制度上的差异，固然就没有"两制"并存的问题；而没有制度上的共同面作为连接不同制度的桥梁，"两制"也是难以并存的。

相对于港澳特别行政区制度，台湾地区的一个独特性是存在一个运作完整的公权力体系（即所谓的"中华民国"框架）。这个体系通过意识形态塑造，在客观上将自身打造成在地化的"政治认同"载体，产生拒统效应。"一国两制"是一种中央与地方之间的制度安排，如何在和平统一的过程中逐渐消解台湾这一"类国家"的结构，落实"一国"的制度框架，是需要破解的难题。台湾的另一个独特性是存在一个西方意义式的民主体系。经过多年发展，民主价值理念已经成为台湾社会价值体系的重要组成部分，台湾当局就以所谓的"价值高地"与大陆的制度自信相抗衡。虽然近年来因台湾党派内耗，社会对政党政治的表现失望，但大多数民众仍对延续既有的民主制度存在共识，不认同大陆所倡导的"一国两制"模式，唯恐其社会制度和生活方式在统一的过程中遭到侵蚀和改变。为此，所谓"民主价值"成为"独"派拒统的"神主牌"，也成为连接美、日意识形态的基础，为台湾提供了争取外部支持的筹码。要破解这一难题，必须坚定"一国两制"的底线思维，以"两制"的高度包容性,破解台湾社会所存在的"分离主义"意识,维护一个中国的框架。

综上所述,"一国两制"不但是实现祖国和平统一的现实途径,也是符合中国国情的国家发展方略。基于港澳地区先实现国家统一、再寻求制度磨合的经验,我们可以从两岸制度面的求同存异入手,借鉴路径依赖和制度变迁理论,推论两岸和平统一后差异与融合并存的制度建设方向。从国家统一和国家发展的宏观历史视野,可以看到"一国两制"的科学构想,不但有利于实现国家统一和国家发展的双重目标,还可以丰富中国特色的社会主义理论。既然一个国家内部不同制度可以长期并存、互相学习,世界上的不同文明和制度,也完全可以互相欣赏,和平共存。从这个意义上说,"一国两制"理论丰富了当今世界上的国家统一理论和制度发展理论(单向发展论和趋同论),对当今世界上流行的国家统一理论(不是单一制就是联邦制)和制度发展理论(不同制度非优即劣的单向发展模式和不同制度的趋同发展模式)提供了新的理论选项。从"一国两制"的构想的最初提出,到江泽民在2002年5月31日讲话中有关世界上不同文化和社会制度可以互相并存、互相学习的论述,人们不难看到中国特色社会主义在理论自信、道路自信、制度自信和文化自信方面的发展脉络。

第二节 以"一国两制"的台湾模式规范两岸在统一前后的政治关系

中共十八大报告指出："和平统一最符合包括台湾同胞在内的中华民族的根本利益。实现和平统一首先要确保两岸关系和平发展。必须坚持'和平统一、一国两制'方针，坚持发展两岸关系、推进祖国和平统一进程的八项主张，全面贯彻两岸关系和平发展重要思想，巩固和深化两岸关系和平发展的政治、经济、文化、社会基础，为和平统一创造更充分的条件。"[①] 十九大报告重申"必须继续坚持'和平统一、一国两制'方针，推动两岸关系和平发展，推进祖国和平统一进程"。这些论述揭示了"一国两制"的和平统一构想与两岸关系和平发展思想的内在关系，隐含着以"一国两制"的台湾模式规范两岸在统一前的政治关系的政治逻辑。

界定两岸在国家尚未统一特殊情况下的政治关系的关键，是遵循一个中国的原则，强调两岸在统一前和统一后的政治关系的逻辑一致性，使其既不违背"一国两制"的基本精神，又能为台湾方面所接受。正如胡锦涛在 2008 年岁末纪念《告台湾同胞书》发表 30 周年座谈会上提出六点意见（以下简称"胡六点"）时所指出的，"大陆和台湾尽管尚未

[①] 胡锦涛：《坚定不移沿着中国特色社会主义道路前进 为全面建成小康社会而奋斗——在中国共产党第十八次全国代表大会上的报告》（2012 年 11 月 8 日），北京：人民出版社，2012 年，第 43—45 页。

统一，但不是中国领土和主权的分裂，而是 20 世纪 40 年代中后期中国内战遗留并延续的政治对立，这没有改变大陆和台湾同属一个中国的事实。两岸复归统一，不是主权和领土再造，而是结束政治对立"。[①] 胡锦涛的上述说法，界定了两岸在统一前后的政治关系及其内在的逻辑连接，很好地处理了一个中国原则与中国尚未统一的关系，也就是维护一中框架、确保两岸关系和平发展与追求国家统一的关系。十八大报告进一步指出："大陆和台湾虽然尚未统一，但两岸同属一个中国的事实从未改变，国家领土和主权从未分割、也不容分割"。[②] 在提出"继续推进两岸交流合作"之后，报告特别提到两岸要"促进平等协商，加强制度建设"，"共同努力，探讨国家尚未统一特殊情况下的两岸政治关系，作出合情合理安排；商谈建立两岸军事互信机制，稳定台海局势；协商达成两岸和平协议，开创两岸关系和平发展新前景。"[③] 这里的"情"，既涉及两岸对中华民族这一生命共同体的情感认同，也包括台湾人民对其特有历史和社会制度的情感。这里的"理"，首先是两岸同属一个国家的"法理"，同时也包括双方的现行法律框架，包括出入境管理、税收制度、货币制度、司法制度等涉及两岸人民交往的法规以及两岸官方机构和人员交往时应该如何妥当称呼等敏感问题。这里的"安排"已经不限

① 胡锦涛：《携手推动两岸关系和平发展 同心实现中华民族伟大复兴》（2008 年 12 月 31 日），载中共中央台湾工作办公室、国务院台湾事务办公室：《中国台湾问题》（修订版）配套资料，北京：九州出版社，2015 年，第 117—122 页。

② 胡锦涛：《坚定不移沿着中国特色社会主义道路前进 为全面建成小康社会而奋斗——在中国共产党第十八次全国代表大会上的报告》（2012 年 11 月 8 日），北京：人民出版社，2012 年，第 43—45 页。

③ 胡锦涛：《坚定不移沿着中国特色社会主义道路前进 为全面建成小康社会而奋斗——在中国共产党第十八次全国代表大会上的报告》（2012 年 11 月 8 日），北京：人民出版社，2012 年，第 43—45 页。

于理论性的探讨，而是对实际事务的处理，包括台湾的涉外活动问题。大陆学术界普遍认为，两岸在统一前的政治关系既不是中央政府和地方政府的关系，也不是主权国家或分裂国家之间的国际关系。但究竟是什么关系，往往是言犹未尽，尚值得深入研究。

从"一国两制"台湾模式的理论建构出发，两岸在统一前的政治关系，可以视为在中国内部尚未完全终结敌对状态的中华人民共和国政府与台湾当局之间的特殊关系，"中华民国"作为附着于台湾地区政权身上的一个陈旧的政治符号，在岛内虽然仍有市场，但不可能为大陆方面所认可。两岸在统一后的政治关系，则是在中国内部两个已经完全终结敌对状态的地区政府之间的关系。在国家尚未统一特殊情况下，中华人民共和国政府和台湾当局在法理上都宣称对整个中国拥有合法的代表性，彼此隔海分治，延续了国共内战所遗留下来的在"国家主权"问题上互不承认的"交战状态"。这一"交战状态"在两岸最终实现和平统一之前是无法完全结束的。两岸基本规定体系有关"国家领土"的规定，提供了一个中国框架的法理依据。中华人民共和国政府的国际地位及其对一个中国原则的坚持，决定了在国际社会上不可能出现"两个中国"或"一中一台"的安排。大陆方面在20世纪90年代初不接受"一国两府"的说法，是担心台湾当局借此推行"两个中国"，当年台湾政治人物的主观动机、国际形势和两岸力量对比的客观情况，决定了这种担心是有依据的。如今大陆已成为全球第二大经济体、最大的贸易体、两岸贸易占台湾外贸比例高达35%左右（占大陆外贸比例不到5%）、大陆成为台湾地区最大的进出口贸易伙伴和最大的贸易顺差来源地、大陆军力遥遥领先于台湾、世界上绝大部分国家承认中华人民共和国是代表全中国的合法政府。中华人民共和国政府从未放弃对台湾的国家主权，台湾地区的国民党在其主政时期宣称"中华民国的主权及于大陆地区，治权仅及于台澎金马"，目前主政的民进党当局则宣称要依照其现有的法律体系和两岸人民关系条例处理大陆事务，双方"分庭抗礼"，互不相让。在国际场合，两岸在马英九主政时期以"非交叉承认、非平行代表"的特殊方式，共享一个中国的主权，"在涉外事务中避免不必要的内耗"。在民进党重返执政后，因其拒不接受"九二共识"，台湾的涉外活动空间自然受到进一步紧缩。由于大陆在国际社会的广泛影响力和中华人民共和国政府对一个中国原则的一以贯之的坚持，在国际社会并未出现"两个中国"或"一中一台"的局面。两岸所管辖的土地和人口有明显的大小之分，但彼此互不隶属，可以说是处于平等或对等的地位。两岸和平统一后，台湾当局放弃"外交""国防"权力，由统一后的中央政府行使，但继续行使对内管辖权。正因为存在"两制"，才需要能充分体现不同制度精神的组织载体。不管是就对不同制度的代表性而言，还是就内部治理而言，统一后的两岸关系都应该是平等的。

众所周知，一个中国原则指的是：世界上只有一个中国，大陆和台湾同属一中，中国主权和领土完整不容分割。如果中国是一个统一的国家，上述原则自然是天经地义，不证自明的。但在中国尚未统一的情况下，如何基于两岸在事关国家主权和领土问题上存在政治对立这一经验事实，理解一个中国原则的有效性，就成为一个值得深思明辨的问题。按照学术界有关治权分属、主权共享的理论，国家主权和政府治权的涵盖范围可以有所不同，两个对等的政治实体或政府的存在，并不一定就会导致一个国家主权的一分为二，其条件是双方均不放弃对整个国家的主权要求，也就是处于实质性或象征性的"交战"状态。两岸关系的七十年发展历程，为验证上述理论的有效性，提供了独特的案例。

在两蒋时期，两岸在政治和军事上处于对峙状态，民间互不往来，在国际社会上"汉贼不两立"，延续了"谁代表中国"的长期斗争。1979年中美建交的同时，全国人大常委会发表《告台湾同胞书》，首次提出和平统一祖国的方针，呼吁两岸进行直接的通邮、通航、通商，开展经济、科学、文化、体育交流，即"三通四流"，大陆方面随即停住了对台湾的海漂和空飘宣传，降低了两岸的敌对状态。其后，"叶九条"建议举行国共两党对等谈判，实行第三次合作，共同完成祖国统一大业；双方先派人接触，充分交换意见。虽然蒋经国在台面上提出了"不接触、不谈判、不妥协"的"三不"政策作为回应，但对两岸民间的私下来往采取了"睁一只眼、闭一只眼"的态度，海上小额贸易应运而生，一些台湾商人开始转由第三地前来大陆投资。1987年蒋经国当局决定开放退伍老兵回大陆探亲后，两岸民间交流化暗为明，实现了间接"三通"。

1988年1月蒋经国去世后，新上台的李登辉当局延续了蒋的政策，并在1991年正式宣告终止"动员戡乱时期"，在继续宣称"中华民国主权"包括大陆的同时，将中华人民共和国政府视为有效管辖大陆的合法政权，同时颁布"国家统一纲领"。其后，两岸先后成立了半官方机构海峡交流基金会（海基会）和海峡两岸关系协会（海协会），经过多次协商达成双方以口头方式表述均坚持一个中国原则的"九二共识"。其中海基会在1992年10月30日提出的口头声明的内容是："在海峡两岸共同努力谋求国家统一的过程中，双方虽均坚持一个中国的原则但对于一个中国的含义，认知各有不同。"海协会在 11 月 3 日提出的口头表述的内容是："海峡两岸都坚持一个中国的原则，努力谋求国家的统一。但在海峡两岸事务性商谈中，不涉及'一个中国'的政治含义。"[①]在"九二共识"的基础上，海协会会长汪道涵和海基会董事长辜振甫于 1993 年 4 月在新加坡首次会晤，达成了共同协议。

在李登辉主政的中后期和民进党籍陈水扁主政时期，台湾方面强调两岸尚未统一的"分治"状态，企图以承认中华人民共和国政府的统治合法性，换取大陆方面对台湾当局统治"合法性"的承认，先后提出"一个中国，两个政治实体""一个中国，两个政府"以至"阶段性两个中国"的政治定位，在发展对外官方关系和参加国家组织方面追求以"交叉承认"和"平行代表"为要旨的所谓"务实外交"，其目的是实现"两个中国"或"一中一台"的政治目标。从 1993 年 9 月开始，李登辉当局每年定时推动所谓"重返联合国"的官方宣示活动，民进党则大力推动以台湾名义提出"加入联合国"的活动。民进党在 2000 年上台后，进一步推动台湾的"法理独立"，尤以 2008 年选举期间的"入联公投"为甚。在这一时期，由于台湾当局试图切断两岸的法理纽带，在两岸关系和国际社会挑战一个中国原则，导致了两岸关系在 1995—1996 年、1999 年、2003 年和 2007 年的多次危机。

马英九主政期间两岸关系和平发展的一个重要政治成果就是"法理一中"概念的确立。"法理一中"不但已经成为处理两岸关系一项重要原则，也是对两岸关系现状的比较准确的描述。虽然台湾大部分民众主

---

① 《海协会就海峡两岸公证书使用问题商谈致函海基会》，《人民日报（海外版）》，1992 年 11 月 21 日。

张维持现状，但越来越多的民众，已经接受两岸同属"一中"的法理现实，并预期台湾地区终将被大陆统一。台湾的为政者在经历了"阶段性的两个中国""特殊的国与国关系"以及"一边一国"论的尝试后，回到了"一国两区"的立场，与大陆以"法理一中"规范两岸现状的政策立场趋近。两岸从2008年到2015年期间在国际场合"和解休兵"的发展趋势表明，双方正逐渐磨合出一种和平、双赢的"交战"模式，双方都没有放弃对整个中国的主权要求，从而为"主权共享"提供了特殊的经验案例。例如，马英九执政时期台湾"邦交国"数目基本稳定不变，并以适当名义参加了"世界卫生大会"（WHA）、国际民航组织等政府间组织的活动。在这期间两岸的主要政治分歧，是对国家和平统一的未来目标的认定和承诺。虽然国民党接受了"九二共识"，但马英九所主张的"不统、不独"的政策立场，与两岸在20世纪90年代初所达成的"九二共识"，尚有出入。如上所述，"九二共识"的要义不但在于"不独"，而且在于"要统"。当年两岸在"一个中国"的意涵，也就是谁代表中国问题上存在着不同认知，不等于双方不存在"坚持一个中国原则""追求国家统一"的共识。马英九当局对统一目标的淡化处理，限制了两岸关系进一步和平发展的空间。至于民进党以两岸没有文字协议为由，否认"九二共识"的客观存在，更是一个逻辑错误。共识毕竟不是协议。如果当年确实达成了文字协议，那就应该称之为"九二协议"，而不是"九二共识"。中华人民共和国政府与台湾不同政党在统"独"问题上的立场，由表5.2可以概见。

表 5.2　对两岸现状和未来目标的不同认识

未来目标 / 现状描述	统一			分裂	战略
	清晰—模糊—清晰				
"法理一中"	"一国两制" "两岸一国"	"一国一制"	—	—	清晰
	"一中不表"	"一国两区" "一中各表"	不统、不"独"	—	
	—	"一国两府""一国两体" "阶段性的两个中国"		"两国论"	模糊
事实"独立"	—	—		"中华民国是台湾" "一边一国" "一中一台"	清晰

资料来源：作者自行整理。

　　大陆对两岸关系现状的描述和统一目标的规划均很清晰，就是两岸同属一个国家，以"一国两制"模式，实现国家统一。虽然在 20 世纪 80 年代，大陆曾考虑过以武力"迫和促统"的策略，将国民党长期拒和作为对台使用武力的条件之一，但是到 20 世纪 90 年代后，已基本将武力限定为防止"台独"的战略依托，而非"迫和促统"的捷径。在坚持两岸同属一个国家、追求和平统一目标的同时，大陆鉴于两岸在"谁代表中国"的问题上的政治分歧，主张在事务性协商中不涉及一个中国的含义，保留了一定的战术模糊性。从大陆的观点看来，"九二共识"的内涵是"一个中国"，而不是"各自表述"，后者只是表达一个中国原则这一内容的方式。① 正因为两岸当年对一个中国的内涵有不同认知，而

① 国务院台湾事务办公室副主任周明伟对海外侨界人士的演讲稿，2001 年 2 月，纽约。

对这一不同认知如何处理，又有"各自表述"和"各不表述"的意见分歧，所以双方只能就"各自以口头方式表述均坚持一个中国的原则"达成共识，而未能签署书面协议。换句话说，大陆认知到国民党对"各自表述"的坚持，但对此既没有接受，也没有明确反对，而是保留了一定的模糊空间，体现了战略清晰和战术模糊的结合。

台湾地区领导人李登辉用"特殊国与国关系"描述两岸关系，追求分裂路线；陈水扁提出"一边一国"，以此界定两岸关系，企图实现"一中一台"的战略目标，属于与大陆立场截然不同的战略清晰。与此相反，马英九以"一国两区"界定两岸关系的现状，宣示"'中华民国主权'包括大陆，治权仅及于台澎金马"，以"不统、不独"作为处理两岸关系未来发展的施政目标，体现了战略清晰和战略模糊的两面性，即在以"法理一中"规范两岸关系现状的立场上是清晰的，但对于两岸关系的未来发展目标的认定，又是模糊的。不过，马英九强调两岸的价值差异和心理差距，又透露出"三民主义统一中国"的历史遗绪，还是在一定程度上透露出战略清晰的意味。马英九所说的"不统、不独"的准确解读是不追求统一，不接受"台独"，对这两个未来目标的排斥，有程度上的不同。马英九在卸任后特别说明他没有排除统一的选项，只是在任内不推动统一而已，反映了他在这个问题上的矛盾心理。在战术层次，国民党坚持以"中华民国"填充"两岸同属一中"这一双方均能接受的宽松框架，以"各自表述"界定"九二共识"，又有追求战术清晰的味道。蔡英文从一开始否认"九二共识"，到对这一共识采取既不接受也不否认的模棱两可立场，提出"九二会谈"的历史事实和双方所达成的共同认知等模糊说法。就这一点而言，其政策立场是介于陈水扁和马英九之间。

如上所述，基于"一国两制"的台湾模式，两岸重新统一，不是主权和领土的再造，而是通过平等协商或对等谈判，结束两个政治实体之间的对立。维护一个中国的框架指涉的是客观存在的现实，关键是双方对"领土、主权"的主张存在共同点。虽然大陆方面在统一目标和"一个中国"的含义上与台湾两大政党存在不同程度的分歧，但是只要台湾"不独"，两岸仍有寻求"建立互信，搁置争议"的空间。

为深入探讨两岸在统一前的政治关系，解决两岸的政治分歧，在马英九主政台湾地区时期，大陆方面大力推动两岸政治对话。2009 年 11 月中共中央党校原常务副校长郑必坚率领 28 位大陆学者专家前往台北，参加太平洋基金会举办的"两岸一甲子"学术研讨会，与 82 位台湾学者专家就两岸的政治性议题进行对话和交流。2012 年 12 月和 2013 年 6 月，由台湾大学两岸和区域统合研究中心和中国社会科学院台湾研究所分别主办了"台北会谈"和"北京会谈"两场准"二轨对话"。2013 年 10 月首届两岸和平论坛在上海东郊宾馆隆重举办。该论坛由全国台湾研究会和 21 世纪基金会等 14 家两岸智库联合举办。虽然国民党和民进党没有对这一论坛予以背书，马英九当局也没有派正式代表参加，但也不反对这种形式的政治对话。参加论坛的两岸学者专家多达 150 人，包括国台办领导，经过热烈讨论和交锋，形成了涵盖双方观点异同的会议纪要。2016 年 11 月初，时任国民党主席洪秀柱率团参加了外界高度关注的两岸和平发展论坛。该论坛是原国共经贸文化论坛的升级版，纳入了政治议题，由海峡两岸 20 家民间机构共同主办，200 多名两岸各界人士出席论坛，围绕两岸关系发展的政治、经济、文化、社会和青年议题进行广泛的研讨。

此外，时任国台办主任张志军和时任陆委会主任委员王郁琦在 2013

年亚太经合会见面并互称头衔后，建立了定期对话机制。在 2014 年期间，两人见面达三次之多，最终促成了两岸领导人习近平和马英九 2015 年 11 月 7 日在新加坡的首次会面。"习马会"就两岸的事务性和政治性议题广泛交换意见，拉开了两岸高层政治对话的序幕，也是两岸关系和平发展从浅水区进入深水区后的一次重大突破。"习马会"体现了两岸领导人求同存异的高度智慧。在两岸领导人公开会面场合，双方都表明了巩固"九二共识"、维持台海和平、致力振兴中华的立场和决心，其微妙的差异点是习近平强调要"保持两岸关系发展正确方向"，马英九则强调要维持台海和平现状。在两岸领导人闭门会面场合，马英九强调，两岸在 1992 年 11 月达成共识，内容是海峡两岸均坚持一个中国原则，其涵义可以口头声明的方式，各自表达，这就是"九二共识，一中各表"，台方的表述，不涉及"两个中国""一中一台""台湾独立"，因为这是所谓"中华民国宪法"所不容许的。① 对此，大陆方面的回应是："九二共识"表明"大陆和台湾同属一个中国，两岸关系不是国与国的关系，也不是一中一台"。对于台湾领导人有关"一中各表"的说法，大陆方面既没有否认，也没有承认，而是耐心听取，让时间解决问题。两岸领导人在公开会面场合确认"九二共识"，在闭门会面场合就"九二共识"的内容进行深度沟通，是"习马会"的一大特点。鉴于双方在"谁代表中国"问题上存在政治歧见，"习马会"以两岸领导人的身份和名义举行，见面互称先生，充分体现了双方基于共同认定的

---

① 习近平同马英九会面，国务院台湾事务办公室网站，2015 年 11 月 7 日，http://www.gwytb.gov.cn/zt/zylszl/speech/speech/201511/t20151107_10992047.htm；马英九正式会谈谈话全文，台湾陆委会网站，2015 年 11 月 9 日，（访问日期：2018 年 5 月 16 日）；马英九口述，萧旭岑著：《八年执政回忆录》，台北：远见天下文化出版股份有限公司，2018 年，第 355—359 页。

一个中国原则，搁置争议、相互尊重的精神。这一权宜性的安排意味着，双方对同一个中国的重叠性的主权宣示，也就是对一个中国意涵的不同认知，并不影响两岸公权力部门的平等交往和政治对话的推进，包括未来两岸和平协议的签署。两岸领导人在新加坡这一以华人为主体的国家，面对众多国际媒体，以先生（而非彼此头衔）互相称呼，热情握手长达一分钟多，恰恰说明了两岸血浓于水，不是国与国关系，中国人有智慧以其独特方式，处理彼此的政治分歧，解决好自己的问题。回头看来，从江泽民 1995 年首次提议两岸领导人进行高层互访、共商国是，到"习马会"的最终实现，经历了整整二十年的时间。民进党再次上台后，拒不接受"九二共识"，认同其核心意涵，导致海协会、海基会的协商谈判机制和国台办、陆委会的联系沟通机制双双中断，更不用说高层对话的可能性问题了。但不管在未来几年两岸关系可能发生什么曲折变化，若干年后我们再回首往事，还是都会记得两岸领导人的会晤是从 2015 年开始的。正如 1993 年的"汪辜会谈"开创了两会领导人会面的先河，2015 年的"习马会晤"无疑具有历史里程碑的意义，将永远留在人们的记忆之中。

第三节 海峡两岸和平统一的前景

追求国家统一是所有近代民族国家的努力目标。构成近代民族国家的要素是共同的语言、确定的版图以及民族认同和共同市场的形成。中华民族的历史形成较早，自从秦始皇统一华夏，推行"车同轨、书同文、行同伦"后，国家的边界在历史上时有伸缩与分合的变化，最终在中华文明基础之上形成主权单一、领土完整、多民族的统一国家。抗日战争的胜利，结束了日本对台湾的 50 年殖民统治。大国政治的现实和《开罗宣言》《波茨坦公告》等国际法的规范，确定了台湾重新成为中国一部分的法理事实。1971 年联合国的 2758 号决议则意味着在国际法的意义上已经解决了谁代表中国的问题。国际关系领域中现实主义和自由制度主义学派可以从不同的理论视角，解释这一结果。中华人民共和国成立以来，对于国共内战所遗留下来的台湾问题，大陆承续了孙中山先生所论述的中华民族历史意识中的国家统一观念，始终把解决台湾问题、完成祖国统一大业作为对历史负责、对民族负责的神圣使命。中国的统一事关中华民族的感情、信仰、意志和命运，这是中华民族的历史结论。邓小平提出的"和平统一、一国两制"理论，丰富发展了中华民族的国家观和统一观。在处理国家统一问题时，并不完全要求绝对的"政治上的服从"和制度上的一致，而是允许在一个国家内部存在不同的社会制度。[①]

纵观历史，实现国家统一无非是两种方式，一种是战争的方式，一种是和平的方式。如果细分起来，则有以下四种方式，即战争、战争为主与和平为辅、和平为主与战争为辅、和平。和平方式自然最符合中国人民的利益。但如果和平统一的条件完全丧失，非和平方式势将被提到议事日程上来。诉诸不同程度的战争手段的统一，是征服式或兼并式的统一，在历史上屡见不鲜。不带任何压力的和平统一，则是融合式统一，比较罕见。其典型案例是西欧国家从建立经济共同体开始，进而寻

---

① 许世铨：《国家统一是中华民族历史形成的国家观》，《国际展望》，2013 年第 9 期，第 10—21、142—143 页。

求政治整合的经验。这为中国的未来统一,提供了一个先易后难的参考模式。大陆"以'三通'促统一""以经济促政治"策略考量正是基于"三通"将首先导致两岸经济的一体化,逐步实现经济的统一;其次将导致社会的融合,逐步实现社会的统一;然后经过一个较长的时期,伴随着大陆社会全面进步的进程,最终实现两岸政治的统一。[①]台湾一些学者提出的"统合论"和"区域整合论",则是基于欧盟发展过程中,每个国家内部的"超国家主义"势力逐渐战胜"国家主义",通过主权让渡,实现政治整合的经验。必须强调的是,海峡两岸的政治关系,属于内战遗留的政治对立问题。国家虽然尚未统一,但并没有分裂为两个国家。这与欧盟模式在主权国家的基础上,渐次推动经济整合和政治整合是有很大不同的。

一、两岸和平统一的干扰因素

2016年民进党重新上台执政后,两岸关系进入了一个新的拐点。2008年后行之有效的两会协商谈判机制与2013年开始的国台办、陆委会联络沟通机制停摆,军方旨在震慑岛内"台独"举措的演习(包括军机和航母绕台和近海实弹演习),加上大陆民间社会"武力统一"声音的上升,使两岸关系在高政治层次上兼具"冷和平"和"冷对抗"的特点。两岸民间交流的广度和深度难免受到上述政治氛围的影响。例如,

---

① 李逸舟:《实现国家统一理论创新与对台工作战略调整》,中国台湾网,2009年12月22日,http://news.ifeng.com/taiwan/4/200912/1222_354_1483782.shtml(访问日期:2018年1月30日)。

大陆居民赴台人数从 2016 年开始急剧减少，由 2015 年的 436 万人次减少为 2016 年的 365 万人次和 2017 年 291 万人次；纯观光的大陆居民则由 2015 年的 333 万人次，减少到 2016 年的 273 人次和 2017 年的 198 万人次，减少了四成以上 (表 5.3)。

表 5.3　近年两岸人员来往情况

单位：百万人

来往情况	2007年	2008年	2009年	2010年	2011年	2012年	2013年	2014年	2015年	2016年	2017年	总计
台湾前来大陆	4.63	4.37	4.48	5.14	5.26	5.34	5.16	5.37	5.50	5.75	5.87	99.27
大陆前往台湾	0.23	0.29	0.94	1.66	1.84	2.63	2.92	4.05	4.36	3.65	2.91	26.86
大陆访客 *	—	0.33	0.97	1.63	1.78	2.59	2.87	3.99	4.18	3.51	2.73	24.58
纯观光客	—	—	—	—	—	—	—	—	3.33	2.73	1.98	—

资料来源：国务院台湾事务办公室：两岸人员往来统计，http://www.gwytb.gov.cn/lajlwl/rywltj/201805/t20180524_11958157.htm（访问日期：2018 年 8 月 5 日）；台湾 "交通部观光局"：行政资讯系统—观光统计，http://admin.taiwan.net.tw/public/public.aspx?no=315（访问日期：2018 年 8 月 5 日）。

　　台湾方面对大陆访客的统计数字在 2008 年和 2009 年略高于大陆方面的数字，以后就略低于大陆方面的数字。以纯观光为目的的访客数字仅列举以往三年的数字以做比较。

蔡英文一面采取对"九二共识"既不承认也不否认的模糊态度,回避"两岸同属一个中国"这一基本政治现实,一面纵容党内和党外的"独"派人士,公开鼓吹"台独",推行"柔性台独"和"渐进台独"。蔡英文当局拒不接受以"两岸同属一个中国"为核心意涵的"九二共识",企图以"九二会谈"的历史事实及双方所达成的共同认知等模糊说法,取代具有明确"一中内涵"的"九二共识",其用意就是回避两岸政治关系的性质问题,抗拒两岸走向统一的历史潮流。蔡英文一方面宣称两岸要放下历史包袱,寻求彼此互动关系的新模式,一方面又拒不处理民进党党纲中的"台独"条款这一政治遗产,甚至以十九大后两岸关系会有转机为由头,暗示大陆方面会在十九大后调整对台政策。这若不是出于对大陆政治的无知,就是以此骗取台湾民众的耐心。对此,大陆方面没有退让的余地。十九大报告强调,承认"九二共识"的历史事实,认同两岸同属一个中国,是台湾任何政党和团体同大陆交往、开展对话、协商解决两岸同胞关心的问题的基础。这里的政党既包括国民党,也包括民进党。正如中共十八大报告所指出的:"只要民进党改变'台独'分裂立场,我们愿意作出正面回应";"对台湾任何政党,只要不主张'台独'、认同一个中国,我们都愿意同他们交往、对话、合作。"[①]十九大报告重申,认同两岸同属一个中国,是台湾任何政党和团体同大陆交往的基础。对比十八大报告提出要促进两岸平等协商,加强制度建设;"双方共同努力,探讨国家尚未统一特殊情况下的两岸政治

---

① 胡锦涛:《坚定不移沿着中国特色社会主义道路前进 为全面建成小康社会而奋斗——在中国共产党第十八次全国代表大会上的报告》(2012年11月8日),北京:人民出版社,2012年,第43—45页。

关系，作出合情合理安排；商谈建立两岸军事互信机制，稳定台海局势；协商达成两岸和平协议，开创两岸关系和平发展新前景"①等提法，十九大报告没有谈得这么详细。虽然这些内容在逻辑上属于对话和协商的内容，但鉴于岛内政局变化，两岸展开政治对话和协商的前景比前几年更不明朗，报告对台湾当局和主要政党的行为做了冷静务实的研判，是针对岛内形式变化做出的精准反映。

吴敦义当选国民党主席后，中共中央总书记习近平当晚发去电函表示祝贺，并表示"当前两岸关系和平发展面临挑战，切望两党以两岸同胞福祉为念，坚持'九二共识'，坚定反对'台独'，把握两岸关系和平发展正确方向，同为中华民族伟大复兴而奋斗之"。吴敦义在回电中表示，"在1992年双方达成'两岸都坚持一个中国的原则，但是对于它的含义，双方同意用口头声明方式作各自表达'的共同基础上，历经多年努力，推动制度化协商，签署多项协议，从紧张对立到和平发展，成效有目共睹"，期盼两党"持续深化'九二共识'，推动两岸和平制度化，互相尊重与包容，弘扬中华文化，促进两岸永续发展，合作走向康庄大道"。②与2013年7月20日马英九当选国民党主席回复习近平总书记的电文里重申两岸1992年"各自以口头表达坚持一个中国原则"的"九二共识"相比，吴敦义显然是在马英九的表述上后退，用对"一个中国"的含义的"各自表述"取代了对一个中国原则的"各自表述"，

---

① 胡锦涛：《坚定不移沿着中国特色社会主义道路前进　为全面建成小康社会而奋斗——在中国共产党第十八次全国代表大会上的报告》（2012年11月8日），北京：人民出版社，2012年，第43—45页。

② 《习近平贺电吴敦义，强调坚定反"台独"》，中国评论网，2017年5月21日，http://www.crntt.com/doc/1046/8/7/3/104687389.html?coluid=1&kindid=0&docid=104687389&mdate=0521080546（访问日期：2018年1月15日）。

将其视为"九二共识"的内涵。在回电中，吴敦义不提反对"台独"和中华民族的伟大复兴，只提两岸和平制度化和弘扬中华文化，与大陆的立场也有明显距离。比起对一个中国原则和"九二共识"讳莫如深的民进党，国民党的今后策略似乎是以坚持"各自表述"作为接受一个中国原则的条件，将当年海基会有关"在海峡两岸谋求国家统一的过程中，双方虽均坚持一个中国之原则，但对一个中国的涵义，认知各有不同"的表述，等同于我方当年所认可的"各自以口头方式表达坚持一个中国原则的态度"。事实上，在两岸重归统一前，围绕一个中国的含义也就是"谁代表中国"的问题的争论，是不可能解决的，这也是当时我方何以坚持"在海峡两岸事务性商谈中，不涉及一个中国的含义"的表述的原因。换句话说，两岸对于"谁代表中国"问题的争议，只能搁置，无法摆在桌面上。过去两岸在事务性协商中，可以不涉及一个中国的含义，今后在进行政治对话时，也可以不涉及一个中国的含义。

对于习近平总书记在贺电中提到的"把握两岸关系和平发展正确方向"的说法，吴敦义主席的回应是"推动两岸和平制度化""促进两岸永续发展"，避而不谈两岸关系的发展方向。两岸和平制度化或许隐含和平协议的可能性，但对于两岸统一的前景，正如他在接受媒体采访时所说，要统一就到大陆去。为什么同一个国民党，在1992年时可以讲"谋求国家统一"，到马英九主政时就演变成"不统"？其实，吴敦义把其中原因说得很明白，就是"统人没能力，被统不愿意，喊'独'骗选票，真'独'不必要，只有和平最重要"。[①] 20世纪90年代初两岸在一

---

① 《吴敦义妄称：想统一可以到对岸去 别拖累2300万人》，观察者网，2017年5月8日，https://www.guancha.cn/society/2017_05_08_407265.shtml（访问日期：2018年5月25日）。

个中国原则和谋求国家统一问题上没有异议，分歧在于"谁代表中国"之争以及背后所蕴含的"谁统谁"的问题。25 年后的今天，两岸各方面的实力对比发生了根本性的变化。与国民党早年追求"三民主义统一中国"不同的是，两岸回归统一意味着台湾方面接受"一国两制"的安排，接受大陆在统一后的中国内部的主体性地位，也就是台湾社会所称之为的"被统一"。国民党从积极统一大陆到消极接受被大陆统一，需要经历漫长的心理适应过程。虽然台湾将近一半的民众预期台湾最终将接受统一，但由于历史和现实原因台湾大部分民众不愿意现在就与祖国大陆统一。"拒统"恐怕仍是当前台湾地区的主流民意。

　　吴敦义领导下的国民党是否会跟祖国大陆渐行渐远，甚至走上"独台"的道路？"独台"或"B 型台独"指的是在不更改"国号"、不宣布"台独"的情况下，坚持"中华民国在台湾是一个主权独立的国家"的立场，拒不接受"两岸同属一个中国"的法理事实，也就是推行"两个中国"路线，与推行"一中一台"的"台独"路线属于同一货币的两面，都是意在谋求台湾"独立"。民进党有意混淆"拒统"和"谋独"的区别，营造多数台湾民众天然支持台湾"独立"的假象。如果大陆对台湾"拒统"和"谋独"的两股思潮不加区分，就会正中民进党的下怀。对于"谋独"思潮应该予以坚决打击，对于"拒统"思潮，则需要从促进两岸经济社会融合发展的角度在根本上予以化解，最大限度地孤立岛内的"独派"势力和思潮，推动两岸关系的和平发展。目前大陆的总体实力远远超过台湾，构成了遏制"台独"的重大压力；但在人均收入和社会生活方式方面，两岸还存在比较大的差距和隔阂，需要在经济社会融合发展的过程中，增强大陆对台湾的吸引力，逐步拉近心灵差距，从而为实现和平统一创造必要的条件。

二、两岸和平统一的推动因素

在一个中国的框架下，推动两岸关系和平发展，与实现祖国统一的最终目标是前后相承的关系。两岸关系和平发展实际上就是推动和平统一的过程，也就是"巩固和深化两岸关系和平发展的政治、经济、文化、社会基础，为和平统一创造更充分的条件"，在"同心实现中华民族伟大复兴进程中完成祖国统一大业"。[①] 中共十八大报告强调在坚持一个中国原则的基础上推进两岸交流合作。这一发展逻辑乃是对 2008年 5 月后两岸关系迅速发展的经验总结。从 2008 年 6 月到 2015 年 8月，海协会与台湾的海基会 11 次会谈，签署了 23 项协议，从解决经济、文化等低阶政治领域的议题入手，再循序寻求协商破解对外交往和军事互信等高阶政治领域的议题，确实符合一般所说的"先经济后政治""先易后难"的发展规律。正确理解低阶政治和高阶政治的互动性和解决不同领域议题的不同方式，有助于我们把握政治和经济的辩证关系，在优先解决经济、文化等社会领域议题的同时，加强两岸在高阶政治领域议题方面的对话，推进两岸关系的全面发展。

在 23 项协议的拉动下，两岸经济和文化交流在国民党主政时期有了明显的增长。两岸贸易额从 2007 年的 1245 亿美元增长到 2010 年的

[①] 胡锦涛:《坚定不移沿着中国特色社会主义道路前进 为全面建成小康社会而奋斗——在中国共产党第十八次全国代表大会上的报告》(2012 年 11 月 8 日)，北京：人民出版社，2012 年。

1454 亿美元、2012 年的 1690 亿美元和 2014 年的 1983 亿美元。受岛内"政党轮替"的影响，两岸贸易额下降到 2015 年的 1886 亿和 2016 年的 1796 亿。① 在大陆惠台政策的拉动和两岸工商界的努力下，2017 年反弹到 1994 亿美元，上升 11.3%。② 2017 年台湾对大陆出口额为 1554 亿美元，自大陆进口额为 440 亿美元，顺差 1114 亿美元。根据台湾外贸部门的统计数字，2017 年两岸贸易额（包括港澳）为 1820 亿美元，比 2016 年增长 15.4%，占台湾贸易总额（5765 亿美元）的 31.56%；台湾对大陆出口额达 1304 亿美元，比 2016 年增长 16%，占台湾出口总额（3172 亿美元）的 41%，远远超过台湾对美日两国的出口额（分别为 11.6% 和 6.3%）；台湾自大陆进口额为 515.7 亿美元，增长 13.8%，占台湾进口总额（2593 亿美元）的 19.9%，也高于其自美日两国的进口额比重（分别为 11.7% 和 16.2%）。台湾从两岸贸易中享有 788.2 亿美元的顺差，比其贸易顺差总额（579.8 亿美元）高出 208.4 亿美元。③ 根据这一统计口径，大陆不但是台湾最大的贸易伙伴、最大的出口市场和贸易顺差来源，还超越日本成为最大的进口来源地。不过，根据大陆方面的统计，2017 年台湾自大陆进口额仍然低于自日本的进

---

① 2016 年台湾发生民进党再次上台的"政党轮替"，在 2014 年的"九合一"选举后就已经有征兆。蔡英文当局不接受"九二共识"的立场，在 2015 年就已经开始暴露。工商界对两岸经济合作前景的不确定性可以解释两岸贸易额何以在 2015 年就开始下降。详见：《两岸经济统计月报（系列）》，台湾陆委会网站（访问日期：2018 年 5 月 20 日）。

② 如果以人民币为单位，比较 2016 年和 2017 年两岸贸易额的变化情况，增长率则为 14%。这是因为人民币在 2017 年的贬值而导致上述不同结果。详见：《两岸经济统计月报（系列）》，台湾陆委会网站（访问日期：2018 年 5 月 20 日）。

③ 台湾外贸部门："2017 年国际贸易情势分析"，第 6、19—20 页，https://www.trade.gov.tw/Pages/Detail.aspx?nodeID=1590&pid=644950&dl_DateRange=all&txt_SD=&txt_ED=&txt_Keyword=&Pageid=0（访问日期：2018 年 8 月 2 日）。

口额 75 亿美元以上，大陆只是台湾的第二大进口来源地。与此同时，台湾是大陆第七大贸易伙伴、第九大出口市场和第六大进口来源地。从表 5.3 可以看到，台湾对大陆的贸易依存度居高不下，说明台湾当局的新南向政策是无法遏制两岸的经贸往来势头的。

台湾方面对两岸贸易的统计数字与大陆方面的略有差异。从 2007 年到 2017 年，就台湾对大陆的出口而言，大陆方面的统计数字高于台湾方面的数字；但就台湾自大陆进口而言，台湾方面的统计数字又高于大陆方面的数字。就两岸进出口贸易总值而言，大陆方面的统计数字在 2007 年到 2011 年期间低于台湾方面的统计数字，但在 2012 年到 2017 年期间高于台湾方面的数字。在这十年中，大陆方面的统计数字显示，台湾对大陆的出口依存度（对大陆出口值占所有出口值的比例）从 40% 增加到 50%；但台湾方面的统计数字显示，出口依存度停留在 40% 左右，没有发生显著的改变。大陆方面的统计数字显示，台湾对大陆的进口依存度（自大陆进口值占所有进口值的比例）从 10.7% 增加到 17%；台湾方面的统计数字则显示，进口依存度从 13.6% 上升到 19.9%。就台湾对大陆的贸易依存度（两岸贸易占台湾对外贸易的比例）而言，大陆方面的统计数字显示从 26.7% 上升到 34.6%，台湾方面的统计数字则显示从 28% 左右增加到近 32%。就台湾从两岸贸易中所获得顺差而言，大陆方面的统计显示其从 2007 年的 775.6 亿美元上升到 2017 年 1114 亿美元，台湾方面的统计数字则显示其从大约 600 亿美元增加到近 800 亿美元。[①] 不管怎么说，两岸贸易不对称的互赖性一直在持续增加。由

① 台湾外贸部门："2017 年国际贸易情势分析"，台湾经贸资讯网，2018 年 6 月 17 日；《两岸经济统计月报（系列）》，台湾陆委会网站（访问日期：2018 年 6 月 25 日）。

于大陆的贸易体量远远大于台湾，台湾对大陆的贸易依赖性明显大于大陆对台湾的依赖性。如果两岸因为政治对抗导致彼此贸易的中断，台湾在经济上所受到的损失自然大大超过大陆。尽管民进党当局试图减少台湾对大陆的经济依赖，但两岸间的经济整合确是不可避免的大趋势。

表5.4 两岸贸易及互相依赖程度的变化

年份	两岸贸易情况				台湾对大陆出口				台湾自大陆进口				台湾贸易顺差
	贸易金额/10亿美元	同比增减/10亿美元	占台出口/%	占陆进口/%	进口金额/10亿美元	同比增减/10亿美元	占台出口/%	占陆进口/%	进口金额/10亿美元	同比增减/10亿美元	占台出口/%	占陆进口/%	金额/10亿美元
1978	0.05	—	0.2	0.2	0.00	—	—	—	0.05	—	0.5	0.5	-0.05
1979	0.08	60.0	0.3	0.3	0.02	—	0.1	0.13	0.06	20.0	0.4	0.4	-0.04
1980	0.31	287.5	0.8	0.8	0.24	1,100	1.2	1.23	0.08	33.3	0.4	0.4	0.16
1981	0.46	48.4	1.1	1.0	0.38	58.3	1.7	1.73	0.08	0.0	0.4	0.4	0.30
1982	0.28	-39.1	0.7	0.7	0.19	-50.0	0.9	0.98	0.08	0.0	0.4	0.4	0.11
1983	0.25	-10.7	0.6	0.6	0.16	-15.8	0.6	0.75	0.09	12.5	0.4	0.4	0.07
1984	0.55	120.0	1.1	1.0	0.43	168.8	1.4	1.57	0.13	44.4	0.6	0.5	0.30
1985	1.10	100.0	2.2	1.6	0.99	130.2	3.2	2.34	0.12	-7.7	0.6	0.4	0.87
1986	0.96	-12.7	1.5	1.3	0.81	-18.2	2.0	1.89	0.14	16.7	0.6	0.5	0.67
1987	1.52	58.3	1.7	1.8	1.20	48.2	2.2	2.78	0.29	107.1	0.8	0.7	0.91
1988	2.72	79.0	2.5	2.7	2.20	83.3	3.6	3.98	0.48	65.5	1.0	1.0	1.72
1989	3.48	27.9	2.9	3.1	2.90	31.8	4.4	4.90	0.59	22.9	1.1	1.1	2.31

续表

年份	两岸贸易情况				台湾对大陆出口				台湾自大陆进口				台湾贸易顺差
	贸易金额/10亿美元	同比增减/10亿美元	占台出口/%	占陆进口/%	进口金额/10亿美元	同比增减/10亿美元	占台出口/%	占陆进口/%	进口金额/10亿美元	同比增减/10亿美元	占台出口/%	占陆进口/%	金额/10亿美元
1990	4.04	16.1	3.3	3.5	3.30	13.8	4.9	6.19	0.77	30.5	1.4	1.2	2.53
1991	5.79	43.3	4.1	4.3	4.67	41.5	6.1	7.32	1.13	46.8	1.8	1.6	3.54
1992	7.41	28.0	4.8	4.5	6.29	34.7	7.7	7.80	1.12	-0.9	1.6	1.3	5.17
1993	14.40	94.3	8.8	7.4	12.93	105.6	15.0	12.4	1.46	30.4	1.9	1.6	11.47
1994	16.32	13.3	9.1	6.9	14.08	8.9	14.9	12.2	2.24	53.4	2.6	1.9	11.84
1995	17.88	9.6	8.2	6.4	14.78	5.0	13.0	11.2	3.10	38.4	3.0	2.1	11.68
1996	18.98	6.2	8.6	6.6	16.18	9.5	13.8	11.7	2.80	-9.7	2.7	1.9	13.38
1997	19.84	4.5	8.3	6.1	16.44	1.6	13.2	11.6	3.40	21.4	3.0	1.9	13.04
1998	20.50	3.3	9.4	6.3	16.63	1.2	14.8	11.9	3.87	13.8	3.7	2.1	12.76
1999	23.48	14.5	10.0	6.5	19.53	17.4	15.8	11.8	3.95	2.1	3.6	2.0	15.58
2000	30.53	30.0	10.4	6.4	25.49	30.5	16.8	11.3	5.04	27.6	3.6	2.0	20.45
2001	32.34	5.9	13.7	6.4	27.34	7.3	21.6	11.2	5.00	-0.8	4.6	1.9	22.34
2002	44.67	38.1	17.8	7.2	38.08	39.3	28.1	12.9	6.59	31.8	5.7	2.0	31.49
2003	58.36	30.7	20.7	6.9	49.36	29.7	32.6	12.0	9.00	36.7	6.9	2.1	40.36
2004	78.32	34.2	22.3	6.8	64.78	31.2	35.5	11.5	13.55	50.4	8.0	2.3	51.23
2005	91.23	16.5	23.9	6.4	74.68	15.3	37.6	11.3	16.55	22.2	9.1	2.2	58.13
2006	107.8	18.2	25.3	6.1	87.11	16.6	38.9	11.0	20.74	25.3	10.2	2.1	66.37

续表

年份	两岸贸易情况				台湾对大陆出口				台湾自大陆进口				台湾贸易顺差
	贸易金额/10亿美元	同比增减/10亿美元	占台出口/%	占陆进口/%	进口金额/10亿美元	同比增减/10亿美元	占台出口/%	占陆进口/%	进口金额/10亿美元	同比增减/10亿美元	占台出口/%	占陆进口/%	金额/10亿美元
2007	124.5	15.4	26.7	5.7	101.0	16.0	41.0	10.6	23.46	13.1	10.7	1.9	77.56
2008	129.2	3.8	26.0	5.0	103.3	2.3	40.4	9.1	25.88	10.3	10.8	1.8	77.46
2009	106.2	-17.8	28.1	4.8	85.7	-17.0	42.1	8.5	20.51	-20.8	11.8	1.7	65.19
2010	145.4	36.9	27.6	4.9	115.7	35.0	42.1	8.3	29.68	44.8	11.8	1.9	86.01
2011	160.0	10.1	27.1	4.4	124.9	7.9	40.5	7.2	35.11	18.3	12.5	1.9	89.81
2012	169.0	5.6	29.6	4.4	132.2	5.8	43.9	7.3	36.78	4.8	13.6	1.8	95.40
2013	197.3	16.7	34.3	4.7	156.6	18.5	51.3	8.0	40.64	10.5	15.1	1.8	116.0
2014	198.3	0.6	32.9	4.6	152.0	-2.8	47.5	7.8	46.28	13.9	16.4	2.0	105.8
2015	188.6	-4.9	36.1	4.8	143.7	-5.5	50.3	8.5	44.90	-3.0	18.9	2.0	98.76
2016	179.6	-4.5	35.2	4.9	139.2	-2.8	49.7	8.8	40.37	-10.1	17.5	1.9	98.86
2017	199.4	11.3	34.6	4.9	155.4	11.9	49.0	8.4	43.99	9.3	17.0	1.9	111.4
2017T	182.0	15.4	31.6	4.4	130.4	16.0	41.0	7.1	51.57	13.8	19.9	2.3	78.82

资料来源：中华人民共和国商务部台港澳司数据资料（台湾类别）：http://tga.mofcom.gov.cn/article/sjzl/taiwan/；

商务部综合司进出口统计：http://zhs.mofcom.gov.cn/article/aa/；

台湾外贸部门："2017年国际贸易情势分析"，第7页。

* 贸易额以10亿美元为单位，保留小数点后两位数，但对超过1000亿美

元的数值，仅保持小数点后一位数以节省空间。2017T 指的是台湾方面对两岸贸易的统计数字。

台湾对大陆的投资有起有伏，但总趋势也是不断增长的。根据台湾方面的统计数字，台湾当局核准台湾对大陆的投资金额从 2009 年的 106.2 亿美元增加到 2014 年的 198.3 亿美元。[①] 根据大陆方面的统计数字，2008 年大陆方面共批准台商投资项目 2360 个，同比下降 28.5%，但实际使用台资金额 19.0 亿美元，同比上升 7.0%。2010 年大陆共批准台商投资项目 3072 个，同比上升 20.2%，实际使用台资金额 24.8 亿美元，同比上升 31.7%。两项指标同步上升的原因与两岸当年签署经济合作框架协议的带动显然有关。虽然在这之后，大陆批准的台商投资项目出现了连续三年的下降局面，但在 2014 年到 2016 年期间连续三年增长，2016 年高达 3517 项。实际使用台资金额在 2012 年出现跳跃式的增长，高达 28.5 亿美元，其后出现几年的负增长，2016 年再次猛增 27.7%，恢复到 19.6 亿美元。这意味着新上台的民进党无法通过新南向政策，阻止台商对大陆的投资。截至 2017 年年底，大陆共批准 102279 个台商投资项目，实际使用台资累计 664.2 亿美元，台资占大陆累计吸收境外投资总额不到 3.5 %。与此同时，截至 2017 年 12 月底，内地累计批准港资项目 417032 个，实际使用港资 10093 亿美元。港资占内地累计吸收境外投资总额的 53.1%。[②] 如果加上台商通过英属维尔京、

① 苏起：《马政府时期两岸关系的概况和展望》，载苏起、童振源编：《两岸关系的机遇与挑战》，台北：五南出版社，2013 年，第 8 页。
② 中华人民共和国商务部台港澳司：《2017 年内地与香港经贸交流情况》，中华人民共和国商务部官网，2018 年 3 月 1 日，http://tga.mofcom.gov.cn/article/sjzl/hk/201806/20180602760877.shtml（访问日期：2018 年 5 月 20 日）。

开曼群岛、萨摩亚、毛里求斯和巴巴多斯等自由港等第三地的转投资，
2017年实际使用台资金额就是47.3亿美元，较2016年增长30.9%，而
不是像表5.5中所列举的17.7亿美元。根据这一计算方法，截至2017
年年底，大陆实际使用台资累计1100亿美元。台湾是大陆第二大外资
来源地，而大陆则是台湾最大的岛外投资目的地。

表5.5　台湾对大陆的投资情况及其变化（2003—2017年）

年份	获批投资项目		实际使用台资		累计获批项目/个	累计实际使用台资	
	数目/个	同比升降/%	金额/亿美元	同比升降/%		金额/亿美元	占比/排序*
2003	4495	−7.4	33.8	−15.0	60200	364.9	/6
2004	4002	−11.0	31.2	−7.7	64202	396.1	/6
2005	3907	−4.0	21.5	−31.0	68095	417.6	—
2006	3752	−4.0	21.4	−0.7	71847	438.9	6.4/5
2007	3299	−12.1	17.7	−20.4	75146	457.6	6.0/
2008	2360	−28.5	19.0	7.0	77506	476.6	5.6/5
2009	2555	8.3	18.8	−1.0	80061	495.4	5.2/
2010	3072	20.2	24.8	31.7	83133	520.2	5.0/
2011	2639	−14.1	21.8	−11.81	85772	542.0	4.6/
2012	2229	−15.5	28.5	30.4	88001	570.5	4.5/
2013	2017	−9.5	20.9	−26.7	90018	591.3	4.2/
2014	2318	14.9	20.2	−3.3	92336	611.5	4.0/
2015	2962	27.8	15.4	−23.8	95298	626.9	3.8/
2016	3517	18.7	19.6	27.7	98815	646.5	3.7/

续表

年份	获批投资项目		实际使用台资		累计获批项目 / 个	累计实际使用台资	
	数目 / 个	同比升降 / %	金额 / 亿美元	同比升降 / %		金额 / 亿美元	占比 / 排序 *
2017	3464	−1.5	17.7	−9.7	102279	664.2	—

资料来源：中华人民共和国商务部台港澳司数据资料（台湾类别），http://tga.mofcom.gov.cn/article/sjzl/taiwan/。

* 有些年份的统计数字提到使用台资占大陆当年使用外资的比例，有些年份比较使用不同境外资金的数额予以排序，有些年份两者都有，有些年份两者皆缺。

尽管两岸至今尚未签署涵盖文化和教育交流的一揽子协议，两岸的高校、研究机构、文化和卫生组织采取主动措施，展开制度化的交流活动。据统计，在1988年和2009年期间，共有20个类别、270万人次以上的大陆人士前往台湾访问，其中来自文化和教育部门的有23.5万人次以上。从2002年1月1日到2009年10月31日，共计18907位大陆学生前往台湾。在2010年秋天，台湾方面通过立法，允许高等教育机构承认41所大陆高校的学位，接受陆生进入台湾高等院校学习。[1] 此后，前往台湾短期访学的陆生从2011年的11227人迅速增加到2016年的32648人，又下降到2017年的25824人。前往台湾攻读学位的陆生从2011年的928人增加到2015年的3019人，达到高峰。其后下降到2016年的2835人和2017年的2139人。2017年前往台湾短期访学和攻读学

---

[1] Chuing Prudence Chou and Gregory Ching, *Taiwan Education at the Crossroad*, New York, NY: Palgrave Macmillan, 2012, pp. 263-264.

位的陆生总数为 35286 人，低于 2015 年和 2016 年的数字（表 5.6）。

表 5.6　大陆学生在台短期研究和攻读学位情况（2011—2017 年）

单位：人

年份	短期学生 *	攻读学位学生 **		小计
		录取（新生）	在读学生	
2011	11227	928	928	12155
2012	15590	951	1864	17454
2013	21233	1822	3554	24787
2014	27030	2553	5881	32911
2015	34114	3019	7813	41927
2016	32648	2835	9327	41975
2017	25824	2139	9462	35286
总计	167666	14247	***	***

资料来源：台湾地区教育主管部门网站（访问日期：2018 年 8 月 6 日）。

* 短期学生的统计从 2011 年到 2015 年是基于录取人数，2016 年是基于实际到校人数。

** 学位生的录取始于 2011 年。

*** 在读学生的统计系逐年累计，无法简单相加得出总计。

大陆从 2010 年开始接受台湾学生以学测成绩申请大陆大学，录取达到顶标级（占参考学生总数的前 12.5%）的学生。2011 年教育部印发相关通知，规定自 2011 年起大陆高等学校可依据学测成绩招收前标级（占参考学生总数的前 25%）以上的台湾高中毕业生。符合规定的台湾考生可直接向大陆高校申请就读，经大陆高校面试合格后即可录取。

根据教育部的统计数字，2011 年在大陆高校学习的台湾学生共计 7346 人，包括北京大学、清华大学、中国人民大学、暨南大学、厦门大学和华侨大学。2015 年在大陆学习的台生数目急速增加到 10870 人。 2017 年《教育部关于普通高等学校依据台湾地区入学考试学科能力测试成绩招收台湾高中毕业生有关事项的通知》规定，自 2017 年 10 月 1 日起，台湾考生的学测成绩达到均标级（占参考人数总数的前 50%）以上，即可直接申请大陆普通高校。这意味着，符合申请大陆求学台生资格人数将由约 37500 名增加到约 75000 名，翻了一倍。① 为吸引台生，大陆方面出台了一系列优惠政策，包括台生学费比照大陆学生，为台生设立专项奖学金，允许台生加入大陆城市居民的医保体系。② 这些政策措施给予台生与大陆学生的同等待遇，为他们进入大陆高校、获取专业资格和获取工作机会提供了更便利的通道，可望吸引更多的台湾优秀青年前来大陆，导致台湾方面担心人才外流问题。与此同时，大陆也为台湾同胞融入大陆经济社会建设出台系列政策、完善制度设计，尽最大努力为台胞在大陆学习、就业、创业、生活提供便利。③ 对于青年来大陆发展，目前大陆已设立了 41 个海峡两岸青年创业基地及 12 个海峡两岸青年就业创业示范点，为两岸青年交流搭建平台、厚植基础。④ 这种新型的经

① 《教育部印发通知放宽台湾高中毕业生凭学测成绩申请大陆高校标准》，中华人民共和国教育部网，2017 年 7 月 4 日，http://www.moe.gov.cn/jyb_xwfb/gzdt_gzdt/s5987/201707/t20170704_308514.html（访问日期：2018 年 5 月 26 日）。

② Zhao Xinying, "More Taiwan Students Studying in Mainland Universities," http://www.chinadaily.com.cn/china/2015-11/06/content_22392239.htm, accessed 6 August 2018.

③ 《两岸三地融合发展与港台青年未来》，中国评论网，2018 年 2 月 16 日，http://www.crntt.com/doc/1049/3/4/5/104934569_2.html?coluid=93&kindid=16512&docid=104934569&mdate=0227120420（访问日期：2018 年 3 月 29 日）。

④ 《国台办增设一批海峡两岸青年就业创业基地和示范点》，新华网，2016 年 8 月 18 日，http://news.xinhuanet.com/2016-08/18/c_1119416151.htm（访问日期：2018 年 1 月 24 日）。

济社会融合发展为台湾青年提供了广阔的发展空间和良好的发展机遇。例如坐落于北京中关村的华灿工场就是为支持两岸新锐设计竞赛"华灿奖"落地、搭建两岸青年创新交流的一个重要平台。工场总经理李伟国来自台湾，工场拥有一批熟悉大陆市场、横跨两岸的工作人员和入驻的台湾创业青年，为台湾青年在大陆创业提供了很好的软硬条件，让青年真正成为两岸经济融合发展的"连锁社群"。上述针对台湾学子的新措施的立意是争取台湾青年的人心，破解所谓的"天然独"问题。

同时，两岸在文化和社会方面也出现了深度交流、融合发展的新趋势。据统计，目前在大陆居住的台湾同胞已超过100万人，两岸间人员往来每年高达数百万人次，两岸同胞在经济、文化、社会等各领域的交流交往不断增加，大陆"十三五"规划和"一带一路"建设为两岸在现代物流、旅游服务、健康养老、医疗合作等领域的交流合作提供了广阔的发展空间。从2015年7月起，大陆对往来两岸的台湾民众实行免签注，同年9月起全面推出"卡式台胞证"。①大陆民航部门为34个台胞往来集中的机场配备近千台自助售票机，铁道部门也正在研究卡式台胞证自助购票和取票问题。2018年2月28日，国务院台湾事务办公室、国家发展改革委员会经商中央组织部等29个部门发布的《关于促进两岸经济文化交流合作的若干措施》（以下简称"惠台31条"）就是进一步推动经济社会融合发展的重要举措。"惠台31条"在产业、租税、用地、金融、就业、教育、文化、医疗、影视等多个领域全面落实台企台胞同等待遇，打破了"陆企"与"台企"、"大陆人"与"台湾人"的政

---

① 谢郁：《践行习近平对台思想促进两岸融合发展》，《中国评论》，2017年4月号，第29页。

策藩篱。一些原本只向大陆开放的项目也开始向台企开放，一些原本只向大陆居民开放的奖项和资格认证也开始向台胞开放，体现了大陆率先同台湾同胞分享大陆发展机遇的真诚意愿。可以预料，大陆还将持续推出一系列惠及两岸同胞尤其是青年人的政策措施，让两岸经济社会融合发展更广泛、更深入。

由于岛内民众对民进党执政绩效日益不满，"台湾认同"出现了下降迹象。台湾当局力图拉近台美、台日关系，但在国际社会上陷于更加孤立的地位。民调数字表明，台湾民众对民进党当局处理两岸关系和台湾对外交往的能力早就不满于心，虽然大部分民众仍然希望维持现状，但支持"台独"的比例下降，支持统一的比例上升，也在一定程度了反映了民间社会对两岸在政治上"冷和平"或"冷对抗"的担忧。根据《远见》杂志发表的"2018台湾民心动向大调查"，在民进党当局不接受"九二共识"的情况下，仍有47.5%的台湾民众赞成"九二共识"是两岸关系的基础，认为其可兼顾台湾利益和两岸和平发展；而只有约33.2%的人不赞成，"不知／未答"者则近20%。陆委会前副主委林祖嘉指出："赞成'九二共识'的人将近一半，已超过泛蓝的支持者（27.7%），表示'九二共识'已超越政治立场的认同，是促成两岸交流的务实手段。"从"九二共识"的最初达成，历经四次台海危机，两岸人民对和平发展形成了高度的共识，对和平发展的前景也有了更多的期盼。十九大报告重申两岸交往、对话、协商的基础是认同两岸同属一个中国，向台湾社会传递了一个重要信息，那就是两岸关系和平发展和台湾对外交往受挫的原因是民进党当局拒不接受一个中国的框架，责任不在大陆方面。

纵观 1987 年以来两岸民间公开交流的三个阶段发展历程，可以看到在不同阶段，两岸的官方与民间社会扮演了不同的角色。在这过程中，代表全中国的中华人民共和国政府始终坚持"和平统一、一国两制"的方针，采取"以三通促和谈、以和谈促统一"的策略，并根据岛内政局的变化，对早先"寄希望于台湾当局、寄希望于台湾人民"的统一战线思路做出与时俱进的调整，推动两岸关系的和平发展和祖国的统一进程。大陆民间社会积极配合国家对台方略，促进两岸经济和文化交流，成为连接两岸政治社会的重要媒介。大陆智库积极与台湾方面的智库进行学术交流，推动"二轨对话"。台湾地区的民间社会在推动两岸交流方面也发挥了重要作用，迫使台湾当局顺应民间需求和两岸大交流的时代趋势，调整其政策走向和力度。从 20 世纪 90 年代初的"导禁兼施"，历经李登辉后期的"戒急用忍"和陈水扁第二任期的"积极管理"，到马英九时期的全面开放交流，说明两岸民间交流进程是台湾当局无法阻挡的。30 年前台湾当局曾经将两岸贸易超过台湾外贸总量的 30% 作为台湾经济安全的警戒线，但这一心理防线在 2013 年已经为两岸贸易合作的大趋势所打破。2013 年两岸贸易高居台湾外贸总量的 34% 以上，台湾对大陆出口量则超出台湾对外出口量的 50%，此后几年基本延续了以上这一贸易格局。台湾对大陆贸易依存度的日益加剧，两岸贸易与经济总量的大小悬殊，大量台资投往大陆，众多大陆居民前往台湾访问交流，意味着两岸经济社会融合发展已经成为不可阻挡的发展趋势，也因此引起了岛内部分人士的疑虑和反弹，表现为"太阳花学运"和蔡英文当局力图减少对大陆市场过度依赖的政策举措。两岸直接三通、广泛交流的大门既然已经打开，就很难关闭。民进党当局的反向操作，只能在一定程度上影响两岸民间交流的深度和广度，而无法改变这一历史发展趋势。纵观30年来两岸关系的起伏变化，推论两岸关系和平发展的前景，可以看出"台湾独立"已经没有实现的可能，两岸终归实现统一。

第四节　小结

本章对"一国两制"的台湾模式，进行了理论层面的探讨。通过建构"一国两制"台湾模式的理论框架，论证"一国两制"的理想性和可行性。从国家内部的权力分配视角，探讨有别于港澳模式的分权类型与法理依据；对比港澳地区先实现国家统一、再寻求制度磨合的经验，探讨两岸从制度面的求同存异入手推动和平统一的独特路径。"一国两制"下的台湾模式的丰富内涵，不是一般概念意义上的单一制国家模式所能涵盖。台湾在统一后的具体权力安排及其法律来源，只能是两岸平等协商的产物。就"两制"的关系而言，双方既要互相尊重彼此的政治制度差异，走出"战胜论"和"趋同论"的思维定式，也要在公共治理、绩效评估和地方自治方面寻求制度的共同点。与港澳地区先统一再寻求制度磨合的经验不同，两岸在统一前可以先进行制度磨合，最终实现兼容式统一。

两岸关系和平发展是走向和平统一的必由之路。建构"一国两制"的台湾模式，有助于规范国家尚未统一特殊情况下的两岸政治关系，以统一后"两制"并存的前瞻性设计，处理两岸制度差异的现实性问题，保障两岸关系和平发展与和平统一的平稳过渡和无缝接轨。另一方面，研究两岸在统一前的政治关系，也可以完善"一国两制"台湾模式的理论设计。

中国历史上所谓"分久必合，合久必分"规律，是对历史事实的直观描述。其背后所隐含的规律是"国强必合，国弱必分"。经济共同市场是构成民族国家的必要条件。1949年后两岸社会处于隔绝、对立局面，互不往来。1979年以来两岸民间交流不断发展，经济互赖加强。大陆经济对台湾经济构成了不可抗拒的引力和压力。四十年的改革开放，奠定了追求国家统一的坚实物质基础。国家统一必将在中华民族伟大复兴的两个百年之间完成。在20世纪80年代，大陆一度寄希望于追求国家统一的国民党，有过统一的时间表，旋即因为岛内政党政治的变化，延后了这一时间表，并将反对"台独"、推动两岸关系的和平发展作为阶段性的任务。鉴于岛内两党在"拒统"问题上的趋同和岛内"台湾认同"的上升，两岸从1949年以来形成的"分庭抗礼"局面不能无限期拖延，必须在2049年之前解决这一历史遗留的问题。两岸综合实力的日益悬殊，人均经济收入和生活水平的日益拉近，意味着台湾终将被大陆统一。如果大陆不但在GDP上远超台湾，而且在人均收入上也超越台湾，就意味着实现国家统一的经济条件的完全成熟，也意味着可以在文化和社会层面，最终破解"台湾认同"的迷思，拉近两岸人民的心灵差距。毕竟两岸同文同种，这是台湾当局推行的"去中国化"政策所无法斩断的文化连接，而台湾多数民众对两岸终归要统一也是有一定程度的清醒认识的。

第六章 结 论

　　自从中华人民共和国政府提出"和平统一、一国两制"的方针以来，"一国两制"在从战略构想变为政治现实过程中，取得了长足的进步，但同时也面临新的理论问题。以往研究重在论述"一国"内的权力分配及其法源依据，但对"两制"如何并存研究较少。港澳地区"一国两制"实践状况表明，在国家统一之后，如何处理同一国家内部不同制度所必然要产生的冲突碰撞、互相磨合、平等相处和长期共存的问题，是理论界面临的新课题。能否妥善处理这些问题，不但事关港澳地区的长治久安，也将影响台湾社会对"一国两制"的观感以及中国的和平统一进程。

　　本书旨在深度挖掘"一国两制"的基本精神，针对港澳地区"一国两制"的实践经验和两岸关系和平发展现状，加强对"一国两制"基本理论以及台湾模式的深入研究，增强"一国两制"的理论包容度和现实可行性。本书认为基于内地与港澳地区社会经济融合发展的新形势，应加强港澳特别行政区与内地的经济和社会制度磨合，完善民主与法治建设；并基于港澳地区在"一国两制"方面的丰富实践，前瞻性地探讨

"一国两制"的台湾模式。以对该模式的前瞻性设计,规范国家尚未统一特殊情况下两岸政治关系;以两岸经济社会融合发展的经验总结,丰富台湾模式的理论内涵,从而推进祖国的和平统一。本书的主要论点如下。

第一,"一国两制"中的"一国"(国家统一)和"两制"(制度差异)存在着对立统一关系。从宏观的视角来看,"一国两制"的理论和实践涉及中华民族伟大复兴过程中的国家建立与制度建设两大主轴。其中"一国"属于国家建设的范畴,即如何基于港澳地区"一国两制"的丰富实践,实现中国的完全统一;"两制"属于制度建设的范畴,涉及因为两岸制度差异而诱发的"两制"能否并存、如何并存的现实问题,也隐含一个国家内部的不同制度互相尊重、互相学习的辩证统一关系。"一国两制"不但是实现祖国和平统一的现实途径,也是符合中国国情的国家发展方略。既然一个国家内部不同制度可以长期并存、互相学习,世界上的不同文明和制度,也完全可以互相欣赏、和平共存。从这个意义上说,"一国两制"理论丰富了当今世界上的国家统一理论和制度发展理论,对当今世界上流行的国家统一理论(不是单一制就是联邦制)和制度发展理论(不同制度非优即劣的单向发展模式和不同制度的趋同发展模式)提供了新的理论选项。"一国两制"的理论和实践是中国特色社会主义理论体系的重要组成部分,丰富了当今世界上的国家统一理论和制度发展理论,是中国特色的国家统一和发展模式对人类文明的伟大贡献。

"一国两制"构想上承中国历史上对边疆地区"因俗而治"的政治传统,近接20世纪50年代解决台湾问题上有关"一纲四目"的政治安排，已经构成中国特色社会主义理论的一个重要组成部分。坚持理论自信、道路自信、制度自信和文化自信，恰恰要求我们坚持在"一国两制"问题上的底线思维，处理好"一国"和"两制"的对立统一关系。内地/大陆和港澳台地区的制度差异源于西方国家对港澳地区的长期殖民统治和台湾社会的独特历史。近年香港出现"港独"思潮，台湾内部继续呈现一股在文化上"去中国化"的逆流，有人还借缅怀日本殖民统治和港英政府时期的历史，鼓吹"分离认同"。对此，大陆方面尤应通过增强"两制"的包容性，促进台港两地对"一国"的认同。从路径依赖的视角观察，不同制度的产生、存续和变迁，均有其内在的历史逻辑。不同制度不管是和平共存、互相欣赏，还是互相学习和融合，都是人类文明的不同形式。如果说，这里的"一国"概念，已经突破了单一制国家的严格定义的话，那么，这里的"两制"概念，也并不是要刻意维系两个截然不同的制度，而是将"两制"视为有同有异、对立统一的矛盾共同体。没有制度上的差异，固然就没有"两制"并存的问题；而没有制度上的共同面作为连接不同制度的桥梁，"两制"也是难以并存的。

第二，"一国两制"在港澳地区的实践经验凸显了粤港澳区域经济社会的融合发展和特别行政区制度与内地制度在发展过程中的调适问题，涉及特别行政区制度的初始环境，在实践过程中各方的利益博弈以及所诱发的制度变迁需求。对香港和澳门恢复行使主权，是国家权威和控制力的重新进入，面对原有殖民者的治理体系所遗留下来的"路径"，国家基础性权力的渗入需要一个调试的过程，而港澳之间磨合过程的难度不同，根源在于殖民者对港澳的治理持完全不同的态度。英国殖民者在香港采取了"一元性"的治理模式，并有一套完整的"吸纳"机制；葡萄牙殖民者在澳门的治理模式却出现"二元性"的特征，葡萄牙人和华人的社会圈子基本处于相互独立运行的状态。英葡殖民者在两地社会治理的力度存在差别，给中国国家基础性权力的渗入留下了不一样的空间，结果上也自然表现出了国家认同上的差异。

香港和澳门地区政治变迁的初始条件和以此为基础的政治博弈的差异，带来制度变迁的需求。回归前，中央政府基于港澳的初始环境进行制度设计，以保证回归后的港澳地区的经济繁荣和生活方式不变，维护既有的利益结构和权力关系。港澳地区经济的飞速增长带来了社会结构的急剧变迁和不同社会群体的利益冲突，随着内地与港澳地区经济社会融合的加速，特区内部社会群体之间的互动又越来越多地受到内地的影响，不断地展开新一轮的利益博弈，涉及经济利益分配、政治局面稳定和生活方式改变等问题。在制度设计之初，中央政府考虑港澳地区与内地的关系时，强调"井水不犯河水"，"两制"并行不悖，"一国"的内涵主要指涉主权和领土完整，但回归后出现的新的社会问题则凸显了"两制"在一定范围内进行融合的现实必要性。本书力图提炼"一国两制"在港澳地区实践经验的理论内涵，把握"一国"和"两制"的对立统一关系，着重厘清制度差异和制度融合的辩证关系，从路径依赖和制度变迁的视角，回答在哪些领域将延续"两制"并存的局面、哪些领域将朝制度融合的方向发展的问题。

第三，本书从经验层面探讨"一国两制"台湾模式的现实可行性，分析了台湾社会对"一国两制"的基本态度、变化趋势及其影响因素。由于台湾公权力机关和主要政党对"一国两制"统一模式的抵制和"污名化",民间和学界多将"一国两制"视为大陆的对台"统战"手段。不过,学界除了延续台湾公权力机关的论述外,也有人将"一国两制"纳入统合学的范畴进行考量,或主张接受"一国两制"的安排,实现国家统一,甚至还有人认为两岸早已经是"一国两制"。特别值得关注的是,台湾"统"派的立场近来有了明显的变化。中华新党开始放弃反共立场,对"一国两制"从反对转为接受。还有些原来就接受"一国两制"的"左统"势力,则主张放弃台湾的政治和社会制度,接受"一国一制(社会主义制度)"的政治安排。产生上述新现象的原因,是台湾近年政治乱象不断、经济疲弱,大陆则快速崛起,为台湾同胞融入大陆经济社会建设出台一系列惠台政策,为台胞在大陆学习、就业、创业、生活提供同等居民待遇。一些民众在对台湾现状感到失望之余改变立场,故而出现了上述由"右统"转为"左统"、"左统"转为"红统"的新现象。本书通过对不同民调数字的深度分析,从理性认知和感性认同两个层面,切实把握台湾民众对祖国统一和"一国两制"台湾模式的真实态度。

第四,本书考察了美国对"一国两制"方针政策、"一国两制"香港模式,以及对中国大陆运用"一国两制"方针解决台湾问题前景的认知现状。作为西方世界的主要大国,美国对"一国两制"的认知态度非常关键,它不仅反映了西方世界对"一国两制"战略构想的总体认知状态,而且揭示了西方国家对"一国两制"模式下香港的个案认知情况。更具有现实意义的是,我们可以据此了解中国大陆运用"一国两制"战略解决台湾问题、完成祖国统一大业的国际环境。然而,正如第四章研究所发现的那样,美国政界、学术界以及媒体界对"一国两制"多有曲解和批判，在个体层面与整体层面呈现差异性的认知结构。从整体层面来说，美国各界对"一国两制"方针及香港模式的错误认识、意识形态的窠臼、文化价值的导向、现实利益的考量，导致他们对"一国两制"呈现消极的认知。从个体层面而言，不同政府部门、学者与媒体等行为体关切的利益、所处的情境以及关注的价值存在差异，导致他们对"一国两制"持有不尽相同的认知立场。在美国政府部门中，国会参众两院对"一国两制"横加批判。近年来随着香港局势的发展，国会不断加大抨击"一国两制"在香港的实践，宣称运用"一国两制"构想解决台湾问题是不可能的，散布"一国两制""失败论"。学术界并未在学理层面展开对"一国两制"的研究，根据主流学者们的现有论述以及访谈内容来看，美国学界并不看好"一国两制"香港模式以及运用台湾模式解决两岸统一的前景。美国媒体界，尤其是《纽约时报》，更是鼓吹"一国两制"香港模式的不可持续性，质疑大陆运用该方针解决台湾问题的可行性。毫无疑问，美国在"一国两制"议题上的消极认知，不利于中国国家形象建构，为中国大陆运用"一国两制"方针解决台湾问题设置了巨大的障碍。为此，我们必须采取相应的策略，以期在该议题上化被动为主动、化消极为积极，使事态的发展逐渐朝着于我有利的方向发展。

第五，通过建构"一国两制"台湾模式的理论框架，论证该模式的理想性和可行性。"一国两制"的台湾模式必须妥善处理国家统一与政府分权相结合以及"两制"的并存与融合问题。如果说"一国"强调的是价值层面的国家主权统一，那么"两制"体现的就是实践层面的两岸治权。前者是基本原则和底线，无法商榷；后者却有很大讨论空间。

就"一国两制"所涉及的政府分权类型而言，台湾模式应比港澳模式更宽松。港澳特区政府享有的高度行政自治权,其法源是依据《中华人民共和国宪法》制定的《特别行政区基本法》,是派生性授权。未来统一后的台湾地区政府可享有行政权、立法权、司法权和终审权,在系统与次系统关系上,属于本源性分权,因而拥有更大的自主性。两岸统一后,台湾方面可依其现行法律体系,行使高度的自治权,其幅度和法律来源,高于港澳特别行政区政府。放弃"中华民国"称号后的台湾地区,交回体现国家统一的权力,如对外交往和防务,而保留剩余的权力,同时由中央政府行使对外主权。两岸各以自己的现行规定为依托,同时又共享国家的对外主权。这一制度安排符合两岸关系的现实状况,有助于实现从和平发展到和平统一的平稳过渡。

就两制的关系而言,两岸统一后在政治、经济、社会等制度层面,都将存在很大差异,双方要互相尊重彼此的制度差异,走出"战胜论"和"趋同论"的思维定式。未来两岸在经济制度上的差异或将缩小,但政治层面的制度差异仍很明显并将长期存在。尽管如此,两岸在公共事务的治理模式、公共政策的具体实施以及政府绩效评估体系的设定等方面,仍存在制度融合的巨大空间。探讨"一国两制"的台湾模式,必须从"一国"内部的权力分配视角,探讨有别于港澳地区模式的分权类型与法理依据,参照港澳地区先回归、再寻求制度磨合的经验,可以探讨两岸从制度面的求同存异入手,推动和平统一的独特路径,借鉴路径依赖和制度变迁理论,论证两岸和平统一后差异与融合并存的制度建设方向。本书提出,建构"一国两制"的台湾模式,有助于规范国家尚未统一特殊情况下的两岸政治关系,以统一后"两制"并存的前瞻性设计,处理两岸制度差异的现实性问题,保障两岸关系和平发展与和平统一的平稳过渡和无缝接轨。可以预料，在从和平发展走向和平统一乃至统一后相当长时期内，两岸在制度层面上很可能形成相互磨合、相互砥砺、相互吸纳的发展态势，体现出"一国两制"台湾模式的理论包容度与实践可行性。两岸统一后在制度建设方面既"和而不同"，又互相吸纳，共同推动中华民族的伟大复兴，终将证明"一国两制"台湾模式的理论包容度和实践可行性。

中外主要参考文献

一、档案资料

1. 邓小平 . 中国大陆和台湾和平统一的设想 [A]. 邓小平文选（第 3 卷）[C]. 北京：人民出版社 ,1993.

2. 邓小平论"一国两制" [Z]. 香港：三联书店 ,2004.

3. 国务院港澳事务办公室香港社会文化司编 . 香港问题读本 [Z]. 北京：中共中央党校出版社 ,1997.

4. 国务院台湾事务办公室、国务院新闻办公室 . 台湾问题与中国统一白皮书 [N]. 人民日报 ,1993-9-1.

5. 国务院台湾事务办公室、国务院新闻办公室 . 一个中国的原则与台湾问题白皮书 [N]. 人民日报 ,2000-2-22.

6. 胡锦涛 . 坚持一个中国原则 , 促进祖国统一大业［J］. 党的文献 ,2006,(2):3—5.

7. 江泽民 . 为促进祖国统一大业的完成而继续奋斗 [A]. 江泽民 . 江泽民文选（第 1 卷）[C]. 北京 : 人民出版社 ,2006.

8. 雷竞璇、沈国祥 . 香港选举资料汇编 1982 年—1994 年 [M]. 香港 : 香港中文大学亚太研究所 ,1995.

9. 台湾"行政院"大陆委员会编 . 台港澳交流手册 [Z]. 台北 :"行政院"大陆委员会 ,2004.

10. 香港基本法起草委员会秘书处编 . 关于中华人民共和国香港特别行政区基本法的重要文件 [Z]. 北京 : 人民出版社 ,1990.

11. 香港政府出版处 . 大不列颠及北爱尔兰联合王国政府和中华人民共和国政府关于香港前途的协议草案 [Z]. 香港 : 香港政府出版社 ,1984.

12. 香港基本法咨询委员会秘书处编 . 中华人民共和国香港特别行政区基本法（草案）参考数据 [Z]. 香港 : 香港基本法咨询委员会秘书处 ,1988.

13. 香港基本法咨询委员会秘书处编 . 中华人民共和国香港特别行政区基本法（草案）咨询报告 [Z]. 香港 : 香港基本法咨询委员会秘书处 ,1989.

14. 袁求实 . 香港过渡时期重要文件汇编 [M]. 香港 : 三联书店 ,1997.

15. 中华人民共和国香港特别行政区基本法 [Z]. 香港 : 三联书店 ,2008.

16. 中共中央台湾工作办公室、国务院台湾事务办公室 . 中国台湾问题 (干部读本)[Z]. 北京 : 九州图书出版社 ,1998.

17. 中共中央统一战线工作部编 . 一个国家 , 两种制度（第五辑）

[Z]. 北京：中国文史出版社, 1988.

二、中文著作

18. 蔡永军. 转型时期的澳门政治精英 [M]. 北京：社会科学文献出版社, 2016.

19. 蔡子强. 特区首个五年的选举与政治 [M]. 香港：明报出版社, 2002.

20. [美] 查尔斯·蒂利. 强制、资本与欧洲国家 [M]. 魏洪钟译. 上海：上海人民出版社, 2007.

21. 陈道华. "一国两制"与国家理论 [M]. 北京：中共中央党校出版社, 2002.

22. 陈弘毅. "一国两制"下香港的法治探索 [M]. 香港：中华书局有限公司, 2010.

23. 陈健民、蔡子强. 民主的小故事与大道理 [M]. 香港：上书局, 2009.

24. 陈健民、伍瑞瑜. 众声喧哗——影响香港发展的九大争论 [M]. 香港：上书局, 2008.

25. 陈健民、徐承恩. "一国两制" [M]. 香港：进一步多媒体有限公司, 2008.

26. 范振汝. 香港特别行政区的选举制度 [M]. 香港：三联书店, 2006.

27. [英] 弗兰克·韦尔什. 香港史 [M]. 王皖强、黄亚红译. 北京：中央编译出版社,2007.

28. 国世平、钱学君. 九七后中港关系 [M]. 香港：太平洋世纪出版社,1998.

29. 黄光国."一中两宪"：两岸和平的起点 [M]. 台北：生智出版社,2005.

30. 黄嘉树. 两岸风云冷眼观 [M]. 北京：中国言实出版社,1997.

31. 黄启臣. 澳门通史 [M]. 广州：广东教育出版社,1999.

32. 纪欣."一国两制"在台湾 [M]. 台北,海峡评论,2004.

33. 冷夏、吴文涛. 论香港立法会议员专职化 [M]. 香港：三联书店,2009.

34. 黎文燕、陆恭蕙. 原地踏步：探讨香港回归后的政制发展（1997—2007）[M]. 香港：思汇政策研究所,2007.

35. 李昌道. 香港政治体制研究 [M]. 上海：上海人民出版社,1999.

36. 李达."一国两制"与台湾 [M]. 香港：广角镜出版社有限公司,1987.

37. 李家泉、戴文彬."一国两制"与台湾前途 [M]. 北京：人民日报出版社,1990.

38. 李家泉. 两岸双赢之路：试论"一国两制"的台湾模式［M］. 北京：中国友谊出版公司,2001.

39. 李义虎等."一国两制"台湾模式 [M]. 北京：人民出版社,2015.

40. 梁振英. 家是香港 [M]. 香港：明报出版社有限公司,2007.

41. 廖光生. 香港民主化的困境——回归与民主化之争 [M]. 台北：

允晨文化实业股份有限公司,1996.

42．林尚立．一个国家，两种制度 [M].上海：上海人民出版社,1998.

43．刘青峰、关小春编．转化中的香港：身份与秩序的再寻求 [M].香港：中文大学出版社,1998.

44．刘蜀永主编．简明香港史（新版）[M].香港：三联书店,2009.

45．陆铿．胡耀邦访问记 [M].香港：百姓文化事业有限公司,1985.

46．陆铿编．中国统一问题论战〔M〕.香港：百姓文化事业有限公司,1988.

47．[德] 马克斯·韦伯．民族国家与经济政策 [M].甘阳等译．上海：三联书店,1997.

48．明报编辑部．十年·香港人 [M].香港：明报出版社有限公司,2007.

49．潘国华主编．香港模式与台湾前途 [M].北京：中国国际广播出版社,2004 .

50．潘叔明．"一国两制"与台湾问题 [M].北京：人民出版社,2003.

51．苏起、童振源编．两岸关系的机遇与挑战 [M].台北：五南出版社,2013.

52．齐鹏飞．"一国两制"在香港、澳门的成功实践及其历史经验研究 [M].北京：人民出版社,2016.

53．钱其琛．外交十记 [M].北京：世界知识出版社,2003.

54．群策会编印．"一国两制"下的香港 [M].香港：财团法人群策会,2004.

55. 石之瑜、黄竞涓、黄志呈、张登及、颜国秉."一国两制"论述注批——主权观的累现、比对与新诠 [M]. 台北：远景基金会,2001.

56. 王凤超编."一国两制"的理论与实践 [M]. 北京：经济科学出版社,1998.

57. 王凤超.香港政制发展历程（1843—2015）[M]. 香港：中华书局,2017.

58. 王家英."一国两制"实践一周年：回顾与展望 [M]. 香港：香港海峡两岸关系研究中心,1998.

59. 王家英.香港"一国两制"实践：发展与挑战 [M]. 香港：香港中文大学亚太研究所,2000.

60. 王家英.香港民意与"一国两制"实践 [M]. 香港：香港海峡两岸关系研究中心,1998.

61. 王丽萍.联邦制与世界秩序 [M]. 北京：北京大学出版社,2000.

62. 王叔文.香港特别行政区基本法导论 [M]. 北京：中共中央党校校出版社,1990.

63. 王英津.国家统一模式研究 [M]. 北京：九州出版社,2008.

64. 王永平.平心直说——一名香港特区政府局长为官十二年的反思集 [M]. 香港：经济日报出版社,2008.

65. 王长鱼主编."一国两制"与台湾 [M]. 北京：华文出版社,1996.

66. 吴家俊.议员左右手——议员助理的自白 [M]. 香港：明窗出版社有限公司,2004.

67. 吴新兴.整合理论与两岸关系之研究 [M]. 台北：五南图书出版

公司 ,1995.

68．吴亦新．"一国两制"与香港的繁荣稳定 [M].广州：广东经济出版社,1997.

69．吴志良．澳门政治制度史 [M].广州：广东人民出版社 ,2010.

70．肖蔚云．"一国两制"与香港基本法律制度 [M].北京：北京大学出版社 ,2000.

71．阎小骏．香港治与乱：2047 的政治想象 [M].北京：人民出版社 ,2016.

72．杨开煌等．两岸未来统一之各种模式可行性评估 [R].台北：台湾"大陆委员会"委托研究 ,1993.

73．杨开煌．困局——论陆台香濠 [M].台北：海峡学术出版社 ,2000.

74．杨允中．"一国两制"百科大辞典 [M].澳门：澳门理工学院"一国两制"研究中心 ,2011.

75．杨允中．论正确实践"一国两制" [M].澳门：澳门大学澳门研究中心 ,2005.

76．叶国华．五十年后 [M].香港：中华书局 ,2008.

77．叶健民．从九七算起：公民社会的第一个十年 [M].香港：进一步多媒体有限公司 ,2007.

78．袁求实．香港回归大事纪 (1997—2002) [M].香港：三联书店 ,2003.

79．张亚中．两岸统合论 [M].台北：生智文化事业有限公司 ,2001.

80．赵鼎新．社会与政治运动讲义 [M].北京：社会科学文献出版社 ,2006.

81. 郑海麟 . 两岸中国和平统一 "国是" 建言 [M]. 台北 : 海峡学术出版社 ,2006.

82. 郑宇硕、雷竞璇 . 香港政治与选举 [M]. 香港 : 牛津大学出版社 ,1995.

83. 郑宇硕、卢兆兴 . 九七过渡 : 香港的挑战 [M]. 香港 : 中文大学出版社 ,1997.

84. 周八骏 . 香港跨入新世纪的脚步——"一国两制"的最初实践 [M]. 香港 : 香港世纪出版公司 ,2000.

85. 周平 . 香港政治发展 (1980—2004)[M]. 北京 : 中国社会科学出版社 ,2006.

三、期刊论文

86. 常乐 . 试论 "一国两制" 的近代起源 [J]. "一国两制" 研究 ,2015（7）: 28—39.

87. 常乐 . 有关深化 "一国两制" 若干问题 [J]. "一国两制" 研究 ,2015（1）.

88. 陈端洪 . 理解香港政治 [J]. 中外法学 ,2016,28(5):1125—1148.

89. 陈荷夫 . "一国两制" 的理论思考 [J]. 红旗杂志社内部文摘 ,1985(2).

90. 陈弘毅 .《基本法》与 "一国两制" 实施的回顾与反思 [J]. 深圳大学学报 (人文社会科学版),2017,34(1):31—36.

91. 陈力旭.周恩来与"一国两制"[J].台湾研究,1998(1).

92. 陈志峰、江华."一国两制"视角下的澳门本土意识探析[J/OL].广东行政学院学报,2018(02):1—6.

93. 董立文.跨世纪两岸关系的发展前景——国家统一的前提是民主[J].中国大陆研究,1999(9).

94. 杜力夫."一国两制"视角下"中华民国"的宪法定位[J]."一国两制"研究,2013（10）.

95. 封小云.目前粤港澳经济合作的阶段性特点分析[J].港澳研究,2016（3）.

96. 封小云.粤港澳经济合作走势的现实思考[J].港澳研究,2014（2）.

97. 冯建三.我所理解的台社两岸立场——"一国两制"、"两国一制"与"一国一制"[J].台湾社会研究,2009（6）:259—265.

98. 傅金珍.论"一国两制"构想在港、澳的成功实践[J].福建论坛(经济社会版),2001(8):74—76.

99. 高辉."整合理论"与"一国两制"[J].共党问题研究,1988（4）:28—32.

100. 高炜.港、澳"一国两制"模式之比较[J].统一论坛,1999(2):20—23.

101. 耿庆武."一个中国"两难的"双赢"解决方案[J].远景季刊,1999（4）:121—160.

102. 郭瑞华.中共"一国两制"的理论与实际[J].共党问题研究,1988（12）:1—14.

103. 郭小说、徐海波 . 香港政治国家认同分析与实现机制研究 [J]. 岭南学刊 ,2017(3):13—19.

104. 韩水法 . 现代民族—国家的结构与中国民族—国家的现代形成 [J]. 天津社会科学 ,2016(5).

105. 黄嘉树、王英津 . 主权构成研究及其在台湾问题上的应用 [J]. 台湾研究集刊 ,2002(2):28—37.

106. 黄嘉树 . 求同存异、与时俱进——从解决"两府争端"的角度看"一国两制"的发展 [J]. 台湾研究 ,2002(2).

107. 黄清贤 . "一国两制"的新制度主义分析——以香港为例 [J]. 两岸与国际事务季刊 ,2005（4）：95—124.

108. 黄伟峰 . 欧盟整合模式与两岸主权争议之解析 [J]. 欧美研究 ,2001(1)：129—173.

109. 黄月细、蔡国谦 . "公民记者"及社群媒体对香港青年政治倾向的影响与对策 [J]. 广东青年职业学院学报 ,2018,32(1):45—50.

110. 姬朝远 . 试论"一国两制"下港澳意识形态构建 [J]. "一国两制"研究 ,2013（10）.

111. 暨爱民 . 百年凝聚：近代中国民族国家认同的建构 [J]. 西南民族大学学报（人文社科版）,2017(3).

112. 江炳伦 . 自治·联邦·"一国两制"——论解决族群与国家之间冲突及分裂国家问题的方案 [J]. 华冈社科学报 ,2000(6)：1—5.

113. 江雪松 . "抗争"港青法治认同误区及宪制求解——"旺角暴乱"引发的思考 [J]. 中国青年研究 ,2016(10):52—57.

114. 姜新立 . 民主统一 VS "一国两制"[J]. 政治科学论丛（专

刊）,1999(6)：225—245.

115. 冷铁勋 . "一国两制"概念完整性的多维解析 [J]. "一国两制"研究 ,2014（1）.

116. 李家泉、姚一平 . 试论"一个国家 , 两种制度"[J]. 马克思主义研究丛刊 ,1985（3）：15—18.

117. 李家泉 . 港澳回归话台湾 [J]. 统一论坛 ,2000(1):15.

118. 李家泉 . "钱八条"与"一国两制"〔J〕. 重庆社会主义学院学报 ,2002(1):21—24.

119. 李家泉 . "一国两制"与构建两岸和平发展框架〔J〕. 中央社会主义学院学报 ,2009（2）：36—39.

120. 李家泉 . 关于对台实行"一国两制"及相关问题探讨 [J]. 现代台湾研究 ,2002(2):4—6.

121. 李家泉 . 两岸共创"一国两制"的台湾模式〔J〕. 重庆社会主义学院学报 ,2001(2): 21—23.

122. 李家泉 . 中共三代领导人对统一中国的战略思考 [J]. 中共党史论坛 ,2000(2):15—19.

123. 李庆平 . "中华民国政府"为什么不会接受"一国两制"[J]. 海峡评论 ,2014（11）.

124. 李燕萍 . "一国两制"对国家结构的影响及其"宪政"意义 [J]. "一国两制"研究 ,2013（4）.

125. 李志永、袁正清 . "一国两制"规范创新的中国智慧 [J]. 太平洋学报 ,2018,26(1):64—74.

126. 林峰 .2047 年后的香港："一国两制"还是"一国一制"?[J].

深圳大学学报 (人文社会科学版),2017,34(1):37—43.

127. 林冈 . 以 "一国两制" 的台湾模式规范两岸在统一前的政治关系 [J]. 江苏行政学院学报 ,2014（1）.

128. 林冈 . 邓后时期中国统一的可能性 [J]. 当代中国研究 ,1997(1) : 77—93.

129. 凌友诗 ."港独" 与 "台独" 发展路径之比较 [J].《远望》,2016（12）(总 339 期)。

130. 刘国深 . 两岸政治僵局的概念性解析 [J]. 台湾研究集刊 ,1999(1).

131. 刘红 . "和平统一" "一国两制" 是祖国统一的最佳模式 [J]. 台湾研究 ,1998(4):3—6.

132. 刘兆佳 . 没有执政党的香港政党政治 [J]. 港澳研究 ,2012(冬季刊).

133. 娄胜华 . 回归后澳门社会结构的变动与治理方式的调整 [J]. 港澳研究 ,2014(3).

134. 陆平辉 . 试论澳门特区的国家认同和民族认同建设 [J]. 学习与探索 ,2009(6).

135. 骆伟建 . 论 "一国" 框架下的 "两制" 关系 [J]. "一国两制" 研究 ,2015(1).

136. 马志达 . 论葡澳时期澳门社会治理的法团主义模式 [J]. 华南师范大学学报（社会科学版）,2011(3).

137. 彭卫军 . 现代民族国家认同的冲突与重构 [J]. 云南民族大学学报（哲学社会科学版）,2015(4).

138. 齐鹏飞 . 澳门回归十年经济发展述论 [J]. 中共党史研究 ,2009(12).

139. 齐鹏飞 . 浅析澳门回归 15 年"一国两制"特色的经济发展之路 [J]. 当代中国史研究 ,2014(6).

140. 强世功 . 大国崛起与文明复兴——"文明持久战"下的台湾问题 [J]. 开放时代 ,2005(5).

141. 丘宏达 . 中国统一问题——"一国两制"与"中华邦联"[J]. 当代中国研究 ,2012（4）：149—155.

142. 邵宗海 ."一国两制"在台湾发展空间的探讨 [J]. 台湾研究集刊 ,2014（4）.

143. 邵宗海 . 探讨"一国两制"在台湾的发展空间 [J]. 当代中国研究 ,2009(12)：96—122.

144. 沈旭晖、冯智政 . 香港对台湾方面所展示的模范性功能的跌宕：非国家行为体在港台关系中的兴衰 [J]. 香港社会科学学报 ,2008(2)：113—130.

145. 石之瑜 . 正面辩论邦联制 [J]. 共党问题研究 ,2001(9)：101—106.

146. 宋学文、黎宝文 . 全球化与中共的民族主义："一国两制"的机会与限制 [J]. 中国大陆研究 ,2001（7）：1—30.

147. 苏嘉宏、俞剑鸿 . 两岸关系的愿景——"一国两制"在台湾适用的探讨 [J]. 理论与政策 ,2012（4）：95—121.

148. 孙代尧 ."一国两制"之"澳门模式"刍议 [J]. 广东社会科学 ,2009（4）.

149. 孙哲.美国国会中国问题委员会评析——兼论我国的外交对策 [J].国际观察 ,2003(1):3—9.

150. 谭志强."一国两制"的理论与实际:从政治哲学观点出发的分析 [J].共党问题研究 ,1986(6):26—31.

151. 汤绍成."一国两区"与"一国两制"[J].海峡评论 ,2012(5).

152. 田飞龙.后政改时期香港特别行政区治理的思路与对策 [J].党政研究 ,2016(2):105—113.

153. 田飞龙."一国两制"、人大释法与香港新法治的生成 [J].政治与法律 ,2017(5):23—36.

154. 王邦佐、王沪宁.从"一国两制"看主权与治权的关系 [J].政治学研究 ,1986(2): 9—14.

155. 王邦佐.关于"一国两制"理论问题的探讨 (上)[J].复旦学报 ,1986(4):57—60.

156. 王鹤亭."一国两制"台湾模式研究的回顾与展望 [J].重庆社会主义学院学报 ,2011(2):52—55.

157. 王继堂、刘良凯."一国两制"理论指导下的香港驻军建设实践与探索 [J].求是 ,2004(18).

158. 王俊南.两岸统合歧见之探讨 : 理论与实务 [J].共党问题研究 ,2001（12）: 8—24.

159. 王理万."港独"思潮的演化趋势与法理应对 [J].港澳研究 ,2017(1):13—25、93—94.

160. 王启明.海峡两岸整合的契机——从欧洲联盟整合的历程分析 [J].共党问题研究 ,2002（5）: 44—55.

161. 王绍光 . 国家治理与基础性国家能力 [J]. 华中科技大学学报（社会科学版）,2014(3).

162. 王维新 . 中共"一国两制"政策及其在香港的实践 [J]. 中山学报 ,2000（21）:14—21.

163. 王晓波 ."和平统一、一国两制"和两岸关系"就地合法化"[J]. 海峡评论 ,2015(8).

164. 王晓波 . 两岸和平统一的真相与假象 [J]. 海峡评论 ,2015（11）.

165. 王晓波 . 为"一国两制 , 和平统一"建立理论基础 [J]. 海峡评论 ,2016（3 月号）.

166. 王英津 . 20 年来的"一国两制"研究 : 回顾与展望 [J]. 山东大学学报（哲学社会科学版）,2004(3): 153—159.

167. 王禹 . 论"一国两制"下的社会主义与资本主义 [J]."一国两制"研究 ,2013（7）.

168. 王振民 ."一国两制"下国家统一观念的新变化 [J]. 环球法律评论 ,2007(5):38—48.

169. 魏镛 . 迈向民族内共同体 : 台海两岸互动模式之建构、发展与检验 [J]. 中国大陆研究 ,2002（5）：1—51.

170. 文正邦 . 关于"一国两制"的法哲学思考 [J]. 现代法学 ,1997(2):52—61.

171. 翁松燃 ."一国两制"刍论——概念、性质、内容、困难和前景 [A]. 林衡哲 . 台湾问题讨论集 [C]. 台湾前卫出版社 ,1988：87—121.

172. 吴陈舒 ."一国两制"的价值路径探讨 [J]. 湖北省社会主义学

院学报,2016(5):76—79.

173. 吴新兴. 整合理论及其对中国问题解决的应用 [J]. 问题与研究,1995(2):20—31.

174. 肖贵清、王然. 特别行政区制度:一项具有鲜明中国特色的制度建构 [J]. 科学社会主义,2017(1):81—86.

175. 谢郁. 践行习近平对台思想促进两岸融合发展 [J]. 中国评论(月刊),2017(4):29.

176. 兴国. 论"一国两制"实践的三个统一 [J]. "一国两制"研究,2016(10).

177. 徐正戎、张国讚. 两岸"主权"概念理论与务实之探讨 [J]. 东亚研究季刊,2012(476).

178. 许昌. 中央对特别行政区直接行使的权力的分类研究 [J]. 港澳研究,2016(3):32—41、94.

179. 许世铨. "一国两制"在香港的实践及对两岸关系的启示 [J]. 台湾研究,1998(4).

180. 严家其. "一国两制"和中国统一的途径 [J]. 政治学研究,1985(2):14—18.

181. 颜建发. 两岸统合的前景 [J]. 远景季刊,2001(4):101—120.

182. 杨春方. 港澳与台湾"一国两制"模式比较研究 [J]. 学术论坛,2003(4).

183. 杨晗旭、徐海波、田启波. "一国两制"的"后民族结构"合法性溯源——基于政治哲学的考察与辨析 [J]. 福建师范大学学报(哲学社会科学版),2017(4).

184. 杨宏禹 . 试论 "一个国家 , 两种制度" [J]. 华中师范大学学报 (哲学社会科学版),1985(6):23—26.

185. 杨开煌 . 两制的前提是 "一国" [J]. 海峡评论 ,2014（7）.

186. 杨开煌 . 香港回归十年谈 : "一国两制" 的前景 [J]. 海峡评论 ,2007(7) : 27—30.

187. 杨开煌 . "一国两制" VS "一国两区" [J]. 亚洲研究 ,2012（9） : 3—32.

188. 杨立宪 . 解决台湾问题的最佳构想 "一国两制" [J]. 统一论坛 ,2002(3):31—34.

189. 杨允中 . "一国两制" 理论渊源探析 [J]. 澳门研究 ,2003(17).

190. 杨允中 . "一国两制" 思维与家国情怀的培育 [J]. "一国两制" 研究 ,2015（10）.

191. 杨允中 . "一国两制" 与政治制度创新 [J]. "一国两制" 研究 ,2016（4）.

192. 杨允中 . 论 "一国两制" 理论科学定位的必要性、迫切性 [J]. "一国两制" 研究 ,2013（1）.

193. 杨允中 . 论 "一国两制" 文明——新的起点、新的高度 [J]. 当代港澳研究 ,2010（1）.

194. 杨允中 . 论澳门特区宪政发展与 "一国两制" 成功实践 [J]. 广东社会科学 ,2009（6）.

195. 杨允中 . 我对特别行政区制度的理解 [A]. 基本法与澳门特区的第二个十年——纪念《澳门基本法》颁布 17 周年学术研讨会论文集 [C],2010.

196. 殷存毅、施养正. 空间扩展与结构完善：澳门发展的前景探讨[J]. 澳门理工学报 (人文社会科学版),2015（2）.

197. 尹庆耀."一国两制"之史的考察［J］. 中共研究 ,1997(9) : 74—86.

198. 余克礼."一国两制"是实现祖国完全统一的最佳模式 [J]. 台湾研究 ,1998(3):21—25.

199. 余克礼. 浅析"一国两制"科学构想的哲学依据 [J]. 台湾研究 ,1999(1):1—5.

200. 羽君."一国两制",三种模式——试谈"一国两制"下的澳门、香港、台湾模式 [J]. 澳门政策研究 ,1999(4).

201. 袁易明. 制度性整合 , 香港与内地经济关系的未来形态 [J]. 深圳大学学报 ,2007(3).

202. 张辰龙."一国两制"与香港的"宪政"民主 [J]. 二十一世纪 ,1998(48）.

203. 张定淮、底高扬. 论"一国两制"下中央对香港特别行政区授权的性质 [J]. 政治与法律 ,2017(5):2—12.

204. 张定淮、李彦超. 实践理性 ："一国两制"政策的理论基础 [J]. 当代中国政治研究报告 ,2011(9)。

205. 张光、刁大明. 美国国会"台湾连线"成员分布决定因素实证分析 [J]. 台湾研究集刊 ,2009,(3):1—10.

206. 张惠玲. 从香港模式观察"一国两制"实践之矛盾与困境 [J]. 共党问题研究 ,2002（2）：14—24.

207. 张五岳、林海. 香港主权移交十周年分析 [J]. 展望与探索 ,

2007(7)：12—17.

208. 张疠雯."一国两制"与"香港模式"之探讨 [J].共党问题研究,1995（4）：50—60.

209. 张亚中.对"一个中国架构下的邦联"的思考 [J].政策月刊,1999（4）：8—10.

210. 张亚中.两岸未来：有关签署"两岸基础协议"的思考 [J].问题与研究,1999（9）：1—13.

211. 张亚中.两岸未来之认同与统合：欧盟模式的思考 [J].问题与研究,1999（10）：1—25.

212. 张焱宇.美中经济与安全评估委员会 [J].国际资料信息,2003(8):1—6.

213. 赵大兴.不和谐的共存——对"一国两制"历史与实践的探析 [J].长春市委党校学报,2016(6):26—30.

214. 赵先运.从中山先生的民族主义评析中共的："一国两制"[J].共党问题研究,1990（7）：29—35.

215. 赵先运.中共"一国两制"理论体系之拆解与超越 [J].张焕卿、段家锋、周玉山合编.中国大陆研究,台北：三民书局,2003.

216. 郑海麟.从"主权"国际法看香港的"一国两制"[J].海峡评论,2017（6）.

217. 周春元."一国两制"构想的理论根据和思想来源 [J].政法论坛,1985(5):66—69.

218. 周建闽.习近平对台思想的核心理念：两岸命运共同体 [J].中国评论,2017(1 月号):11—12.

219. 周阳山 . 重新思考"一国两制"和"一国两府"[J]. 海峡评论 ,2017（4）.

220. 周毅之、施汉荣 . 从香港问题看一个国家两种制度 [J]. 广东社会科学 ,1984(1):5—11.

221. 周育仁 . 邦联符合两岸人民利益 [J]."国家"政策论坛 ,2001（7）: 19—23.

222. 周志怀 . 关于"一国两制"理论形成的几个问题 [J]. 台湾研究 ,2002（4）: 1—8.

223. 朱景鹏 . 区域主义、区域整合与两岸整合问题之探讨 [J]. 中国大陆研究 ,1999（8）:82—97.

224. 庄金锋 ."一国两制"在香港特区的实践遇到新的挑战——当前香港政制改革的困局与前景 [J]."一国两制"研究 ,2010（7）: 69—75.

225. 庄吟茜 ."一国两制"在台湾的污名化：剖析与澄清 [J]. 台湾研究 ,2016(1):31—38.

四、学位论文

226. 常圣传 . 比较报纸民意调查新闻之研究——以"一国两制""兴建核四"为例 [D]. 台北："中国文化大学",2002.

227. 陈俊婷 ."一国两制"方针实践的比较分析 [D]. 哈尔滨：哈尔滨工程大学 ,2007 .

228. 陈翁平 . 中国统一问题之探讨 : 理论、政策、模式与方案之研析 [D]. 台北 : 台湾中国文化大学 ,1996.

229. 陈友清 .1997—2007:"一国两制"法治实践的法理学观察——以法制冲突为视角 [D]. 重庆 : 西南政法大学 ,2007.

230. 陈智菡 ."一国两制"与基本法在香港的实践与挑战——三次人大释法案例研究 [D]. 台北 : 台湾政治大学 ,2007.

231. 邓砂 . 坦桑联合及其对两岸整合的启示 [D]. 北京 : 北京大学 ,2009.

232. 冯仑 . 两岸统一后的国家结构形式研究 [D]. 北京 : 中国社会科学院 ,2003.

233. 郭俊麟 ."一国两制"在香港之法理、规范与实践（1997—2000）[D]. 嘉义 : 台湾南华大学 ,2000.

234. 郭瑞华 . 论中共"一国两制"的理论与实际 [D]. 台北 : 台湾中国文化大学 ,1988.

235. 胡江丹 ."和平统一、一国两制"构想下台湾问题研究 [D]. 南京 : 东南大学 ,2010.

236. 黄舒平 . 从香港政治民主化看中共"一国两制"政策 [D]. 新北 : 台湾淡江大学 ,1996.

237. 黄自强 ."一国两制"下香港特别行政区行政与立法两权互动之分析 [D]. 台北 : 台湾师范大学 ,2004.

238. 康凤 . 对中共"一国两制"理论及其实践之研究 [D]. 新北 : 台湾淡江大学 ,2002.

239. 林依琳 ."一国两制"框架下粤港澳合作模式研究 [D]. 兰州 :

兰州大学,2009.

240. 林园丁. 基于"一国两制"架构的澳门发展的若干战略性问题研究[D]. 广州：华南理工大学,2008.

241. 刘济. 中共"一国两制"之研究[D]. 桃园：台湾警察大学,1987.

242. 刘新元. 澳门回归后之政治经济发展："一国两制"的冲击[D]. 嘉义：台湾南华大学,2006.

243. 齐向东. "一国两制"的理论与实践[D]. 济南：山东大学,2001.

244. 邱汉诚. 中共"一国两制"理论模式之解析与批判[D]. 台北：台湾政战学院,1992.

245. 邱友良. "一国两制"条件下粤港澳区域一体化与产业问题研究[D]. 北京：中国科学院,1999.

246. 阮晓菁. 对台和平统一策略研究[D]. 福州：福建师范大学,2011.

247. 施逸铭. 中共对港政策之研究：1997—2000[D]. 台北：台湾政治大学,2001.

248. 水野圣绍. "一国两制"理论概述——兼及日文文献选介[D]. 台北：台湾中国文化大学,2004.

249. 宋保俟. 邓小平"一国两制"的民族国家观探析[D]. 成都：西南交通大学,2011.

250. 孙拥军. 论"一国两制"的港澳模式及对解决台湾问题的启示[D]. 石家庄：河北师范大学,2002.

251. 田恒国 . 论 "一国两制" 条件下中央与特别行政区政治体制的关系 [D]. 北京 : 中共中央党校 ,2002.

252. 王泽翊 . "一国两制" 的伟大构想及其现实意义 [D]. 济南 : 山东大学 ,2003 .

253. 魏淑娟 . "一国两制" 下香港政制改革的探讨——从选举制度检视香港民主化 [D]. 新北 : 台湾淡江大学 ,2005.

254. 萧文芳 . "一国两制" 下的 "中" 港关系（1997.7—2002.6）[D]. 台北 : 台湾大学 ,2003.

255. 谢英吉 . 区际冲突法之研究——以 "一国两制" 下之区际法律冲突为中心 [D]. 台北 : 台湾大学 ,1996.

256. 许克文 . "一国两制" 下的中央与地方关系之探讨——澳门个案研究 [D]. 高雄 : 台湾中山大学 ,2001.

257. 许志嘉 . "一国两制" 架构下中共对台政策之研究 [D]. 台北 : 台湾政治大学 ,1993.

258. 严俊升 : "一国两制" 与两岸政治谈判——以 "香港模式" 经验分析 [D]. 台北 : 台湾 "国防大学" ,2011.

259. 余非 . "一国两制" 方针下实现台湾海峡两岸统一的对策探讨 [D]. 西安 : 西安交通大学 ,2003.

260. 张炳玉 . 中共 "一国两制" 统一政策与台湾海峡两岸的经贸互动关系之研究 (1979—1991)[D]. 台北 : 台湾政治大学 ,1993.

261. 张慧瑾 . 中共香港政策之研究 : "一国两制" 之分析 [D]. 台北 : 台湾大学 ,1997.

262. 张谦 . 国际战略大背景下 "一国两制" 在澳门的成功实践 [D].

北京：中共中央党校,2000.

263. 张仕贤."一国两制"下的"中"港关系（1982—2007）——从整合理论的角度分析 [D]. 台北：台湾师范大学,2009.

264. 张守一."一国两制"与"一国两区"的比较与研究 [D]. 台北：台湾政治大学,1996.

265. 张志宇."一国两制"理论与实践——香港回归六年来的检证 [D]. 新北：台湾淡江大学,2004.

266. 赵立.联邦制在中国：从"联省自治"到"一国两制" [D].长沙：湖南大学,2007.

267. 朱婷."一国两制"构想在香港的成功实践与台湾问题的解决 [D].南京：南京航空航天大学,2002.

268. 祝国超.论邓小平"一国两制"构想的产生 [D].重庆：西南师范大学,2001.

269. 邹丽泳."一国两制"下香港政党发展——民主党个案研究 [D].新北：台湾淡江大学,2006.

五、报纸文章

270. 街总问卷调查显示逾六成半居民支持国安立法 [N].澳门日报,2008-10-25(B05).

271. 连锦添."一国两制"：成功的政治实践和管治模式 [N].人民日报,2017-06-20(009).

272. 孙亚夫 . 对新时代坚持"和平统一、一国两制"方针的新理解 [N]. 人民日报海外版 ,2018-01-23(004).

273. 张德江 . 坚定"一国两制"伟大事业信心 继续推进基本法全面贯彻落实 [N]. 人民日报 ,2017-05-28(003).

六、英文文献

274. Ash, R. & P. Ferdinand. *Hong Kong in Transition—One Country, Two Systems*[M]. London: Routledge, 2002.

275. Beijing's Split and Hong Kong's Autonomy: "One Country, Two Systems' is Becoming Just 'One Country'" [N]. *Wall Street Journal* (Online), 2011-12-30.

276. Bradsher, K.. Once a Model, Hong Kong Stumbles[N]. *The New York Times*, 2017-6-30, (A1).

277. Bush, R. C. & A. Romberg. Cross-Strait Moderation and the United States[J]. *PacNet*, 2009, (17).

278. Bush, R. C.. China-Taiwan: Recent Economic, Political, and Military Developments Across the Strait, and Implications for the United States[EB/OL]. http://www.brookings.edu/testimony/2010/0318_china_economy_bush.aspx.

279. Bush, R. C.. *Untying the Knot: Making Peace in the Taiwan Strait*[M]. Washington, D.C.: Brookings Institution Press, 2005.

280. Chan, T. M. H.. The Transport Network Which Enhances the Integration Between Hong Kong and the Pearl River Delta Region[J]. *Journal of Youth Studies*, 2010, 13 (1): 90-96.

281. Chen, H.. The Rule of Law under "One Country, Two Systems" : The Case of Hong Kong 1997-2010[J].*National Taiwan University Law Review*, 2011, （3）: 269-300.

282. Cheng, J. & S. Lo.. *From Colony to SAR: Hong Kong's Challenges Ahead* [M]. Hong Kong: The Chinese University Press, 1995.

283. Cheung, P. T. Y.. Toward Collaborative Governance in Economic Cooperation between Hong Kong and Mainland China[C]. *Conference Papers of American Political Science Association*, 2012: 1-45.

284. Chi, H. & Wang S. W.. *"One Country, Two Systems" in Taiwan—A True Solution for the Cross-Strait Entanglement*[M]. Washington: International Publishing House for China's Culture, 2006.

285. Christensen, T.. The Contemporary Security Dilemma: Deterring a Taiwan Conflict[J]. *The Washington Quarterly,* 2002, 25 (4): 19-20.

286. Cohen, W. & Li Z.. *Hong Kong under Chinese Rule: The Economic and Political Implications of Reversion*[M]. Cambridge: Cambridge University Press, 1997.

287. Congressional-Executive Commission on China,

Congressional-Executive Commission on China Annual Report 2017[R]. One Hundred Fifteenth Congress, First Session, Oct 5, 2017, Washington, D.C.: U.S. Government Publishing Office, 2017.

288. Douglass, C. North. *Institutions, Institutional Change and Economic Performance*[M]. Cambridge: Cambridge University Press, 1990.

289. Editorial Board. Beijing Wants to Predetermine Hong Kong Elections[EB/OL]. https://www.washingtonpost.com/opinions/beijing-wants-to-predetermine-hong-kong-elections/2014/06/29/690a103a-fbe8-11e3-932c-0a55b81f48ce_story.html?utm_term=.d06c e6e41d87 (Mar 20, 2018).

290. Editorial Urges Better Grasp of "One Country, Two Systems" in Hong Kong[N]. *BBC Monitoring Asia Pacific*, 2017-7-2, (1).

291. Elazar, D.. *Exploring Federalism* [M]. Tuscaloosa: University of Alabama Press, 1987.

292. Goldstein, S.. Impressions from Taiwan and the Mainland [EB/OL]. https://medium.com/fairbank-center/impressions-from-taiwan-and-the-mainland-fd894c96a 1fb (Mar 17, 2018).

293. Grotenhuis, R.. *Nation-Building as Necessary Effort in Fragile States*[M]. Amsterdam: Amsterdam University Press, 2016.

294. Hall, P. A. & R. R. Taylor. Political Science and the Three New Institutionalisms[J]. *Political Studies*, 1996: 936-957.

295. Hall, P. A.. *Aligning Ontology and Methodology in*

Comparative Historical Analysis in the Social Sciences[M]. Cambridge: Cambridge University Press, 2003.

296. Hui, C. M., K. W. Wong & K. H. Yu.. Perspective on Cross-border Residence of Hong Kong Citizens in the Chinese Mainland, Housing[J]. *Theory & Society*, 2007, 24 (4): 293-304.

297. It's Harder to Sell One Country, Two Systems[N]. *The Wall Street Journal* (Eastern edition), 2014-10-18.

298. Klosson, M.. One Country, Two Systems, Five Years: U.S. Perspectives on Hong Kong[EB/OL]. https://2001-2009.state.gov/p/eap/rls/rm/2002/10999.htm (Mar 18, 2018).

299. Krasner, S. D.. Approaches to the State: Alternative Conceptions and Historical Dynamics[J]. *Comparative Politics*, 1984, 16 (2): 223-246.

300. Krasner, S.. *Sovereignty: Organized Hypocrisy*[M]. Princeton: Princeton University Press, 1999.

301. Lagon, M. P.. The Umbrella Movement: A Pivotal Moment for Democracy in Hong Kong[Z]. Testimony before the Congressional-Executive Commission on China, Hearing on "The Future of Democracy in Hong Kong", 2nd Session, 113th Congress, Nov 20, 2014.

302. Lam, W.. Promoting Hybridity: The Politics of the New Macau Identity[J]. *The China Quarterly*, 2010, (203):656-674.

303. Leung, M.. "One Country, Two System", "One City, Two Systems": Citizenship as a stage for politics of mobility and bordering

practices in Hong Kong[J]. *Migration Letters*, 2016, 13 (1): 49-63.

304. Lo, S.. One Formula, Two Experiences: Political Divergence of Hong Kong and Macao since Retrocession[J]. *Journal of Contemporary China*, 2007, 16 (52): 359-387.

305. Loh, C.. Hong Kong's Relations with China: The Future of "One Country, Two Systems" [J]. *Social Research*, 2006, 73 (1): 293-316.

306. Lui, T.. A Missing Page in the Grand Plan of "One Country, Two Systems" : Regional Integration and its Challenges to Post-1997 Hong Kong[J]. *Inter-Asia Cultural Studies*, 2015, 16 (3): 396-409.

307. Lung, W. P.. Application and Conclusion of Treaties in the Hong Kong Special Administrative Region of the People's Republic of China: Sixteen Years of Practice[J]. *Chinese Journal of International Law*, 2013, 12 (3): 589-612.

308. Mann, M.. The Autonomous Power of the State : its Origins, Mechanisms and Results[J]. *Euopean Journal of Sociology/Archives,* 1984, 25 (2): 185-213.

309. March, J. G. & J. P. Olsen. *Rediscovering Institutions: the Organizational Basis of Politics*[M]. New York : The Free Press, 1989.

310. Mazza, M.. Obama's Inconsistency on Hong Kong[EB/OL]. http://nationalinterest.org/blog/the-buzz/obamas-inconsistency-hong-kong-11413 (Mar 20, 2018).

311. McDevitt, M.. Alternative Futures: Long-Term Challenges

for the United States[A]. Cliff, R., P. Saunders & S. Harold. *New Opportunities and Challenges for Taiwan's Security*[C]. Washington, D. C.: Rand Corporation, 2011.

312. Mesquita, B. B. de, D. Newman & A. Rabushka. *Red Flag over Hong Kong*[M]. Chatham, New Jersey: Chatham House Publishers, INC., 1996.

313. Mitrany, D.. *A Working Peace System: An Argument for the Functional Development of International Organization*[M]. Chicago: Quadrangle Books, 1966.

314. Mushkat, R.. *One Country Two International Legal Personalities*[M]. Hong Kong: Hong Kong University Press, 1996.

315. Neville, M.. Settlements and Disputes: China's Approach to Territorial Issues[J]. *Economic and Political Weekly*, 2006, 41 (36): 3873-3881.

316. Nye, J.. *Peace in Parts: Integration and Conflict in Regional Organization*[M]. Boston: Little Brown, 1971.

317. Official: "One Country, Two Systems" Feasible[N]. *Xinhua*, 2003-7-18.

318. Pentland, C.. Functionalism and Theories of International Political Integration[A]. Groom, A. J. R. & P. Taylor, eds.. *Functionalism: Theory and Practice in International Relation*[C]. New York: Crane, Russak & Company, Inc., 1975.

319. Pierson, P. & T. Skocpol. Historical Institutionalism in

Contemporary Political Science [A]. Katznelson, I & H. V. Milner, eds.. *Political Science State of the Discipline*[C]. New York: Norton & Washington, D.C.: American Political Science Association, 2002.

320. Press Release, Engel Remarks on Hong Kong "One Country, Two Systems" Policy [EB/OL]. https://democrats-foreignaffairs.house. gov/news/press-releases/engel-remarks-hong-kong-one-country-two-systems-policy (Mar 4, 2018).

321. Romberg, A.. 2010: The Winter of PRC Discontent[J]. *Chinese Leadership Monitor*, 2010, (31).

322. Romberg, A.. US-Taiwan Relations: Looking Forward[A]. Paper presented at CSIS conference on US-Taiwan Relations in a New Era: Looking Forward 30 Years after the Taiwan Relations Act, Washington, DC., April 22, 2009.

323. Rudolph, J. & M. Szonyi, eds.. *The China Questions: Critical Insights into A Rising Power*[M]. Cambridge, MA and London, England: Harvard University Press, 2018.

324. Saunders, P. & S. Kastner. Bridge over Trouble Water? Envisioning a China-Taiwan Peace Agreement[J]. *International Security*, 2009, 33 (4): 91-98.

325. Shaw, C.. The "One-Country, Two-System" Model and Its Applicability to Taiwan: A Study of Opinion Polls in Taiwan[J]. *Modern China Studies*, 2009, 16 (4): 96-122.

326. Siu, R. C. S.. Evolution of Macao's Casino Industry from

Monopoly to Oligopoly: Social and Economic Reconsideration[J]. *Journal of Economic Issues,* 2006, 40 (4): 967-990.

327. Smart, A. & J. Smart. Time-Space Punctuation: Hong Kong's Border Regime and Limits on Mobility[J]. *Pacific Affairs*, 2008, 81(2): 175-193.

328. So, A. Y.. "One Country, Two Systems" and Hong Kong-China National Integration: A Crisis-Transformation Perspective[J]. *Journal of Contemporary Asia*, 2011, 41 (1): 99-116.

329. Soifer, H.. State Infrastructural Power: Approaches to Conceptualization and Measurement[J]. *Studies in Comparative International Development*, 2008, 43 (3): 231-251.

330. Steinmo, S., K. A. Thelen & F. Longstreth, eds.. Structuring Politics: Historical Institutionalism in Comparative Analysis[J]. *Journal of Politics*, 1992, 2(1): 369-404.

331. Taylor, P.. Functionalism and Approach of David Mitrany[A]. Groom, A. J. R. & P. Taylor, ed.. *Frameworks for International Cooperation*[C]. London: Pinter, 1990.

332. U.S.-China Economic and Security Review Commission, 2017 Report to Congress of the U.S.-China Economic and Security Review Commission[R]. One Hundred Fifteenth Congress, First Session, Washington, D.C.: U.S. Government Publishing Office, Nov 2017.

333. US to Mainland "One Country, Two Systems in HK: Kurt Tong" [EB/OL]. http://www.china.org.cn/china/2016-09/22/

content_39353579.htm (Mar 18, 2018).

334. Vásquez, I. & T. Pornik. The Human Freedom Index 2017: A Global Measurement of Personal, Civil, and Economic Freedom[R]. Washington, D.C.: Cato Institute, Vancouver BC: Fraser Institute & Berlin: Friedrich Naumann Foundation for Freedom, 2017.

335. Wimmer, A. & R. Kossler, eds.. *Understanding Change: Models, Methodologies, and Metaphors*[M]. London: Palgrave Macmillan, 2006.

336. Wong, Y.. *One Country, Two Systems in Crisis—Hong Kong's Transformation since the Handover*[M]. Maryland: Lexington Books, 2004.

337. Yang, C.. An Emerging cross-boundary Metropolis in China[J]. *International Development Planning Review*. 2005, 27 (2): 195-225.

338. Yang, C.. The Geopolitics of cross-boundary Governance in the Greater Pearl River Delta, China: A Case Study of the Proposed Hong Kong–Zhuhai–Macao Bridge[J]. *Political Geography*, 2006, 25 (7): 817-835.

339. Yeung, H. W. H. & F. X. Huang. "One Country Two Systems" as Bedrock of Hong Kong's Continued Success: Fiction or Reality?[J]. *Social Science Electronic Publishing*, 2015, 38 (2): 191-224.

340. Yu, J. It's Harder to Sell One Country, Two Systems[N]. *The Wall Street Journal* (Eastern Edition), 2014-10-18, (A12).

七、数据资料

341. 台湾外贸部门:"2017年国际贸易情势分析"。

342. Center for Taiwan Studies, Shanghai Jiao Tong University. SJTU2014-T (CATI survey conducted in Taiwan by the Center for Taiwan Studies, Shanghai Jiao Tong University from 2 October to 5 October 2014, with 1072 samples).

343. 台湾政治大学选举研究中心资料库,Data Archives: Trends in Core Political Attitudes among Taiwanese (1992—2018.6)。

344. Executive Information System (Taiwan). Tourism Statistics.

345. 张茂桂:"中国效应"主题研究计划2013 (C00285)【原始数据】取自台湾"中研院"人文社会科学研究中心调查研究专题中心学术调查研究资料库。

346. 张茂桂:"中国效应"主题研究计划2015 (C00313)【原始数据】取自台湾"中研院"人文社会科学研究中心调查研究专题中心学术调查研究资料库。

347.《美丽岛电子报》数据库。

348. 台湾"经济部投资审查委员会"资料。

349. 台湾选举与民主化调查 (http://www.tedsnet.org)(TEDS2004P 面访案独立样本6698份,面访时间为2008年6月下旬至9月下旬;TEDS2008P面访案独立样本1905份,面访时间为2008年6月下旬至

8 月上旬；TEDS2012 面访案独立样本 1826 份，面访时间为 2012 年 1 月 16 日至 2 月 18 日；TEDS2016 面访案独立样本 1690 份，面访时间为 2016 年 1 月 17 日至 4 月 28 日；TEDS2012-T 电访案样本为 4805 份，调查时间为 2011 年 12 月 10 日至 2012 年 1 月 13 日；TEDS2016-T 电访案样本为 5841 份，调查时间为 2015 年 12 月 2 日至 2016 年 1 月 14 日）。

350. 台湾指标民调 (TISR), Taiwan Mood Barometer Survey (TMBS), http:/www.tisr.com.tw。

351.《台湾远见动态大调查 2018》，中国评论网，2018 年 2 月 13 日。

后 记

本书是林冈及其研究团队的集体劳动成果，属于上海市哲学社会科学规划"改革开放40周年"系列课题，项目批准号2017BHA008。书稿修改出版过程中得到国家社会科学基金重大委托项目："'一国两制'台湾方案研究"的资助，项目批准号19@ZH042。团队成员包括吴维旭（已于2015年毕业，现任教于清华大学台湾研究院）、周文星（已于2020年毕业，现任教于南京大学政府管理学院）、田弘和王晓笛。第一章第二节的文献综述，得益于吴维旭、田弘和王晓笛的资料搜集工作；第二章是田弘和王晓笛的合作研究成果；第三章由林冈和吴维旭负责；第四章由周文星独立完成；其余章节由林冈独立完成。吴维旭的研究得到国家社科基金一般项目"台湾世代政治态度变动及其对两岸关系综合效应的实证研究"（17BZZ076）的资助。周文星的研究得到教育部国家留学基金委（CSC201706230196）资助。最后由林冈对全书进行统稿，周文星统一脚注和参考文献的格式。

图书在版编目（CIP）数据

"一国两制"的理论与实践研究 / 林冈等著. -- 北京 ： 九州出版社，2019.10

ISBN 978-7-5108-8414-6

Ⅰ．①一… Ⅱ．①林… Ⅲ．①一国两制—研究 Ⅳ．①D618

中国版本图书馆CIP数据核字(2019)第241329号

"一国两制"的理论与实践研究

作　　者	林　冈　周文星　等著
出版发行	九州出版社
地　　址	北京市西城区阜外大街甲 35 号（100037）
发行电话	(010)68992190/3/5/6
网　　址	www.jiuzhoupress.com
电子信箱	jiuzhou@jiuzhoupress.com
印　　刷	北京九州迅驰传媒文化有限公司
开　　本	787 毫米 ×1092 毫米　16 开
印　　张	16.5
字　　数	182 千字
版　　次	2020 年 8 月第 1 版
印　　次	2020 年 8 月第 1 次印刷
书　　号	ISBN 978-7-5108-8414-6
定　　价	48.00 元

★版权所有　侵权必究★